George Orwell dijo: "Para controlar el futuro, hay que controlar el pasado". La incapacidad de la Iglesia para comprender su propia historia a través de las experiencias de las mujeres perjudica nuestra propia comprensión del cristianismo. "La construcción de la feminidad bíblica" es un profundo examen histórico del impacto del patriarcado desde la perspectiva de las mujeres cristianas. Sin este libro no podemos conocernos plenamente a nosotros mismos ni a nuestra fe".

—**Mimi Haddad,** presidenta de CBE International.

"La construcción de la feminidad bíblica" causará conmoción en el cristianismo evangélico conservador. El convincente desafío de Barr al patriarcado y al complementarismo está compuesto por un poderoso testimonio personal, un sólido manejo de la teología y las cuestiones bíblicas que se encuentran en el centro del debate sobre el papel de la mujer en la Iglesia, y la comprensión de un historiador de cómo el pasado puede influir en el presente. Este libro cambia las reglas del juego".

—**John Fea,** profesor de la Universidad Messiah.

"En este oportuno y valioso volumen (escrito con valor y aplomo), Barr muestra que la "feminidad bíblica" es más una construcción sociohistórica que una propuesta bíblica. Confío en que este libro, profundamente personal y deliberadamente provocador, se lea de forma extensa y cuidadosa. Sobre todo, espero que lo lean las personas de círculos evangélicos protestantes patriarcales que se sientan tentados a descartarlo inmediatamente".

—**Todd D. Still,** profesor de la Universidad de Baylor, Seminario Truett.

"La construcción de la feminidad bíblica" es una contribución excepcionalmente reflexiva y valiosa a los debates de la religión estadounidense contemporánea. Barr combina un enfoque autobiográfico con una ejemplar erudición textual e histórica; todo ello presentado con una escritura admirablemente lúcida. El libro resultante es a la vez convincente y conmovedor".

—**Philip Jenkins,** autor de *Fertilidad y fe: La revolución demográfica y la transformación de las religiones del mundo*

"Nunca he vivido en el mundo del complementarismo, pero he visto de cerca el daño que ha hecho a muchos estudiantes y sus iglesias. El agudo relato de Barr sobre su propio viaje hace que su explicación de la bancarrota de las interpretaciones complementaristas de la Biblia y la historia de la Iglesia sea urgente y convincente. Parafraseando su conclusión: ¡Es hora de que termine esta farsa!".

—**Beverly Roberts Gaventa,** profesora de la Universidad de Baylor.

"Barr sacude nuestros superficiales fundamentos históricos al revelar cuánto de la llamada feminidad "bíblica" es un reflejo de la cultura en vez de ser un reflejo de Cristo. A través de su propio y desgarrador viaje de exclusión en su comunidad de fe, demuestra la temeridad que necesitamos para vivir la simple pero perturbadora verdad de que todas las mujeres y los hombres son creados a imagen de Dios".

—**Jemar Tisby,** director general de The Witness Inc.; autor del superventas del New York Times *"El color del compromiso"*.

"Este libro es distinto a todo lo que he leído hasta ahora. Basándose en su extensa investigación sobre la historia del cristianismo, Barr pone en duda todo lo que creías saber sobre el cristianismo y el género".

—**Kristin Kobes Du Mez,** profesora de la Universidad Calvin; autora de *Jesús y John Wayne*

"La construcción de la feminidad bíblica" ha conseguido en un solo volumen lo que muchos otros libros de los últimos años solo han conseguido en parte: demostrar que la llamada feminidad bíblica no es realmente bíblica. Aunque Barr explora y analiza la historia de la Iglesia y la teología en este libro, que ha investigado a fondo, el resultado no es un aburrido tomo académico. Entrelaza la narrativa personal para recordar a los lectores la humanidad de este asunto. He esperado toda mi vida adulta un libro como este, y me emociona que por fin haya llegado".

—**Jonathan Merritt,** escritor colaborador de The Atlantic; autor de Cómo aprender a hablar de Dios desde cero

"Me encanta cómo el profundo conocimiento de Barr sobre la historia eclesiástica medieval contribuye al debate de las mujeres en la Iglesia. Aunque no estoy completamente de acuerdo con el argumento de Barr, coincido con ella en la necesidad de reconocer las diferentes maneras en que las mujeres han liderado en la historia de la Iglesia y deberían hacerlo ahora. Coincido con ella en que Cristo llama a las mujeres de su iglesia a enseñar. Y coincido con ella en que el llamado "complementarismo" no es la única opción, ni siquiera una buena opción, para quienes defienden la autoridad de las Escrituras. Me alegro de que lo haya escrito".

—**Aimee Byrd,** autora de *Recuperarse de la masculinidad y feminidad bíblicas* y *No mujercitas.*

"La construcción de la feminidad bíblica" es un viaje al corazón, a veces doloroso y a veces alegre, de la propia historia de Barr, pero también a las habitaciones secretas de una doctrina cristiana conservadora de la "feminidad bíblica" que no es más bíblica que las túnicas del coro, los sermones de introducción, nudo y desenlace, o el nacionalismo cristiano. El número de interpretaciones teológicas erróneas presentes en el complementarismo evangélico que expone Barr son demasiadas para contarlas. No podía dejar de leer este libro".

—**Scot McKnight,** profesor del Northern Seminary.

# La construcción de la
# Feminidad
# Bíblica

## CÓMO SE CONVIRTIÓ LA SUBYUGACIÓN DE
## LAS MUJERES EN DOCTRINA CRISTIANA

## Beth Allison Barr

Editorial CLIE

**EDITORIAL CLIE**
C/ Ferrocarril, 8
08232 VILADECAVALLS
(Barcelona) ESPAÑA
E-mail: clie@clie.es
**http://www.clie.es**

CLIE

**LA CONSTRUCCIÓN DE LA FEMINIDAD BÍBLICA**
ISBN: 978-84-19779-25-0
Depósito legal: B 8301-2024
Vida cristiana
Intereses de las mujeres
REL012130

Para las mujeres a las que he enseñado;
para las mujeres a las que he guiado;
para las mujeres y hombres evangélicos dispuestos a escuchar;
esto es para ti.

Pero, sobre todo, esto es para mis hijos:
Elena y Stephen.
Espero que seáis libres de ser todo
lo que Dios os ha llamado a ser.

# Índice

# Agradecimientos

**LAS PERSONAS DE MI VIDA** han hecho posible este libro.

Estoy muy agradecida a mis editores y al equipo de Brazos Press, durante la edición original en inglés. Katelyn Beaty creyó en este proyecto y me guió cuando más falta me hacía. Melisa Blok me mostró dónde debía decir más y me ayudó a saber cuándo había dicho suficiente. Este libro es infinitamente mejor gracias a vosotras dos. Ha sido un placer trabajar con Brazos Press de principio a fin. Gracias.

No podría haber completado este proyecto sin el apoyo de mis compañeros de Baylor. Larry Lyon, decano de la Escuela de Posgrado de Baylor, me dio espacio para escribir a pesar de ser una decana asociada recién llegada. Barry Hankins, director del departamento de historia de Baylor, me dio libertad para centrarme en este libro antes que en otros proyectos. Comprendió su importancia y me apoyó. Gracias Barry. Y, por supuesto, mis compañeras del grupo de escritura Kara Poe Alexander, Leslie Hahner y Theresa Kennedy me ayudaron a perfeccionar las habilidades que necesitaba para escribir este libro. Durante diez años han escrito conmigo. Durante diez años me han hecho mejorar. Leslie, gracias por el concepto de metamorfosis.

Durante los últimos veinte años, he contado con la ayuda de archiveros de todo el Reino Unido. Por muchos de los manuscritos a los que se hace referencia en estas páginas, agradezco especialmente la ayuda y la paciencia del personal de la sala de lectura de la Biblioteca Británica de Londres, la Biblioteca Weston de Oxford y el personal de la biblioteca y los archivos de Longleat House en Warminster. También estoy agradecida al Instituto de Louisville y su apoyo financiero para este proyecto.

Mis amigos Kim y Brandon, Karol y Mike, Jennifer y Chris, Donna y Todd, y David, mi compañero de Baylor, me han acompañado durante algunos de los días más difíciles de 2016 y 2017. Me ayudasteis a sanar y a ganar perspectiva sin amargarme. La Conferencia sobre Fe e Historia me proporcionó una valiosa comunidad después de perder la comunidad de mi iglesia. Ha sido un privilegio servir como su presidenta. *Out of Sorts*, de Sarah Bessey, me ha reconfortado el alma en el momento justo pese a no conocerla a ella personalmente. Este libro simplemente no existiría sin mi comunidad de Anxious Bench. Christopher Gehrz, Kristin Kobes Du Mez, Philip Jenkins, David Swartz y Andrea Turpin me dieron la confianza (profesional, personal y espiritual) que necesitaba para escribir las entradas del blog que se convirtieron en este libro. John Turner, fuiste tú quien me dio la idea del título. También estoy agradecida a Patheos por concederme, como a todos sus autores, los derechos intelectuales de mis artículos.

Este libro es para todos mis alumnos. Pero es especialmente para Lynneth, Liz y Anna. Estuvisteis conmigo en ese terrible fin de semana de 2016. Me disteis el valor que necesitaba para ser más valiente de lo que nunca creí que podría ser. Y Tay, tú empezaste este viaje conmigo. Me alegro mucho de poder mostrarte cómo termina. Gracias también a Katherine y Liz por toda su ayuda editorial.

Este libro también es para la profesora que me dio una oportunidad en 1997. Judith, me diste ojos para ver desde un punto de vista diferente y las herramientas para hacer algo al respecto. Aspiro a ser para mis alumnos la mentora que tú siempre has sido para mí. Por último, pero no por ello menos importante, este libro es para mi familia, que me ha acompañado a cada paso del camino. Para mis padres, Kathy y Crawford Allison, que siempre han luchado por mí. Su fe y su amor constantes me fortalecen. Por mi marido, Jeb, que siempre ha luchado a mi lado. Si hubiera más pastores con la integridad y la fe de mi marido, la iglesia sería un lugar muy diferente. Y para mis hijos, Stephen y Elena: vosotros sois la razón por la que sigo luchando por un mundo cristiano mejor. Me llenáis de alegría y renováis mi esperanza cada día.

## Elizabeth Salazar-Sanzana

Para algunos esta obra llega a tiempo y, para un grupo no menor, llega fuera de tiempo. "La construcción de la feminidad bíblica. Cómo se convirtió la sujeción de las mujeres en doctrina cristiana" es de aquellos libros que me hubiera gustado leer en mi juventud; habría sido argumento seguro para enfrentar muchas incitaciones bíblicas, desprecios y discriminación en los años de estudio, liderazgo eclesial y docencia. El desafío de Barr no solo deconstruye los argumentos del patriarcado para la sumisión de la mujer, sino que hace un llamado claro a escuchar la voz del Espíritu para una misión integral, liberadora.

A la luz del Evangelio, la autora, revisa cuidadosamente el pasado, la historia contada y aquella que es memoria subversiva para los ojos que nunca han leído el pasado con ojos de inclusividad. La lectura del pasado la va confrontando con el presente, pero mirando el futuro con propuestas bíblicas teológicas que encantan, provocan inquietud y hacen descubrir la puerta de la jaula del pensamiento y praxis normalizado de violencia en nuestras comunidades de fe.

La base de la educación cristiana, de la mayoría de las iglesias evangélica, es la experiencia personal de fe y sus vivencias cotidianas. Esta apreciada universidad de la vida, como suele llamársela, es justamente la opción metodológica, el hilo conductor de la obra. En esto la autora logra decir, sin soltar la erudición de sus dichos, verdades que dejan al lector o lectora en clara posición de reconocer lo que Dios, en su amor y propuesta de vida en abundancia, ha revelado en Jesucristo. El discurso recurrente del amor que liberta al ser humano, en las iglesias cristianas descritas por la autora, no es acompañado con gestos concretos que consideren a la mujer otro ser humano en dignidad, sino más bien, siguen dándole más realce a Aristóteles, que la definió inferior como ser humano.

Este libro, en su primera parte, nos invita a caminar por el pasado, con el claro objetivo de deconstruir el agobio del presente. El texto es la travesía que enfrenta la autora y muchas de las que caminamos entre la vida eclesial y la academia, directamente a las relaciones sociales de las mujeres en la comunidad de fe, permeada por todas las inequidades sociales propias de la actualidad.

Para entender la propuesta de Barr, es fundamental comprender lo que se ha considerado como autoridad en la Iglesia y más específicamente la autoridad concedida a la Biblia como Palabra de Dios a través de la historia de la Iglesia. Para los primeros cristianos, la autoridad se limitaba a lo que ellos conocían como la Escritura (Torá), las enseñanzas de Jesús y los Apóstoles como primeros testigos.

Desde la era apostólica hasta llegar a nuestros días, la autoridad de las Escrituras ha sido desarrollada en clara relación con el poder. Si fuera el poder de Dios, sería fácil trabajar en unidad, pero se trata del poder de mando jerárquico. Incluso se entrevé, en los escritos críticos de la autoridad de la iglesia que, hasta la Reforma Protestante, la autoridad dogmática de la Escritura, la tradición de la iglesia, los concilios y sus dogmas, y la propia jerarquía de la iglesia estaban a un mismo nivel, tanto así que poco se distinguía una de otra. Sin embargo, a todas se les daba importancia de autoridad. Para los cristianos provenientes de la Reforma protestante, se reconoce desde la pre-Reforma los esfuerzos por colocar a la Biblia como autoridad final. De la misma manera, se entendía entre los apóstoles, una autoridad en las palabras de Jesús en su ministerio. Es decir, la autoridad va a estar en constante apelo en las diferentes etapas de la Iglesia cristiana, esto va a constituirse en la base del discurso bíblico que la autora nos plantea. No es posible entender los actuales conflictos de interpretación sin considerar los planteamientos de la autoridad bíblica al respecto del liberalismo, la neo ortodoxia y del fundamentalismo. Es decir, para lograr seguir el ritmo de los escritos de la autora es necesario tener este trasfondo en que se desarrolla la autoridad de la Biblia, y cómo de forma asociada es legitimadora de la autoridad eclesial masculina.

No se debe equivocar la mirada de Barr al respecto de entender la Biblia como Palabra de Dios, esto no lo discute. Su planteamiento es similar a lo propuesto por todas las Sociedades Bíblicas, que las diferentes traducciones de la Biblia son interpretaciones. Y es a partir de lecturas parcializadas y sesgadas traducciones que se explica la eliminación de las mujeres de la Biblia inglesa y de otras traducciones. Se santifica la subordinación como parte de la verdad del Evangelio y de estas interpretaciones se hace de la feminidad bíblica una verdad cristiana.

La lectura es dinámica, pues la autora confronta su reflexión constantemente con la historia de vida de muchas mujeres que iluminaron el escrito. No es fácil hacerlo desde un contexto tan específico como el de la autora, pero es su afán el plasmar la deconstrucción patriarcal y del complementarismo.

No obstante que la autora hace referencia directa a las traducciones específicas del inglés, no impide que logremos entender las dificultades que se enfrentan a la hora de confrontar la historia de la Iglesia y los conceptos bíblicos de feminidad en nuestras propias traducciones al español.

Barr nos hace caminar por lo que reconoce e identifica como los comienzos del patriarcado y lo que han sido los textos bíblicos que se han leído sesgadamente desde su contexto. En América Latina, que es desde donde me sitúo, el protestantismo se colocó en la tradición bíblica paulina y en la tradición heredada de la Reforma Protestante, por lo que es de extrema apreciación el desarrollo que hace la autora de este trasfondo. Es fundamental entender que la crítica realizada tiene su fundamentación suficiente para deconstruirla, aunque en algunos momentos podría parecer de menciones someras, es suficiente ayuda para quien quiera seguir esta línea de investigación, establecer una mayor profundidad y llegar a las conclusiones similares o mayores que las dadas en esta obra.

La gran pregunta que Beth Barr hace sobre liberar a las mujeres, la responde a través de la falta de evidencias a favor de la subordinación de la mujer. Mirar el evangelio a la luz de los textos utilizados nos ayuda a reconocer la voz de Dios, nos ayuda a escuchar el silbo apacible del Espíritu, que un día bautizó a los gentiles en casa de Cornelio, sin separar a mujeres de hombres. Suelo decir que toda herejía tiene base bíblica, como una manera de advertir que no porque tenga una porción preciada de la Palabra de Dios escrita es una verdad al respecto de posturas religiosas alejadas del Evangelio: no porque diga "señor-señor" entrará al Reino, sino el que hace la voluntad de Dios.

Podemos decir que en el "afán y la ansiedad" de poder colocan a la mujer en sumisión, ignorando lo que Jesucristo hizo en la cruz por toda la humanidad, sin discriminar a nadie. En este actuar se desprecia la obra soteriológica en equidad que vemos en Gálatas 3:28 y Hechos 2. A lo largo de la historia, la evidencia muestra al patriarcado vencido por el Espíritu Santo en más de una vez, liberando a las mujeres para el multifacético ministerio cristiano, así como lo hizo Jesús en su ministerio. Esto también lo podemos encontrar a través de la propia historia de la Iglesia en nuestro continente.

Creo que una de las conclusiones más relevantes que la autora nos entrega es que a pesar de que el patriarcado cambia las reglas constantemente, las mujeres siempre han encontrado una manera de predicar y enseñar la Palabra de Dios. Solo agregaría lo que ya nos sugiere su autora a lo largo del desarrollo de su obra: que las mujeres han encontrado la manera de hacer frente al patriarcado, porque el Espíritu Santo de Dios vence al pecado y con esto vence todo aquello que somete y oprime al otro u otra. El patriarcado no es solo pecado contra las mujeres, si lo fuera bastaría con levantar la bandera con respecto al género, sino que es el pecado movido por la discriminación por clase social, por etnia, es multifacética, es el daño ecológico a la tierra que se hace en nombre de esta visión androcéntrica-patriarcal y adulto-céntrica.

Esta es una obra muy recomendable para toda biblioteca pastoral. Es fácilmente leíble y termina siendo una gran historia de vida con un final feliz. Un libro que no solo se felicita a quien lo escribe, sino que se agradece a Clie, pues son quienes dan el espacio para ser publicado y aportar a los diálogos teológicos y pastorales. Estos aportes ayudan y promueven debates necesarios para la reconstrucción de una eclesiología que plasme lo que es el Reino de Dios y su justicia para todos.

Dra. Elizabeth Salazar-Sanzana
Teóloga pentecostal
Catedrática de Teología Sistemática
Comunidad Teológica Evangélica de Chile

## Lidia Rodríguez Fernández

¿Es posible justificar y realizar una investigación erudita partiendo de experiencias traumáticas? En esta obra, Beth Allison Barr nos demuestra que no solo es posible, sino que es, más aún, necesario. Porque lo que está en juego es, por un lado, la necesidad de limpiar el texto bíblico del polvo que siglos de interpretaciones sesgadas han depositado sobre él, sojuzgando a las mujeres; por otro lado, la necesidad de terminar con la legitimación religiosa de la desigualdad entre hombres y mujeres que ha conducido a todo tipo de abusos en el seno de la Iglesia cristiana. El "¡basta ya!" del capítulo 8 y la llamada a dejar atrás el complementarismo teológico no deja lugar a dudas sobre el objetivo último del libro.

Barr no disimula el tono combativo y, en ocasiones, apasionado de su trabajo, que se nutre de su propia biografía: la relación opresiva que sufrió a manos de un novio, el despido de su marido como pastor de jóvenes por sus opiniones sobre el papel de la mujer en la iglesia o la actitud irrespetuosa de algunos alumnos en la universidad donde ejerce como docente. Ello se suma a múltiples testimonios de mujeres evangélicas norteamericanas que la llevaron a cuestionarse la veracidad de lo que había aprendido y asumido durante años como "bíblico" y como voluntad divina perpetua para las mujeres.

La primera de las razones para leer el libro que tiene entre las manos es que las experiencias narradas se asemejan, con toda probabilidad, a las vivencias de miles de mujeres evangélicas en otros contextos geográficos. El patriarcado cristiano (así es como lo denomina Barr) sigue siendo en la actualidad el sistema de creencias, valores y prácticas que legitima bíblicamente un modelo de feminidad fundamentado sobre la teología de la complementariedad. Enseñada todavía en la mayoría de las congregaciones evangélicas, en nuestro entorno sigue permitiendo y justificando abusos de poder similares a los que denuncia Barr.

Además, la trayectoria personal de la autora también puede ser la de sus lectores hoy. Barr reconoce que necesitó tiempo para tomar conciencia de una realidad injusta ante la que permaneció durante años ciega y callada, hasta que decidió denunciar dicha realidad escribiendo este libro. Esperamos que su lectura contribuya, a su vez, a formar las conciencias y a esclarecer la voluntad de Dios para la humanidad y Su Iglesia, "lo que Dios os ha llamado a ser", por emplear las palabras de la autora en la dedicatoria a su hija Elena y su hijo Stephen.

La segunda de las razones que hacen de este libro un título de interés es su capacidad para divulgar el conocimiento académico. Aunque el mundo universitario lleva décadas poniendo sobre la mesa los argumentos que Barr desgrana en los diferentes capítulos, faltaba un texto en lengua castellana que combinara la erudición propia de una profesora universitaria con un lenguaje accesible para quien no está familiarizado con los estudios exegéticos especializados. Los argumentos no son novedosos, pero Barr pone al alcance de sus lectoras y lectores dos ámbitos de investigación necesarios para deconstruir la "feminidad bíblica" o, dicho de otro modo, la teología de la complementariedad.

En primer lugar, varias secciones están dedicadas a los debates hermenéuticos y exegéticos en torno a textos polémicos que desafían las lecturas literalistas de la Biblia, incluyendo un apartado dedicado a la inerrancia bíblica en el capítulo 7. En el caso del corpus paulino, la autora resalta en varios lugares la importancia del contexto histórico, religioso y cultural para interpretar adecuadamente los textos problemáticos, como Colosenses 3:18-19, Efesios 5:21-33 y 1 Corintios 14:34-35. En diferentes capítulos, Barr revisa las figuras bíblicas de las hermanas Marta y María, María Magdalena, Febe y Junia(s), para mostrar la importancia del ministerio de las mujeres en los orígenes del cristianismo y el modo en que fueron relegadas en la historia posterior, hasta el punto de que muchas traducciones bíblicas convirtieron a Junia en un apóstol varón, entre otros sesgos de traducción citados por la autora.

En segundo lugar, la historia y el modo en que las mujeres fueron borradas de la misma ocupa un lugar importante en su argumentación. Reivindica varias figuras femeninas de la Edad Media (Margery Kempe, Christine de Pizan, Genoveva de París y Brígida de Kildare, entre otras), al tiempo que critica el papel secundario que la Reforma protestante concedió a las mujeres, empezando por Katharina von Bora. Siguiendo el hilo de la memoria, Barr muestra cómo entre los siglos XVIII-XIX las ideas de modestia, piedad, pureza, sumisión y domesticidad consagraron definitivamente la subordinación de las mujeres evangélicas. Barr concluye su investigación histórica reivindicando a las mujeres que desarrollaron algún tipo de ministerio en los albores del siglo XX en el contexto de las iglesias bautistas del Sur. Esperamos que la lectura de esta obra contribuya a despertar nuestro interés por las mujeres cristianas que contribuyeron a lo largo de la historia al crecimiento de la Iglesia en nuestro entorno más próximo, cuya memoria también ha sido borrada en demasiadas ocasiones.

Para el público cristiano de lengua castellana, este libro nos ofrece una serie de cuestiones clave que iluminan el desarrollo histórico, el razonamiento teológico y las terribles consecuencias que el concepto de feminidad bíblica ha tenido y sigue teniendo para las mujeres evangélicas... y en consecuencia para la Iglesia misma. Dios quiera que el deseo de cada una y cada uno tras la lectura de este libro sea el mismo que ha guiado a Barr en la redacción del mismo: "luchar por un mundo cristiano mejor".

Lidia Rodríguez Fernández
Licenciada en Literatura Española y doctora en Teología Bíblica
Profesora de Antiguo Testamento en la Universidad de Deusto
Pastora de la Iglesia Evangélica Española en Bilbao

------------------------------------------------------

Para más información sobre este libro:

**NUNCA QUISE SER** una activista.

Yo formaba parte de una iglesia que pertenecía a la Convención Bautista del Sur en un pequeño pueblo de Texas. En esta iglesia se predicaban las funciones divinamente ordenadas de las mujeres. Desde los sermones hasta las lecciones de la escuela dominical, pasando por los consejos de maestros bien intencionados, en todas partes se llamaba a las mujeres a desempeñar papeles secundarios en la iglesia y la familia, con énfasis en el matrimonio y los hijos. Una vez recuerdo haber escuchado hablar a una mujer desde detrás del púlpito de nuestra iglesia. Era soltera, misionera y, tal y como me explicó un adulto, solo estaba describiendo sus experiencias. Lo único que hizo esta racionalización fue reforzar la rareza de esa mujer. Una mujer soltera detrás del púlpito era aberrante, la norma la conformaban las mujeres casadas detrás de sus maridos.

James Dobson estaba en todas partes, hasta en las ondas de radio con una emisión periódica. Recuerdo haber hojeado de adolescente su libro "Amor para toda la vida". Aprendí que la biología predeterminaba mi debilidad física y mi inestabilidad emocional, atrayéndome hacia mi complemento masculino divinamente creado. Dobson escribió para fortalecer los matrimonios, ofreciendo ayuda a los cónyuges que se ven separados por sus diferencias naturales: "Muéstrame un marido tranquilo y reservado y te mostraré una esposa frustrada", escribió. "Quiere saber qué piensa, qué pasó en su trabajo, cómo ve a los niños y, sobre todo, qué siente por ella. El marido, en cambio, considera que hay cosas que es mejor no decir. Es una lucha clásica".[1] En unas pocas frases, Dobson me

---

[1] James Dobson, *Love for a Lifetime: Building a Marriage That Will Go the Distance* (1987; repr., Colorado Springs: Multnomah, 1998), 63. Ver también Kristin Kobes Du Mez, *Jesus and John Wayne: How*

inculcó cómo era un hogar cristiano normal: un padre que vuelve de su trabajo en una oficina al hogar gestionado por su mujer y sus hijos. Los pasajes bíblicos seleccionados, respaldados por las notas de mi Biblia de estudio, se entretejían con sermones, estudios bíblicos y devocionales que creaban una imagen perfecta del apoyo bíblico a la subordinación femenina. Las mujeres habían sido creadas para desear a sus maridos y dejarles gobernar (Génesis); las mujeres debían confiar en Dios y esperar al marido perfecto (Rut); las voces de los hombres eran públicas, mientras que las voces de las mujeres eran privadas (1 Corintios, 1 Timoteo); cuando las mujeres tomaban el mando era o bien pecaminoso (Eva) o porque los hombres no habían hecho su trabajo (Débora). La posición de la mujer era de apoyo y secundaria, a menos que tuviera que asumir temporalmente el liderazgo cuando los hombres no pudieran hacerlo. Esta era mi forma de entender la feminidad bíblica: Dios diseñó a las mujeres principalmente para ser esposas sumisas, madres virtuosas y amas de casa alegres. Dios diseñó a los hombres para liderar en el hogar como esposos y padres, y en la iglesia como pastores, ancianos y diáconos. Creía que esta jerarquía de género estaba ordenada divinamente. Elisabeth Elliot escribió una famosa cita: "la feminidad recibe". Las mujeres se entregan, ayudan y responden, mientras que los maridos proporcionan, protegen y toman la iniciativa. Una mujer bíblica es una mujer sumisa.[2]

Ese fue mi mundo durante más de cuarenta años. Hasta que, un día, dejó de serlo.

Ese día dejé la iglesia porque no podía soportarlo más. Más de tres meses antes, el 19 de septiembre de 2016 (a la misma hora en que mi primera estudiante de doctorado defendía oralmente sus exámenes de calificación y su prospecto de disertación), despidieron a mi marido de su trabajo como pastor de jóvenes. Llevaba más de veinte años

---

*White Evangelicals Corrupted a Faith and Fractured a Nation* (Nueva York: Liveright, 2020), 83.

[2] Elisabeth Elliot, *Let Me Be a Woman: Notes to My Daughter on the Meaning of Womanhood* (1976; repr., Carol Stream, IL: Tyndale, 2013), 50.

ejerciendo esa labor; los últimos catorce habían sido en esa iglesia. De repente, silenciosa y dolorosamente, le dijeron que se marchara con un mes de indemnización. Algunos amigos, a los que estaremos siempre agradecidos, se enteraron de lo ocurrido y lucharon por nosotros. Consiguieron retrasar la pérdida de empleo durante tres meses, lo suficiente para que pudiéramos preparar a los jóvenes y hacer la transición del ministerio; también nos aseguraron cinco meses más de indemnización por despido. Nos dieron espacio para respirar.

El día que salí de la iglesia, un domingo de diciembre casi tres meses después, la enormidad de lo que nos estaba sucediendo finalmente se hizo real para mí.

Me puse delante de una mesa que alguien había colocado en el vestíbulo. Tenía una foto de mi familia, con una cajita a un lado y una declaración enmarcada al otro. No recuerdo lo que decía la declaración enmarcada, tal vez era un versículo de las Escrituras o algo sobre el agradecimiento de la iglesia por nuestro ministerio. Había rotuladores junto a una pila de papel. La gente podía escribir notas de despedida y meterlas en la caja.

Sé que la mayoría de las personas que nos escribieron notas eran sinceras. La mayoría lamentaba sinceramente nuestra marcha, desconcertada por las circunstancias. Algunos estaban molestos y enfadados. Algunos estaban conmocionados por la falta de transparencia de la iglesia. Algunos anticipaban con tristeza la pérdida de nuestra estrecha amistad. Estoy agradecida por las palabras que dejaron estas personas, sinceras en su despedida.

Pero no creo que el espíritu de la caja, la razón por la que se montó la mesa, fuera solo para estas personas. Era para mantener las apariencias. La mesa, cuidadosamente decorada, controlaba la narración sobre nuestra marcha. Ayudó a transmitir que nuestra marcha fue una buena decisión que habían tomado los pastores, que estaban cuidando de su rebaño. Después de todo, ofrecer un foro público para despedirse era lo que se hacía cuando los pastores se iban. Cuando se marchaban a nuevos trabajos o para volver a la universidad o para ser misioneros. Sin embargo, lo que nos ocurría no era ninguna de esas cosas. Mi marido fue despedido después de desafiar a los dirigentes de la iglesia por la cuestión de las mujeres en el ministerio.

Se agolparon varias imágenes en mi cabeza. El mensaje que recibí de mi marido el 19 de septiembre: "La reunión no ha ido bien". El quebrantamiento y la confusión de los que trabajaban con nosotros en el ministerio de jóvenes, personas a las que forzaron a dejar de servir en ese ministerio debido a su amistad con nosotros. Las caras de los jóvenes aquella horrible noche cuando nos vimos obligados a decirles que nos íbamos sin contarles toda la verdad. Las sombras de los ancianos que montaban guardia alrededor de la sala, observando cómo les decíamos a los jóvenes que nos íbamos. Las lágrimas devastadoras de mi hijo cuando se enteró de que nunca estaría en el grupo de jóvenes de su padre. El oscuro jardín de Virginia en el que di vueltas y vueltas una noche, reprimiendo a duras penas la ansiedad mientras mi papel de organizadora de una conferencia dejaba a mi marido solo en Texas para enfrentarse a una de las semanas más duras de su vida.

Podía sentir los afilados bordes de la pena, la rabia y la justa indignación que surgían dentro de mí.

Así que me fui. Salí por las puertas de la iglesia. Pasé por delante de la gente que estaba en el vestíbulo, incluidos los que habían estado hablando conmigo junto a esa mesa. Pasé por delante de uno de los ancianos que intentó hablar conmigo. Salí por las puertas de la iglesia y me dirigí directamente a mi coche. Dejé atrás esa mesa y su historia cuidadosamente preparada. Dejé atrás la narrativa, propagada por mi iglesia, mayoritariamente blanca y de clase media alta, de que todo estaba bien y que todo estaría bien porque Dios lo había ordenado así. Conduje directamente a casa.

Entonces abrí mi portátil y me puse a escribir. Las palabras simplemente fluyeron.

Se juntaron diferentes piezas de mi vida y todo adquirió un nuevo enfoque.

Durante toda mi vida adulta he servido en el ministerio con mi marido, permaneciendo en iglesias complementaristas incluso aunque cada vez me causaba más escepticismo la idea de que la "feminidad bíblica", tal y como se nos había enseñado, coincidiera con lo que la Biblia enseñaba. Me decía a mí misma que tal vez las cosas cambiarían, que yo, como mujer que enseñaba y tenía una carrera, estaba dando un ejemplo positivo. Me repetía a mí misma que el complementarismo (la visión teológica de que las mujeres son creadas divinamente como ayudantes y los hombres como líderes) no era misógino en su raíz. Me repetía que ninguna iglesia era perfecta y que la mejor manera de cambiar un sistema era trabajando desde dentro. Así que me quedé en el sistema, y me mantuve en silencio.

Permanecí en silencio cuando a una mujer que trabajaba en una iglesia de la Convención Bautista del Sur le dieron un salario menor porque no había sido ordenada. Esa mujer había asistido al seminario junto a mi marido. Irónicamente, la razón por la que no había sido ordenada era porque la iglesia era Bautista del Sur.

Permanecí en silencio cuando una mujer recién casada, cuyo trabajo incluía el seguro médico familiar, renunció a ese trabajo después de asistir a un retiro con mujeres de nuestra iglesia, un retiro que contó con un orador de línea complementarista dura que convenció a esta mujer de que el lugar apropiado para ella era el hogar. Su decisión, por lo que he oído, causó tensiones en la familia y problemas económicos. Dejó de venir a la iglesia. No tengo ni idea de lo que le pasó. Permanecí en silencio cuando, después de que nuestro pastor predicara sobre los roles de género, un matrimonio dio su testimonio. La esposa animaba a las mujeres a aceptar verbalmente lo que sugerían sus maridos, aunque estuvieran muy en desacuerdo. Dios honraría su sumisión.

Me mantuve en silencio cuando no se me permitió enseñar en la escuela dominical porque en la clase había chicos adolescentes. Dirigí los debates con un permiso especial cuando no había nadie más disponible.

Me quedé en silencio.

No fue hasta ese domingo, tres meses después de lo peor, que me di cuenta de la dura verdad. Al permanecer en silencio, me había convertido en parte del problema. En lugar de marcar la diferencia, había sido cómplice de un sistema que utilizaba el nombre de Jesús para oprimir y perjudicar a las mujeres.

Y la verdad más dura de todas era que mi responsabilidad era mayor que la de la enorme parte de la gente de nuestra iglesia, porque yo sabía que la teología complementarista era errónea.

Al mirar aquella mesita, me di cuenta de que la mayoría de la gente de nuestra iglesia solo conocía las opiniones teológicas que compartían los líderes desde el púlpito. Igual que yo solo habían escuchado una narrativa de la feminidad bíblica en la iglesia, muchos evangélicos de las iglesias complementaristas solo conocen lo que les cuentan: lo que se les enseña en el seminario, lo que leen en las notas de sus traducciones de la Biblia, lo que aprenden en la escuela dominical sobre la historia de la Iglesia en libros de historia escritos por pastores, no por historiadores.

Mi angustia aquella mañana provenía tanto de mi vergüenza como de mi dolor.

La verdad es que yo sabía que la teología complementarista (la feminidad bíblica) estaba equivocada. Sabía que se basaba en un puñado de versículos leídos fuera de su contexto histórico y utilizados como lente para interpretar el resto de la Biblia. La cola mueve al perro, como comentó una vez Ben Witherington. Eso significa que las suposiciones y prácticas culturales relativas a la mujer se infieren del texto bíblico, en lugar de leer el texto bíblico dentro de su propio contexto histórico y cultural.[3] Muchas pruebas textuales e históricas refutan el

---

[3] Ben Witherington dijo esto en una conferencia que dio en la universidad de Baylor en el marco de un simposio que ayudé a organizar junto con el Instituto para el Estudio de la Religión (ISR, por sus siglas en inglés) en septiembre de 2013. El Simposio se titulaba "Las mujeres y la Biblia", y Kristin Kobes Du Mez también fue una de las participantes. Whiterington ha hecho esta afirmación en múltiples ocasiones, incluido su propio blog: Ben Witherington, "The Eternal Subordination of Christ and of Women", Ben Witherington

modelo complementarista de la mujer bíblica y la teología que lo sustenta. A veces me sorprende que esta batalla todavía se esté librando.

Como historiadora, también sabía que las mujeres han luchado contra la opresión desde el principio de la civilización. Sabía que la feminidad bíblica, en lugar de parecerse a la libertad ofrecida por Jesús y proclamada por Pablo, se parece mucho más a los sistemas no cristianos de opresión femenina de los que hablo cuando enseño acerca de los mundos antiguos de Mesopotamia y Grecia. Como cristianos, estamos llamados a ser diferentes del mundo. Sin embargo, a menudo nos parecemos a los demás en el trato que damos a las mujeres. Irónicamente, la teología complementarista afirma que defiende una interpretación sencilla y natural de la Biblia, mientras que en realidad defiende una interpretación que ha sido corrompida por nuestro impulso humano pecaminoso de dominar a otros y construir jerarquías de poder y opresión. No puedo pensar en nada menos parecido a Cristo que jerarquías como estas.

Mientras miraba la pantalla de mi ordenador e intentaba entender por qué esa mesa del vestíbulo me había molestado tanto, me di cuenta de la dura verdad de por qué había permanecido en iglesias complementaristas durante tanto tiempo.

Porque estaba cómoda.

Porque de verdad pensé que podía marcar la diferencia. Porque temía que mi marido perdiera su trabajo. Porque me daba miedo alterar la vida de mis hijos. Porque amaba la vida del ministerio de jóvenes.

Porque quería a mis amigos.

Así que, por el bien de la juventud a la que servíamos, por la diferencia que mi marido marcaba en su trabajo, por la seguridad financiera, por nuestros amigos con los que compartíamos risas, cariño y experiencias vitales, y por nuestra comodidad, elegí quedarme y permanecer en silencio.

Tenía buenas razones. Pero me equivoqué.

---

(blog), 22 de marzo de 2006, http://benwitherington.blogspot.com/2006/03/eternal-subordination-of-christ-and-of.html.

Me encontraba en la misma posición que aquellos que estaban al corriente del consejo que le dio Paige Patterson, expresidente de un seminario, a una presunta superviviente de una violación, diciéndole que no denunciara el delito y que perdonara a su violador. En lugar de denunciar, guardaron silencio y permitieron que siguiera en el poder.[4] Era igual que los miembros de la iglesia de Rachael Denhollander, que se resistieron a apoyarla. En lugar de defenderla cuando denunció el encubrimiento de abusos sexuales por parte de Sovereign Grace Churches, un grupo ministerial al que estaba afiliada su iglesia, su familia eclesiástica le dio la espalda. Como dijo en su declaración: "Mi defensa de las víctimas de agresiones sexuales, algo que para mí era importante, me costó mi iglesia y nuestros amigos más cercanos".[5] Me había convertido en algo parecido a los miembros de la iglesia de Andy Savage que, en respuesta a su confesión de agresión sexual como antiguo pastor de jóvenes, le dieron una ovación en pie.[6] Me había conver-

---

[4] Sarah Pulliam Bailey, "Southern Baptist Leader Paige Patterson Encouraged a Woman Not to Report Alleged Rape to Police and Told Her to Forgive Assailant, She Says", Washington Post, 22 de mayo de 2018, https://www.washingtonpost.com/news/acts-of-faith/wp/2018/05/22/southern-baptist-leader-encouragged-a-woman-not-report-alleged rape-to-police-and-told-her-to-forgive-assailant-she-says. Ken Camp, "Southern Baptists Deal with Fallout over Paige Patterson", Baptist Standard, 25 de mayo de 2018, https://www.baptiststandard.com/news/baptists/southern-baptists-deal-fallout-paige-patterson.

[5] "Read Rachael Denhollander's Full Victim Impact Statement about Larry Nassar ", CNN.com, 30 de enero de 2018, https://www.cnn.com/2018/01/24/us/rachael-denhollander-full-statement/index.html. Véase también la entrevista de Morgan Lee con Denhollander: "My Larry Nassar Testimony Went Viral. But There's More to the Gospel Than Forgiveness", Christianity Today, 31 de enero de 2018, https://www.christianitytoday.com/ct/2018/january-web-only/rachael-denhollander-larry-nassar-forgiveness-gospel.html.

[6] Ed Stetzer, "Andy Savage's Standing Ovation Was Heard Round the World. Because It Was Wrong", Christianity Today, 11 de enero de 2018, https://www.christianitytoday.com/edstetzer/2018/january/andy-savages-standing-ovation-was-heard-round-world-because.html.

tido en alguien como los miembros de la iglesia de Mark Driscoll que escuchaban, domingo tras domingo, cómo predicaba sobre misoginia y masculinidad tóxica desde el púlpito.[7] Era otra más de tantos miembros bienintencionados de la iglesia que han aconsejado a las mujeres que perdonen a sus violadores mientras enseñan simultáneamente la culpabilidad femenina en la violación.[8] Aunque la culpa del abuso recae principalmente en el abusador, los que se mantienen al margen y no hacen nada también comparten la culpa. Los cristianos silenciosos como yo han permitido que tanto la misoginia como el abuso campen a sus anchas en la Iglesia. Hemos permitido que permanezcan intactas enseñanzas que oprimen a las mujeres y que son contrarias a todo lo que hizo y enseñó Jesús.

Una vez que mi marido estaba predicando sobre la integridad, sacó un ejemplo de la película "Quiz Show: El dilema", de 1994. El protagonista, Charles Van Doren, se deja corromper por la fama y el éxito. Hace trampas para ganar el concurso, semana tras semana. Cuando finalmente se descubre su engaño y tiene que confesar a su padre lo que ha hecho, este, un respetado profesor de la Universidad de Columbia, se enfrenta a él con estas contundentes palabras: "¡Tu nombre es mío!". Al permitirse ser cómplice de un sistema corrupto, Charles Van Doren se había avergonzado no solo a sí mismo, sino también a su padre.

"¡Tu nombre es mío!".

Porque soy cristiano, porque llevo el nombre de Cristo, su nombre es mi nombre. Los cristianos como Paige Patterson son culpables por lo que han hecho. Pero como Patterson lo hizo en nombre de Jesús,

---

[7] Ruth Graham, "How a Megachurch Melts Down", The Atlantic, 7 de noviembre de 2014, https://wwwhttps://www.theatlantic.com/national/archive/2014/11/houston-mark-driscoll-megachurch-meltdown/382487.

[8] Jen Pollock Michel, "God's Message to #MeToo Victims and Perpetrators", Christianity Today, 18 de enero de 2018, https://www.christianity today.com/women/2018/january/gods-message-to-metoo-victims-and-perpetrators.html.

y porque otros cristianos se quedaron callados, su culpa es también nuestra culpa. Yo era consciente de esto.

Y esa mañana mis lágrimas confesaron mi culpa ante Dios. Tomé una decisión allí, frente a la pantalla de mi portátil. Como mi esperanza está en Jesús, no iba a renunciar a su iglesia. Salí de mi iglesia ese día, pero no me fui de la iglesia en sí misma. No me estaba rindiendo.

Esto significaba que ya no podía guardarme para mí lo que sabía. Este libro es mi historia.

Es la verdad que he recogido de mi estudio de la Biblia, de mis experiencias como esposa de pastor y de mi formación como historiadora cuya investigación se centra en las mujeres en la historia de la Iglesia medieval y moderna temprana.

Este libro es para la gente de mi mundo evangélico.[9] Las mujeres y los hombres que todavía conozco y amo. Es a ti a quien me dirijo. Y es a ti a quien le pido que me escuche.

Escucha no solo mis experiencias, sino también las pruebas que presento como historiadora. Soy una historiadora que cree en el nacimiento, la muerte y la resurrección de Jesús. Una historiadora que aún se identifica con la tradición evangélica, concretamente como bautista.

Confieso que lo que me llevó al límite fueron las experiencias de mi vida, mi exposición personal a la fealdad y el trauma infligido en el nombre de Jesús por los sistemas complementaristas. No puedo seguir

---

[9] Evangélico es un término discutido. Aunque me gustaría argumentar que lo evangélico se refiere principalmente a creencias teológicas compartidas (el hecho de que nos centramos en la Biblia y el énfasis que hacemos en la conversión y la evangelización), no puedo. "Evangélico" se ha convertido en una identidad (y sobre todo en una identidad conservadora blanca), no solo en un conjunto de creencias teológicas compartidas. Como escribe Kristin Kobes Du Mez, "para los evangélicos blancos conservadores, la "buena nueva" del evangelio cristiano se ha vinculado inextricablemente a un compromiso firme con la autoridad patriarcal, la diferencia de género y el nacionalismo cristiano, y todo ello está entrelazado con la identidad racial blanca". Du Mez, *Jesus and John Wayne*, 7. Véase también Thomas S. Kidd, *Who Is An Evangelical?* (New Haven: Yale University Press, 2019).

observando en silencio cómo las jerarquías de género oprimen y dañan en nombre de Jesús tanto a las mujeres como a los hombres. Pero lo que me llevó a este extremo no fue la experiencia, sino la evidencia histórica. Fueron las pruebas históricas las que me mostraron cómo se construyó la feminidad bíblica, ladrillo a ladrillo, siglo a siglo.

Eso es lo que me hizo cambiar de opinión.

Quizá también cambie la tuya.

**EN MAYO DE 2019,** Owen Strachan, expresidente del Consejo sobre la Masculinidad y Feminidad Bíblicas, escribió un ensayo titulado "Orden divino en una era caótica: Sobre las mujeres que predican". Fue directamente al grano, citando Génesis 1:1: "En el principio, Dios hizo los cielos y la tierra". El argumento de Strachan siguió con confianza: Dios creó un orden divino en el que los maridos gobiernan a sus esposas, y este orden se estableció al principio de la creación.

> El hombre es creado primero en el Antiguo Testamento y es, según el Nuevo Testamento, cabeza de su esposa. Adán se constituye en el líder de su hogar, se le otorga autoridad en él, autoridad que se va configurando a la manera de Cristo a medida que se desarrolla la historia bíblica. De acuerdo con la base del liderazgo doméstico del hombre, este está llamado a proporcionar liderazgo espiritual y protección a la iglesia (1Ti 2:9-15). Los ancianos predican, enseñan y pastorean el rebaño de Dios, solo los hombres son llamados al cargo de anciano, y solo los hombres que sobresalen como cabezas de sus esposas e hijos deben ser considerados como posibles candidatos a ancianos (1Ti 3:1-7; Tit 1:5-9).[1]

Los hombres lideran. Las mujeres siguen. La Biblia nos lo dice.

Durante un tiempo, yo también lo creí. El eco de esta frase resonó por todas partes durante mis años de adolescencia y

---

[1] Owen Strachan, "Divine Order in a Chaotic Age: On Women Preaching", Thought Life (blog), 7 de mayo de 2019, https://www.patheos.com/blogs/thoughtlife/2019/05/divine-order-in-a-chaotic-age-on-women-preaching. La traducción de Génesis 1:1 es de Strachan.

juventud. Lo escuché en una conferencia de Bill Gothard, a la que me invitaron algunas personas de la iglesia Bautista del Sur de mi pequeña ciudad. Lo decían los líderes de estudios bíblicos en mi universidad. Lo decían los presentadores de las emisoras de radio cristianas. Lo decían las notas de mi Biblia de estudio. Lo escuché en casi todas las ceremonias de boda a las que asistí, dicho en voz alta y clara mientras cada predicador leía Efesios 5. La jefatura masculina era un zumbido familiar en el fondo de mi vida: las mujeres estaban llamadas a apoyar a sus maridos, y los hombres a dirigir a sus esposas. Era una verdad inequívoca ordenada por la inerrante Palabra de Dios.

Pero para mí era una historia demasiado conocida.

Los argumentos cristianos sobre la jefatura masculina me preocupaban ya en mis primeros años de formación como historiadora. Veréis, los cristianos no fueron los únicos en argumentar que la subordinación de la mujer es el orden divino. Históricamente hablando, los cristianos entraron bastante tarde en el juego del patriarcado. Podemos afirmar que los patrones de género de nuestras vidas son diferentes de los que se asumen en la cultura dominante, pero la historia en realidad es diferente. Permitidme que os muestre hasta qué punto el patriarcado cristiano imita el patriarcado del mundo no cristiano, voy a hacerlo utilizando las fuentes de la historia mundial sobre las que he estado enseñando durante más de dos décadas.

### ¿Qué es el patriarcado?

En primer lugar, hablemos del patriarcado.

No hace mucho, los evangélicos hablaban mucho del patriarcado. Russell Moore, actual presidente de la Comisión de Ética y Libertad Religiosa de la Convención Bautista del Sur, declaró que el patriarcado es una palabra mejor que el complementarismo para definir la jerarquía de género cristiana conservadora. Le dijo a Mark Dever, pastor de la Iglesia Bautista de Capitol Hill en Washington, DC, que, a pesar de su apoyo al complementarismo, odia la palabra en sí misma: "Prefiero la palabra 'patriarcado'", dijo Moore.[2] Moore expuso un argumento similar en un artículo anterior, en el que advertía que el abandono evangélico de la palabra patriarcado era una capitulación ante la presión social secular. Para Moore, esta no era una buena razón para dejar de usar la palabra. Como escribe, "debemos recordar que 'evangélico' también es un término negativo en muchos contextos. Debemos permitir que sean los propios patriarcas y apóstoles, y no los editores de la revista Playboy, los que definan la gramática de nuestra fe".[3] Dado que la palabra patriarcado en sí misma es bíblica, los cristianos bíblicos deberían estar orgullosos de utilizarla. La primera vez que me enteré de la conversación evangélica sobre la palabra patriarcado fue a través de una entrada de blog de 2012 escrita por Rachel Held Evans, la conocida autora de *A Year of Biblical Womanhood*.[4] Ella señaló que Owen Strachan también utilizaba la palabra patriarcado. Por supuesto que busqué la referencia. Recuerdo haber sonreído al leer las palabras de Strachan. Su enfoque directo tendió un puente entre los evangélicos que preferían la palabra patriarcado, como Moore, y los que preferirían utilizar la palabra complementarismo (como Denny Burk,

---

[2] Russell Moore, "Feminism in Your Church and Home with Russell Moore, Randy Stinson and C. J. Mahaney", entrevista de Mark Dever, 9Marks Leadership Interviews, 30 de abril de 2007, audio, 01:05:01, cita en el 30:07, https://www.9marks.org/interview/feminism-your-church-and-home-russell-moore-randy-stinson-and-cj-mahaney.

[3] Russell Moore, "After Patriarchy, What? Why Egalitarians Are Winning the Gender Debate", Journal of the Evangelical Theological Society 49, no. 3 (septiembre de 2006): 574, https://www.etsjets.org/files/JETS-PDFs/49/49-3/JE TS_49-3_569-576_Moore.pdf.

[4] Rachel Held Evans, *A Year of Biblical Womanhood* (Nashville: Nelson, 2012). Estoy agradecida a Evans. Su voz, a través de sus blogs y sus libros, fue una de las primeras que escuché que compartía mis crecientes preocupaciones sobre la feminidad bíblica. Falleció inesperada y trágicamente en 2019 a los 37 años.

el actual presidente del Consejo sobre la Masculinidad y Feminidad Bíblicas).[5] "Durante milenios", explica Strachan, "los seguidores de Dios han practicado lo que antes se llamaba patriarcado y ahora se llama complementarismo".[6] El complementarismo es patriarcado. Owen Strachan tiene razón (al menos en esto).

Entonces, ¿qué es el patriarcado? La historiadora Judith Bennett explica que el patriarcado tiene tres significados principales en inglés:

1. Líderes eclesiásticos masculinos, como el patriarca (arzobispo de Constantinopla) en la ortodoxia griega.
2. Poder legal de los hombres cabeza de familia (padres/maridos).
3. Una sociedad que promueve la autoridad masculina y la sumisión femenina.

Es esta tercera acepción en la que, al igual que Bennett, nos centraremos. Como escribe Bennett, "Cuando las feministas cantan en los mítines 'el patriarcado tiene que desaparecer', no estamos hablando de las estructuras eclesiásticas de la ortodoxia griega o de una forma específica de dominación paterna dentro de las familias, sino de un sistema general a través del cual las mujeres han estado y están subordinadas a los hombres".[7] Este tercer significado de patriarcado engloba los dos primeros. Tanto la tradición de los líderes masculinos de la iglesia como la autoridad de los jefes de familia masculinos funcionan

---

[5] Rachel Held Evans, "It's Not Complementarianism; it's Patriarchy", Rachel Held Evans (blog), 3 de mayo de 2012, https://rachelheldevans.com/blog/complementarians-patriarchy.

[6] Owen Strachan, "Of 'Dad Moms' and 'Man Fails': An Essay on Men and Awesomeness", Journal for Biblical Manhood and Womanhood 17, no. 1 (Primavera 2012): 25, https://cbmw.org/wp-content/uploads/2013/03/JBMW-Spring-12-Complete.pdf.

[7] Judith Bennett, History Matters: Patriarchy and the Challenge of Feminism (Philadelphia: University of Pennsylvania Press, 2006), 55. Véase su análisis completo del patriarcado en las páginas 55-60.

dentro de culturas que, generalmente, promueven la autoridad masculina y la sumisión femenina.

El evangelismo estadounidense es un ejemplo de ello. Un estudio de Barna de 2017, centrado en la percepción de las mujeres y el poder en la sociedad estadounidense, extrajo datos de tres encuestas para comparar las actitudes hacia las mujeres en varios grupos demográficos, entre los que se incluían el género, la edad, las preferencias políticas y la identidad religiosa (evangélica, protestante, católica y cristiana practicante). El estudio reveló que los evangélicos son el grupo "más reticente" a la hora de apoyar el trabajo de las mujeres fuera del hogar: solo el 52% "se siente cómodo con la posibilidad futura de que haya más mujeres que hombres en la población activa" (este porcentaje está más de 20 puntos por debajo del de la población estadounidense en general). Los evangélicos también son los que expresan más incomodidad hacia una mujer que sea directora general. El estudio también reveló que los evangélicos son los que menos cómodos se sienten con mujeres que sean pastoras (39%). Para los evangélicos, estas actitudes están conectadas: limitar la autoridad espiritual de las mujeres va de la mano con limitar el poder económico de las mujeres. Como dice el estudio, estos resultados "quizás se deban a una interpretación más tradicional del papel de la mujer como cuidadora principal en el hogar".[8] Las enseñanzas evangélicas que subordinan a la mujer dentro del hogar y dentro de los muros de la iglesia influyen en las actitudes sobre la mujer en el lugar de trabajo.[9] O, considerado dentro del marco

---

[8] "What Americans Think about Women in Power", Barna Group, 8 de marzo de 2017, https://www.barna.com/research/americans-think-women-power. Los investigadores de Barna también describen "nueve criterios teológicos específicos" que utilizaron para clasificar a los encuestados como evangélicos.

[9] Katelyn Beaty aborda el impacto de las ideas evangélicas sobre los roles de género en el trabajo de las mujeres en *A Woman's Place: A Christian Vision for Your Calling in the Office, the Home and the World* (Nueva York: Howard, 2016). Por ejemplo, relata cómo Karen Dabaghian, ingeniera de software de San Francisco, experimenta la desconexión entre su trabajo y su iglesia: "En

de Bennett, la autoridad eclesiástica masculina y la autoridad doméstica masculina existen dentro de prácticas culturales más amplias que subordinan a las mujeres a los hombres. El patriarcado no se limita a una sola esfera.

Consideremos un ejemplo aún más específico de cómo se manifiestan las actitudes patriarcales en la cultura evangélica. Hace varios años, cuando mi marido era pastor de jóvenes, nuestra iglesia buscaba una nueva secretaria. Sugirió a un amigo nuestro para el puesto. Este amigo necesitaba un trabajo adicional y tenía la ventaja de ser ya miembro de la iglesia. Pero el amigo era un hombre. Y mi marido lo proponía como secretario de la iglesia. La respuesta de uno de los otros pastores fue reveladora. El pastor preguntó si este hombre realmente querría responder al teléfono. Está bien contratar a una mujer para que conteste el teléfono, pero ese trabajo sería denigrante para un hombre. Tan denigrante, de hecho, que el pastor prefirió no contratarlo, a pesar de la necesidad económica de nuestro amigo. El trabajo, adecuado para que lo haga una mujer, estaba por debajo de la dignidad de un hombre.

Este ejemplo de un hombre al que se considera estar por encima del trabajo adecuado para una mujer encaja en un patrón social más amplio, un patrón en el que el trabajo de los hombres se valora más que el de las mujeres. Hay más mujeres que hombres en mi ciudad natal, Waco (Texas), y hay más mujeres que hombres en dos de las tres instituciones locales de enseñanza superior (hay más mujeres en la Universidad de Baylor y en la Universidad McLennan, mientras que hay más hombres en la Universidad Técnica Estatal de Texas). Sin embargo, las mujeres de Waco ganan de media 20000$ anuales menos que los hombres. La mayor diferencia salarial entre hombres y mujeres se da en el nivel directivo y de administración superior, donde los hombres ganan casi 120000$ al año, mientras que las mujeres solo

---

el mundo de la alta tecnología, a nadie le importa [tu género]. Cuando entro en el entorno cristiano en general, de repente me siento clasificada según mi género, de una manera que no me entusiasma" (236).

18

ganan 78000$.[10] El trabajo de las mujeres, literalmente, vale menos que el de los hombres.

Este patrón de devaluar el trabajo de las mujeres (ya sea el tipo de trabajo o el valor monetario del mismo) es un ejemplo del patriarcado: un sistema general que valora más a los hombres y sus contribuciones que a las mujeres. Russell Moore sostiene que este sistema general de patriarcado no es el mismo que la jerarquía de género complementarista. El patriarcado cristiano no es el "patriarcado pagano", como él lo ha llamado.[11] Moore advierte contra un "patriarcado depredador" que perjudica a las mujeres, pero también sigue apoyando un sistema que promueve la autoridad masculina y la sumisión femenina. Sostiene que una estructura familiar ordenada en la que las esposas se someten solo "a sus propios maridos" y los padres sirven como "signo visible de responsabilidad" hace que la vida sea mejor para todos.[12]

¿Tiene razón? ¿Es diferente el patriarcado cristiano?

## El patriarcado cristiano es patriarcado

*"Pero solo trabajas a tiempo parcial, ¿no?"*
*"¿Cuántas horas estás fuera de casa durante la semana?"*
*"Anda, ¿das el pecho? Me imaginé que no lo hacías porque trabajas".*
*"¿Le parece bien a tu marido que ganes más dinero que él?"*

---

[10] "Waco, TX", Data USA, consultado el 18 de febrero de 2020, https://datausa.io/profile/geo/waco-tx-metro-area#economy.

[11] Moore, "After Patriarchy, What? ", 576; Russell Moore, "Women, Stop Submitting to Men ", Journal for Biblical Manhood and Womanhood 17, n° 1 (primavera de 2012): 9, https://cbmw.org/wp-content/uploads/2013/03/JBMW-Spring-12-Complete.pdf.

[12] Russell Moore, "Is Your Marriage Baal Worship?", Russell Moore.com, 26 de septiembre de 2018, https://www.russellmoore.com/2018/09/26/is-your-marriage-baal-worship. Véase también Russell Moore, *The Storm-Tossed Family: How the Cross Reshapes the Home* (Nashville: B&H, 2018), 82-90.

Estas son solo algunas de las preguntas que me han hecho en los últimos veinte años. Estar casada con un pastor y continuar con mi propia carrera, incluso, mientras tenía hijos dejó perplejos a muchos en mi comunidad evangélica, incluidos algunos de mis alumnos universitarios. Uno de los alumnos compartía su opinión de forma vehemente. Era teológicamente conservador y expresó su preocupación por mi elección de seguir enseñando siendo esposa y madre (especialmente siendo esposa de pastor). Me desafiaba tan a menudo en el aula que tuve que reescribir el material de las clases, tratando de minimizar sus interrupciones. No dio resultado. En una ocasión, este alumno me sugirió que compartiera el material didáctico con mi marido para que él lo validara antes de presentarlo en mi clase. Esto me enfadó y me inquietó. Me enfureció que considerara apropiado sugerir que sometiera mis materiales de enseñanza a la autoridad de mi marido. Me inquietó porque todos los semestres me preocupaba el modo en que mi vocación de profesora chocaba con las expectativas cristianas conservadoras sobre la sumisión femenina.

Cuando leí el intento de Russell Moore de distinguir el "patriarcado cristiano" del "patriarcado pagano", me vino a la mente la experiencia que tuve con este alumno. Según Moore, el "patriarcado pagano" anima a las mujeres a someterse a todos los hombres, mientras que el "patriarcado cristiano" solo se refiere a que las esposas se sometan a sus maridos.[13] Moore ha suavizado su postura sobre el patriarcado a lo largo de los años. En su libro de 2018, enfatizó que en la creación a los hombres y a las mujeres "nunca se le dio dominio al uno sobre el otro". Sin embargo, sigue aferrándose a la jefatura masculina. Aunque escribe que "la Escritura echa por tierra la idea de que las mujeres, en general, deben ser sumisas a los hombres, en general", explica que la sumisión de las esposas consiste en cultivar "una actitud voluntaria de reconocimiento hacia el liderazgo piadoso".[14] Por lo tanto, su actitud

---

[13] Moore, "Women, Stop Submitting to Men", 8-9.
[14] Moore, *Storm-Tossed Family*, 84-89.

general no cambia: las mujeres no deben someterse a los hombres en general (patriarcado pagano), pero las esposas deben someterse a sus maridos (patriarcado cristiano).

Buen intento, pensé. Díselo a mi alumno masculino conservador. Como ese alumno me consideraba bajo la autoridad de mi marido, estaba menos dispuesto a aceptar mi autoridad sobre él en un aula universitaria. Por mucho que Moore quiera separar el "patriarcado pagano" del "patriarcado cristiano", no puede. Ambos sistemas ponen el poder en manos de los hombres y le quitan poder a las mujeres. Ambos sistemas enseñan a los hombres que las mujeres tienen un rango inferior al suyo. Ambos sistemas enseñan a las mujeres que su voz vale menos que la de los hombres. Moore puede afirmar que las mujeres solo deben someterse "a sus propios maridos", no a los hombres "en general", pero socava esta afirmación al excluir a las mujeres como pastoras y ancianas.[15] Si los hombres (simplemente por su sexo) tienen el potencial de predicar y ejercer la autoridad espiritual sobre una congregación de la iglesia, pero las mujeres (simplemente por su sexo) no, entonces eso da a los hombres "en general" autoridad sobre las mujeres "en general". Este alumno conservador consideraba que yo estaba bajo la autoridad tanto de mi marido como de mi pastor, y me trataba de acuerdo a esa forma de pensar.

---

[15] Véase el artículo de Sarah Pulliam Bailey acerca de la perspectiva de Russell Moore sobre la enseñanza y la predicación de Beth Moore: "Russell Moore, el presidente de la rama política de la CBS (y sin relación con Beth Moore), calificó el reciente debate sobre el discurso de la popular maestra de la Biblia como una 'pelea en las redes sociales' que no se refleja en las iglesias los domingos por la mañana. Él y Mohler no defienden que las mujeres prediquen delante de los hombres, pero dicen que hay espacio para el desacuerdo entre las iglesias". Sarah Pulliam Bailey, "Southern Baptists Are Supposed to Talk about Sexual Abuse. But Right Now They're Discussing Whether One Woman Can Preach", Washington Post, 9 de junio de 2019, https://www. washing tonpost.com/religion/2019/06/09/southern-baptists-are-supposed-talk-about-sex-abuse-right-now-theyre-discussing-whether-one-woman-can-preach.

El patriarcado cristiano no se limita a las paredes de nuestros hogares. No se queda detrás de nuestros púlpitos. No es una etiqueta que te puedas pegar y despegar con facilidad, los hombres evangélicos no pueden pasar de negar el liderazgo de las mujeres en la iglesia a aceptar la autoridad de las mujeres en el trabajo o en las aulas sin más. El ejemplo de la secretaria de mi iglesia muestra cómo el patriarcado cristiano se extiende a nuestras actitudes y prácticas cotidianas. Ni siquiera la interpretación más estricta de los textos paulinos puede proporcionar una justificación teológica de por qué un hombre no podría servir como secretario de la iglesia. El simple patriarcado secular, que valora menos el trabajo de las mujeres que el de los hombres, ofrece la respuesta.

El patriarcado sigue siendo patriarcado, da igual el nombre que le añadas detrás. Los complementaristas pueden argumentar que las mujeres son iguales a los hombres, como lo hace la enmienda de 1998 de la Convención Bautista del Sur de la "Fe y Mensaje Bautista": "El marido y la mujer tienen el mismo valor ante Dios, ya que ambos han sido creados a imagen y semejanza de Dios".[16] Sin embargo, su insistencia en que la "igualdad de valor" se manifiesta en roles desiguales lo refuta.

El historiador Barry Hankins cita el "pasaje clave" de la polémica declaración aprobada en la reunión de la Convención Bautista del Sur (CBS) en junio de 1998: "La esposa debe someterse con gracia al liderazgo de servicio de su esposo, así como la iglesia se somete voluntariamente a la jefatura de Cristo. Ella, siendo a imagen de Dios como su marido y, por lo tanto, igual a él, tiene la responsabilidad dada por Dios de respetar a su marido y de servir como su ayudante en la

---

[16] Puede encontrar la enmienda completa de 1998 aquí: "Report of Committee on Baptist Faith and Message", Utm.edu, https://www.utm.edu/staff/caldwell/bf m/1963-1998/report1998.html. Véase también "Baptist Faith and Message 2000", Convención Bautista del Sur, 14 de junio de 2000, http://www.sbc.net/bf m2000/bfm2000.asp, bajo el título "XVIII. The Family".

gestión del hogar y en la crianza de la siguiente generación".[17] La afirmación es ciertamente que el trabajo de las mujeres (desde las tareas domésticas hasta el cuidado de los niños y la atención telefónica) es valioso y digno, pero cuando ese mismo trabajo se considera inadecuado para que lo haga un hombre, revela la verdad: el trabajo de las mujeres es menos importante que el de los hombres. Además, al igual que los hombres son degradados por realizar trabajos de mujeres (que a menudo conllevan menos autoridad y, en consecuencia, una menor remuneración), a las mujeres se les restringe la posibilidad de realizar trabajos de hombres (que obtienen tanto más autoridad como una mayor remuneración). De este modo, el patriarcado cristiano modela el patriarcado de la sociedad mayoritaria. Nuestro pastor valoraba menos el trabajo de una mujer que el de un hombre, al igual que la economía de mi ciudad valora menos el trabajo de las mujeres (casi 20000 dólares menos al año) que el de los hombres. Russell Moore tiene razón al preferir el término patriarcado porque, siendo realistas, es el término correcto. Pero se equivoca al pensar que el modelo cristiano es diferente.

De hecho, en lo que respecta al tratamiento de las mujeres a lo largo de la historia, el presente se parece mucho al pasado. La brecha salarial entre mujeres y hombres ha cambiado muy poco a lo largo del tiempo, y es algo que me asusta y me fascina como historiadora medieval. Judith Bennett describe esta sorprendente realidad: "Las mujeres que trabajan hoy en Inglaterra comparten experiencia con las asalariadas de hace siete siglos: solo se llevan a casa unas tres cuartas partes del salario que ganan los hombres. En la década de 1360, las mujeres ganaban el 71% de los salarios masculinos; en la actualidad, ganan alrededor del 75%".[18] Esta continuidad histórica (que Bennett denomina "equilibrio patriarcal") presta un apoyo superficial a la idea

---

[17] Barry Hankins, *Uneasy in Babylon: Southern Baptist Conservatives and American Culture* (Tuscaloosa: University of Alabama Press, 2002), 214-15.
[18] Bennett, *History Matters*, 82-107.

de la feminidad bíblica. Sin embargo, si se examina con detenimiento los orígenes históricos del patriarcado debilitan más que refuerzan la noción evangélica de la feminidad bíblica. Una jerarquía de género en la que las mujeres están por debajo de los hombres se puede encontrar en casi todas las épocas y entre todos los grupos de personas. Cuando la iglesia niega a las mujeres la capacidad de predicar, dirigir, enseñar y, a veces, incluso, trabajar fuera del hogar, la iglesia está continuando una larga tradición histórica de subordinación de las mujeres.

Así que volvamos al principio de la historia (o lo más cerca posible al principio) y veamos qué aprenden mis alumnos de historia universal sobre el patriarcado.

## La continuidad histórica del patriarcado cristiano

En 1839, un joven erudito inglés que viajaba a Sri Lanka se desvió de su camino porque algo le llamó la atención. Se llamaba Austen Henry Layard, y los montículos de arena que alteraron su viaje estaban situados en el corazón de la antigua Asiria (la actual Irak). Lo que descubrió resultaron ser los restos de las grandes ciudades asirias de Nimrud y Nínive. ¿Te acuerdas de Jonás? Nínive es la ciudad en la que Dios ordenó a Jonás que predicara el arrepentimiento, una orden a la que Jonás se opuso porque los asirios eran un pueblo terrible. Desollaban vivos a sus enemigos y luchaban contra leones capturados, al estilo de los gladiadores, para entretenerse. Sin embargo, a pesar de sus modales bárbaros y dignos de una pelea de pescados (no me puedo resistir a hacer una referencia a *Veggie Tales*[19]), los ninivitas también eran bastante sofisticados.

Las antiguas murallas y los zigurats que hoy están en ruinas albergaban en su interior una extensa biblioteca. Allí se encontraban los fragmentos de arcilla de una de las historias más antiguas que se conservan: la del rey guerrero Gilgamesh. El texto que se conserva data

---

[19] NdT: serie estadounidense cuyos personajes son frutas y verduras que transmiten temas morales basados en la cultura cristiana.

de la biblioteca del siglo VII del último gran rey del Imperio asirio, Asurbanipal.[20] Pero la historia en sí era bien conocida mucho antes, con diferentes versiones esparcidas a lo largo de todo el Antiguo Oriente Próximo.[21]

Gilgamesh es un dios por cortesía de su madre, que era una diosa, pero sufre la maldición de la mortalidad por cortesía de su padre terrenal. Su padre le dejó el trono de la gran ciudad sumeria de Uruk, lo que significa que Gilgamesh es una figura semihistórica. El texto antiguo nos dice que Gilgamesh gobernó como quinto rey de la Primera Dinastía de Uruk, alrededor del 2750 a.C.

La *Epopeya de Gilgamesh* me parece fascinante. Los personajes son profundamente defectuosos: un rey aburrido que va a la guerra para mejorar su reputación, un compañero leal que fomenta el mal comportamiento de su mejor amigo, una mujer despechada que intenta liberar una plaga de zombis en la tierra porque está muy enfadada. Con todos esos giros dramáticos, me sorprende que la historia no se haya convertido todavía en una superproducción de Hollywood. Está repleta de acción y drama, la historia incluye mucho sexo y monstruos sobrenaturales. Sin embargo, no son los monstruos sobrenaturales lo que me atrae de la historia. Es la continuidad de la experiencia humana lo que la hace tan convincente. Hace cuatro mil años, la gente actuaba de forma muy parecida a la actual. Una de mis partes favoritas es cuando Gilgamesh pierde a su mejor amigo, Enkidu, por una enfermedad que lo debilita hasta la muerte. En un lamento sorprendentemente moderno, Gilgamesh exige que el mundo se haga eco de su dolor:

Llanto. Que los caminos que recorrimos juntos se inunden de lágrimas.

---

[20] Danny P. Jackson, *introduction to The Epic of Gilgamesh*, trad. Danny P. Jackson, 2ª ed. (Wauconda, IL: Bolchazy-Carducci, 1997), xi–xii.
[21] Jackson, *introduction to Epic of Gilgamesh*, xii–xvi.

Que el río que alivió nuestros pies desborde sus orillas como lo hacen las lágrimas que aumentan y se precipitan por mis polvorientas mejillas.

Que las nubes y las estrellas corran velozmente contigo hacia la muerte.[22]

Podemos verle desplomado sobre el cuerpo de su amigo. Podemos sentir su dolor, ya que se hace eco del nuestro. Seguimos amando y llorando del mismo modo que amaba y lloraba la gente hace más de cuatro mil años. Todavía gritamos de dolor.

La crudeza del dolor humano recorre toda la *Epopeya de Gilgamesh*. También lo hace la realidad del patriarcado.

Desde la prostituta que civiliza al salvaje Enkidu, pasando por la sabia tabernera hasta las vírgenes que Gilgamesh lleva a su lecho, las mujeres desempeñan papeles importantes a lo largo de las historias de Gilgamesh, e incluso hacen avanzar la trama en momentos clave. Por ejemplo, cuando Gilgamesh está más descontrolado, la prostituta Shamhat seduce a Enkidu, incitándole a entrar en Uruk y desafiar al rey tirano. Shamhat no lo hace por voluntad propia. El cazador, cansado de que el salvaje Enkidu le sabotee las trampas y proteja a los animales, le ordena a Shamhat que se acerque a Enkidu y "le haga ver el encanto y la fuerza que tiene una mujer".[23] Shamhat lo hace, le muestra a Enkidu su cuerpo (una vez tuve un momento bastante incómodo en clase a raíz de una traducción demasiado exacta de este encuentro) y se queda con él durante siete noches en las que le enseña no solo acerca del sexo, sino también de la civilización.

Este episodio entre Shamhat y Enkidu cambia toda la historia. Es a través de Shamhat que Gilgamesh conoce a Enkidu. Tras una violenta batalla, Gilgamesh se da cuenta de que no puede vencer a Enkidu y lo acepta como su igual. Los dos se vuelven inseparables. A partir de ese

---

[22] Jackson, *Epic of Gilgamesh*, 53-54.

[23] Jackson, *Epic of Gilgamesh*, 17.

momento, en lugar de aliviar su aburrimiento obligando a los jóvenes de su reino a participar en guerras interminables y a las jóvenes (incluso a las casadas) a meterse en su cama, Gilgamesh emprende una serie de aventuras que culminan con la muerte de Enkidu y propician la búsqueda de la inmortalidad de Gilgamesh. Shamhat, en otras palabras, es el catalizador de toda la trama.

Las mujeres como Shamhat desempeñan un papel fundamental a lo largo de la historia. Sin embargo, las mujeres nunca toman la iniciativa, como subraya Rivkah Harris, académica de la religión.[24] La propia Shamhat solo hace lo que le ordena una figura de autoridad masculina (el cazador). En la narrativa de Gilgamesh, las mujeres funcionan principalmente como ayudantes. Los relatos que se han recogido de la epopeya están escritos por hombres, para hombres y sobre hombres, y presentan a las mujeres como "figuras de apoyo y subsidiarias".[25] Las mujeres trabajan y hablan y se mueven a lo largo de la narración, pero su papel principal es satisfacer las necesidades físicas de los hombres y darles consejo y consuelo. Siduri, el tabernero, es quizás el mejor ejemplo. No solo ofrece alcohol y consuelo a Gilgamesh cuando está cansado de su búsqueda y abrumado por el dolor de la muerte de Enkidu, sino que también le da algunos consejos bastante elocuentes: "Lo mejor que podemos hacer ahora es cantar y bailar. Disfruta de la comida caliente y las bebidas frías. Valora a los niños a los que tu amor da vida. Báñate en aguas dulces y refrescantes. Disfruta alegremente con la esposa que has elegido".[26] Las mujeres eran las guardianas del hogar. Incluso en el caótico y peligroso mundo de la antigua Sumeria, las mujeres estaban a cargo de proporcionar las principales comodidades: comida, sexo y una vida familiar feliz.

---

[24] Rivkah Harris, "Images of Women in the Gilgamesh Epic", en *Lingering over Words: Studies in Ancient Near Eastern Literature in Honor of William L. Moran*, ed. Tzvi Abusch, John Huehnergard y Piotr Steinkeller (Atlanta: Scholars Press, 1990), 219-30.

[25] Harris, "Images of Women in the Gilgamesh Epic", 220.

[26] Jackson, *Epic of Gilgamesh*, 68.

En cierto sentido, la *Epopeya de Gilgamesh* apoya la afirmación de Albert Mohler de que la historia está del lado del complementarismo. Mohler, actual presidente del Seminario Teológico Bautista del Sur en Louisville, Kentucky, escribe lo siguiente: "Es una realidad histórica innegable que los hombres han predominado en los puestos de liderazgo y que los roles de las mujeres se han definido en gran medida en torno al hogar, los hijos y la familia". También dice que la evidencia bíblica hace hincapié en esta continuidad histórica: "El patrón de la historia afirma lo que la Biblia revela incuestionablemente: que Dios ha hecho a los seres humanos a su imagen y semejanza como varones y mujeres. Entendemos que la Biblia presenta un bello retrato de la complementariedad entre los sexos, en el que tanto el hombre como la mujer están encargados de reflejar la gloria de Dios de manera distinta".[27] Hace más de cuatro mil años, las mujeres eran las guardianas del hogar y la familia, el apoyo doméstico del hombre; y hoy probablemente seguirían siéndolo si no fuera por la influencia disruptiva (y "no bíblica") del feminismo. Una continuidad histórica tan grande convence a Mohler de que el complementarismo debe ser designio de Dios.

El patriarcado existe en la *Epopeya de Gilgamesh*, una historia sobre hombres y mujeres en los albores de la historia, porque el patriarcado fue diseñado por Dios (o eso dice la narrativa patriarcal cristiana). Las mujeres deben reclamar con orgullo su papel de actoras secundarias porque este es el plan divino de Dios. Las mujeres del pasado estaban subordinadas, igual que las del presente, y debe seguir siendo así. No es de extrañar que a muchos complementaristas no les gusten las recientes narrativas de la cultura pop, como las películas de Marvel y la nueva trilogía de Star Wars, que dan protagonismo a las mujeres. Denny Burk dijo lo siguiente: "Me he dado cuenta de que en La guerra de las galaxias (y en las películas de acción en general) se

---

[27] Albert Mohler, "A Call for Courage on Biblical Manhood and Womanhood", Albert Mohler (blog), 19 de junio de 2006, https://albertmohler.com/2006/06/19/a-call-for-courage-on-biblical-manhood-and-womanhood.

están alejando de los héroes/protagonistas masculinos. Las mujeres guerreras protagonistas que salvan a los hombres están a la orden del día (Rey, Jyn Erso, Wonder Woman, Once, etc.)".[28] Él considera que las mujeres guerreras reflejan una agenda feminista que subvierte el orden de Dios, y hay otros que opinan lo mismo.

Pero la propia continuidad del patriarcado debería hacernos reflexionar. El patriarcado parece correcto porque es lo que se ha practicado históricamente. En la antigua Mesopotamia, las mujeres eran tratadas como propiedad. Tenían menos oportunidades de educación, se las definía principalmente por sus relaciones con los hombres, como esposas estaban legalmente desprovistas de cualquier poder, estaban sujetas a la violencia física amparada por la ley, y rara vez podían hablar por sí mismas en la narrativa histórica. Como concluye Marten Stol en su exhaustivo estudio de 2016 titulado *Mujeres en el antiguo Oriente Próximo*, "en la sociedad antigua, a las mujeres les iba mucho peor que a los hombres. Esperamos que, al terminar de leer este libro, ninguno de nuestros lectores lo cierre sin emitir un suspiro de tristeza".[29]

Mis alumnos modernos se sorprenden de que la ley babilónica permitiera a los maridos ahogar a sus esposas por supuesto adulterio. Sin embargo, tengo alumnos que viven en el estado de Texas, en el que las mujeres constituyen el 94% de las víctimas de asesinato doméstico (con posterior suicidio de la pareja), por no hablar del resto de Estados Unidos, en donde casi el 25% de las mujeres han sufrido violencia física grave por parte de su pareja.[30] Estas pruebas demuestran no solo la continuidad del patriarcado desde la antigua Mesopotamia hasta la

---

[28] Denny Burk (@DennyBurk), "I've noticed that in Star Wars", Twitter, 30 de diciembre de 2017, 11:39h, https://twitter.com/DennyBurk/status/947145180913729537.

[29] Marten Stol, *Women in the Ancient Near East*, trad. Helen Richardson y Mervyn Richardson (Boston: de Gruyter, 2016), 691.

[30] "The National Intimate Partner and Sexual Violence Survey", Centros para el Control y la Prevención de Enfermedades, modificado por última vez el 19

América moderna, sino también la continuidad de sus oscuras entrañas. En lugar de ser motivo de orgullo para los cristianos, ¿no debería preocupar la continuidad histórica de una práctica que ha hecho que la vida de las mujeres sea mucho peor que la de los hombres durante miles de años? ¿No deberían los cristianos, que están llamados a ser diferentes del mundo, tratar a las mujeres de forma diferente?

¿Y si el patriarcado no ha sido ordenado por Dios, sino que es el resultado del pecado humano? ¿Y si en lugar de haber sido creado divinamente, el patriarcado se introdujo en la creación después de la caída? ¿Y si la razón por la que el fruto del patriarcado es tan corrupto, incluso dentro de la iglesia cristiana, es porque el patriarcado siempre ha sido un sistema corrupto?

En lugar de asumir que el patriarcado fue instituido por Dios, debemos preguntarnos si el patriarcado es un producto de manos humanas pecaminosas.

## Invertir la narrativa

Recuerdo la primera vez que se me ocurrió darle la vuelta a la narrativa cristiana sobre el patriarcado.

Acababa de terminar de dar clase en un seminario nocturno de estudios sobre la mujer en la Universidad de Carolina del Norte, en Chapel Hill, y estaba de camino al restaurante Chili's de Durham, donde mi marido trabajaba en doble turno. Ambos éramos estudiantes de posgrado a tiempo completo, yo en el programa de doctorado de historia en Chapel Hill y él estaba haciendo un máster en el Seminario Teológico Bautista del Sureste. Yo tenía una beca en Chapel Hill (unos 11 000 dólares al año), mientras que él trabajaba como ministro de jóvenes a tiempo parcial en una iglesia bautista local (ganaba unos 100$ a la semana). Su trabajo sirviendo mesas en el restaurante nos permitía pagar las facturas. También le permitía comprar comidas a mitad de

---

de junio de 2019, https://www.cdc.gov/violenceprevention/datasources/nisvs/index.html.

precio para los dos. En noches como esa, en las que él hacía un turno doble, yo me sentaba en una de las mesas del restaurante y disfrutaba de la única comida de restaurante que nos podíamos permitir (por no hablar de que me cobraban la Coca-Cola light a mitad de precio y me la rellenaban gratis). Éramos muy jóvenes, muy pobres y estábamos muy ocupados. Esas comidas baratas eran un regalo del cielo.

Pero esa noche, no estaba pensando en la cena. Estaba pensando en una conversación que habíamos tenido en el seminario sobre la mujer. Habíamos pasado el semestre leyendo y debatiendo sobre la situación de la mujer. Desde el mundo antiguo hasta el mundo moderno, la historia nos ha mostrado un patriarcado continuo: mujeres reprimidas, oprimidas, devaluadas y silenciadas.

Aquella noche, la historia me tocó la fibra sensible. La conversación giró en torno a los Bautistas del Sur y Paige Patterson, entonces presidente del Seminario Teológico Bautista del Sureste. La misma razón por la que Patterson se convirtió en un héroe a ojos de los Bautistas del Sur fue la que le hizo repulsivo en mi seminario esa noche: sus opiniones sobre los roles de género.

Patterson predicaba que los hombres fueron creados divinamente para dirigir y ejercer la autoridad, y las mujeres para obedecerles y someterse. La influencia de hombres como Patterson (e, irónicamente, su mujer) llevó a la Convención Bautista del Sur a reescribir su declaración de fe. Primero crearon la resolución de 1984, que enfatiza la creación secundaria de las mujeres, y en 1998 redactaron una declaración de sumisión de las esposas a sus maridos. La declaración de sumisión se convirtió rápidamente en una enmienda que culminó en la adición final (y por aquel entonces no controvertida) a la "Fe y Mensaje Bautista del año 2000" de que solo los hombres pueden servir como pastores principales.[31]

En mi seminario bullía la indignación, no solo por las opiniones de Patterson, sino también por las miles de mujeres que le apoyaban.

---

[31] Hankins, *Uneasy in Babylon*, 213-15, 225. Véase también "Fe y Mensaje Bautista 2000", bajo el título "XVIII. The Family".

No se nos pasó por alto que la esposa de Patterson, Dorothy, luchó arduamente en la convención de 1998 para mantener la línea de la sumisión de las mujeres. Ella se posicionó en contra de la frase "tanto el marido como la mujer deben someterse con gracia el uno al otro" porque implicaba una similitud, incluso una igualdad, entre maridos y esposas. Insistió en que existía una jerarquía divina en la relación matrimonial y que solo las mujeres estaban llamadas a someterse "con gracia" al liderazgo de sus maridos.[32] ¿No es irónico que una mujer haya liderado el movimiento que prohíbe a las mujeres liderar?

Pero el motivo por el que mujeres como Dorothy Patterson apoyaban de forma tan destacada la sumisión de las mujeres no era la cuestión que me preocupaba. Sabía por qué muchas mujeres lo apoyaban: porque creíamos que la jefatura masculina estaba ordenada divinamente. Me enseñaron que Dios ordenó a las mujeres a seguir el liderazgo espiritual de sus maridos en el hogar y el de los pastores varones en la iglesia. Dado que se supone que el cristianismo es diferente del mundo, tenía sentido que un seminario de posgrado de estudios de la mujer en una universidad pública de investigación secular se opusiera a una comprensión cristiana de los roles de género. Mientras el mundo promovía el feminismo y desdibujaba los límites entre los roles masculino y femenino (o eso me habían hecho creer), el cristianismo promovía una jerarquía de género divinamente ordenada que aportaba claridad y orden a la vida cotidiana. Comprendía el argumento de Dorothy Patterson porque yo formaba parte del mundo de Dorothy Patterson.

Pero ya entonces me preocupaba. Los cristianos fueron llamados a ser radicalmente diferentes en la forma de defender la dignidad de todas las personas, incluidas las mujeres. Ese semestre me había dado cuenta de lo poco relevantes que eran los ideales de género cristianos a nivel histórico. En lugar de parecer diferentes en la forma de tratar a las mujeres, los cristianos parecían iguales a los demás.

---

[32] Hankins, *Uneasy in Babylon*, 215-16.

Kate Narveson aún no había escrito su libro sobre la piedad moderna temprana, así que todavía no había leído su hermosa descripción de la gente que incorporaba las Escrituras en su vida cotidiana: "expresión bíblica", lo llamó.[33] Esa noche mis pensamientos adoptaron la forma de expresiones bíblicas. Asistí a la iglesia bautista desde que nací, aprendí a leer y estudiar la Biblia a una edad temprana, y las Escrituras siempre han fluido en mi vida. Aquella noche fluyó por mi cabeza mientras mi corazón clamaba a Dios por respuestas. Recordé las palabras de Génesis 3:16, parte de la maldición de la caída, casi como si estuvieran grabadas en el cielo nocturno: "Con dolor darás a luz hijos, pero tu deseo será para tu marido, y él se enseñoreará de ti". Dios dijo estas palabras a Eva en el jardín del Edén después de que ella pecara y tomara el fruto del árbol prohibido. Como dice la Vulgata latina (que se estaba convirtiendo en una de las principales Biblias que yo utilizaba como medievalista): "Con dolor darás a luz a los hijos, y estarás bajo el poder de tu marido, y él tendrá dominio sobre ti".[34]

Y ahí estaba la explicación bíblica del nacimiento del patriarcado.

El primer pecado humano construyó la primera jerarquía de poder humano. Alice Mathews, teóloga y exdecana académica del Seminario Teológico Gordon-Conwell, explica muy bien la perspectiva bíblica del nacimiento del patriarcado en su libro *Gender Roles and the People of God* (Roles de género y el pueblo de Dios). Esto es lo que dice:

En Génesis 3:16 (cuando Dios habla con la mujer) es donde vemos por primera vez la jerarquía en las relaciones humanas. (...) La jerarquía no era la voluntad de Dios para la primera pareja, sino que se impuso cuando eligieron ignorar su mandato y comer el fruto prohibido. (...) Adán estaría ahora sujeto a su fuente (la tierra), así como Eva estaba ahora sujeta a su fuente (Adán). Este

[33] Kate Narveson, *Bible Readers and Lay Writers in Early Modern England: Gender and Self-Definition* (Londres: Routledge, 2016), 51-77.
[34] Douay-Rheims 1899, edición americana. La Douay-Rheims es una traducción al inglés de la Vulgata latina, realizada por primera vez en 1582.

fue el momento del nacimiento del patriarcado. Como resultado de su pecado, el hombre era ahora señor de la mujer, y la tierra era ahora señora del hombre, en contra de la intención original de Dios en la creación.[35]

El patriarcado no era lo que Dios quería, el patriarcado era el resultado del pecado humano.

Lo que para mí era nuevo esa noche en realidad era bastante viejo, teológicamente hablando. Todo el mundo sabía ya que el patriarcado era el resultado de la caída. Stanley Gundry, expresidente de la Sociedad Teológica Evangélica, lo afirmó con toda naturalidad en un ensayo de 2010. El patriarcado que sigue apareciendo en el texto bíblico es una "mera acomodación a la realidad de los tiempos y la cultura, no es un reflejo del ideal divino para la humanidad".[36] El patriarcado es creado por las personas, no ordenado por Dios.

Katharine Bushnell, una misionera en China a principios del siglo XX, tenía una opinión similar. Advirtió sobre el peligro del patriarcado para las mujeres. En lugar de "deseo", prefirió traducir la palabra de Génesis 3:16 como "apartarse". Su traducción del versículo dice "te estás apartando de tu marido, y él te gobernará".[37] Antes de la caída, tanto Adán como Eva se sometieron a la autoridad de Dios. Después de la caída, a causa del pecado, las mujeres se dirigirían primero a sus maridos, y sus maridos, en lugar de Dios, las gobernarían.

---

[35] Alice Mathews, *Gender Roles and the People of God: Rethinking What We Were Taught about Men and Women in the Church* (Grand Rapids: Zondervan, 2017), 43-47.

[36] Stanley Gundry, "From Bobbed Hair, Bossy Wives and Women Preachers to Woman Be Free: My Story", en *How I Changed My Mind about Women in Leadership: Compelling Stories from Prominent Evangelicals*, ed. Alan F. Johnson (Grand Rapids: Zondervan, 2010), 102.

[37] Citado en Kristin Kobes Du Mez, *A New Gospel for Women: Katharine Bushnell and the Challenge of Christian Feminism* (Oxford: Oxford University Press, 2015), 120-22.

Me encanta cómo la historiadora Kristin Kobes Du Mez describe la interpretación de Bushnell como un "golpe teológico" que "puso patas arriba la concepción victoriana de la feminidad". Como explica Du Mez, "para Bushnell, la autoridad masculina sobre la mujer contradecía la voluntad de Dios y perpetuaba la rebelión original del hombre contra Dios". Así, las mujeres "siguieron cometiendo el pecado de Eva al someterse a los hombres en lugar de a Dios". El patriarcado, para Bushnell, no era solo un resultado de la maldición, sino que formaba parte de la propia caída. La rebelión de Adán fue reclamar la autoridad de Dios para sí mismo, y la rebelión de Eva fue someterse a Adán en lugar de a Dios.[38]

No conocía a Alice Mathews cuando era adolescente. Ciertamente no sabía lo de Katherine Bushnell. Me uní al grupo de jóvenes de mi iglesia a finales de los años 80, en el apogeo de autores evangélicos y personas influyentes como James Dobson, Pat Robertson, Tim y Beverly LaHaye (fundadores de *Concerned Women for America* — Mujeres preocupadas por América—), Elisabeth Elliot y los Patterson. Los devocionales, estudios bíblicos, libros sobre el matrimonio y consejos sobre la crianza de los hijos que habían sido influidos por sus enseñanzas saturaron el mundo editorial cristiano.[39] El mensaje para las mujeres era inquietantemente uniforme: las mujeres cristianas se someten a la autoridad de sus maridos, cuidando del hogar y la familia mientras los hombres dirigen, protegen y proveen. Sirva como ejemplo lo que escribió Dobson en 1994 sobre por qué los hombres deben ser el único sostén de la familia: "Me gustaría enfatizar lo crítico que es este entendimiento masculino para la estabilidad familiar. (...) Una de las mayores amenazas para la institución de la familia hoy en día es el debilitamiento de este papel de protector y proveedor. Esta es la contribución para la que el hombre fue diseñado. Si desaparece, su

---

[38] Du Mez, *New Gospel for Women*, 120-22.

[39] Hedy Red Dexter y J. M. Lagrander, "Bible Devotionals Justify Traditional Gender Roles: A Political Agenda That Affects Social Policy", Social Justice 26, nº 1 (primavera de 1999): 99-114.

compromiso con su mujer y sus hijos se pone en peligro".[40] Unos diez años antes, Dobson le había aconsejado a una mujer —aterrorizada de su marido porque le pegaba habitualmente, pero que quería seguir casada con él— que el divorcio no era la solución y que, en cambio, debía esforzarse en conseguir una reconciliación.[41]

A las mujeres evangélicas como yo se nos enseñó que el diseño de Dios para el matrimonio era el de esposas sumisas (preferiblemente que se quedaran en casa) y maridos líderes (preferiblemente que fueran el sostén de la familia). Recuerdo haber asistido a un evento para jóvenes cuando estaba en el instituto. El líder nos explicó que Dios diseñó a las mujeres específicamente para ser esposas y dedicarse a sus maridos. Es la primera vez que recuerdo haber escuchado eso en la iglesia. Pero no sería la última, porque ese año se publicó lo que Du Mez llama "un manifiesto en defensa de la diferencia de género dada por Dios": *Recuperando la masculinidad y feminidad bíblicas*, de John Piper y Wayne Grudem.[42] Aunque Piper y Grudem admiten que la prescripción de Génesis 3:16, "él se enseñoreará sobre ti", es un resultado de la caída, siguen argumentando que la jefatura masculina fue ordenada por Dios antes de la caída. Escriben: "Pero el silencio en este punto con respecto a la realidad del liderazgo amoroso de Adán

---

[40] James Dobson, "A New Look at Masculinity and Femininity" (folleto publicado por Focus on the Family, 1994), citado en Dexter y Lagrander, "Bible Devotionals Justify Traditional Gender Roles", 107.

[41] James Dobson, *Love Must Be Tough* (Waco: Word, 1983), 148. Esta mujer escribió a Dobson para pedirle consejo. También podemos encontrar una descripción de la carta de la mujer y de la respuesta de Dobson en las ediciones de 1999 y 2007 de su libro: *Love Must Be Tough* (Dallas: Word, 1999), 160-62; y *Love Must Be Tough* (Carol Stream, IL: Tyndale, 2007), 160-62. Kristin Kobes Du Mez escribe que Dobson "recomendaba un sano escepticismo hacia ciertas acusaciones de violencia doméstica". Kristin Kobes Du Mez, *Jesus and John Wayne:* How White Evangelicals Corrupted a Faith and Fractured a Nation (Nueva York: Liveright, 2020), 144.

[42] Du Mez, *Jesus and John Wayne*, 167.

antes de la caída da la impresión de que el 'gobierno' caído y el liderazgo ordenado por Dios se agrupan y se descartan. Una vez más se ignora el impulso bíblico: Pablo nunca apela a la maldición o a la caída como explicación de la responsabilidad del hombre para dirigir, siempre apela a los actos de Dios antes de la caída".[43]

Unos años después, Grudem publicó la primera edición de su popular *Teología sistemática: una introducción a la doctrina bíblica*. Amplió lo que se había expuesto en el libro anterior, argumentando que "la maldición trajo una distorsión del liderazgo humilde y considerado de Adán y la sumisión inteligente y dispuesta de Eva a ese liderazgo que existía antes de la caída".[44] El resto es historia. El hecho consumado presentado a las mujeres evangélicas era que el diseño de Dios para el liderazgo masculino y la sumisión femenina era una condición eterna y divina.

Una vez que finalmente me enfrenté a la fealdad y a la omnipresencia del patriarcado histórico, me di cuenta de que, en lugar de ser diferentes del mundo, los cristianos eran como todos los demás en su trato a las mujeres. Cuando Dobson apoyó el deseo de una mujer maltratada de permanecer con su marido, fue tan solo una más de las voces que durante más de cuatro mil años de historia habían estado de acuerdo: el lugar de la mujer está bajo el poder del hombre.

## La verdad histórica sobre el patriarcado

En muchos sentidos, el debate entre los igualitarios (los que defienden la igualdad bíblica entre hombres y mujeres) y los complementaristas (los que defienden una jerarquía de género bíblica que subordina a

---

[43] John Piper y Wayne Grudem, eds., *Recovering Biblical Manhood and Womanhood* (1991; repr., Wheaton: Crossway, 2006), 409-10. Véase también Du Mez, *Jesus and John Wayne*, 167.

[44] Wayne Grudem, *Systematic Theology: An Introduction to Biblical Doctrine* (Grand Rapids: Zondervan, 1994), 464.

las mujeres a los hombres) está estancado.[45] Mientras que los complementaristas como John Piper y Wayne Grudem defienden que la jefatura masculina existía antes de la caída, los igualitarios como Alice Mathews y Philip B. Payne defienden que vino después. Pero cuando tuve mi epifanía sobre el inicio del patriarcado, no fue solo el texto bíblico lo que me convenció. Fue porque el texto bíblico encajaba muy bien con la evidencia histórica. En otras palabras, el debate sobre la interpretación de Génesis 3:16 no es únicamente la palabra de uno contra la palabra del otro. Las pruebas históricas sobre los orígenes del patriarcado pueden hacer avanzar la conversación.

Déjame explicar lo que quiero decir.

En 1986, Gerda Lerner sostuvo que el patriarcado es una construcción histórica vinculada al "militarismo, la jerarquía y el racismo".[46] La *Epopeya de Gilgamesh*, según Lerner, se sitúa en el inicio no solo de la historia, sino también del propio patriarcado. La epopeya da testimonio de una de las primeras apariciones de una sociedad humana compleja: la civilización. En cuanto los humanos forjaron una sociedad agrícola y empezaron a construir comunidades estructuradas, también empezaron a construir jerarquías de poder, designando a algunas personas como más dignas de gobernar que otras.

Voy a hacer una pequeña pausa. Este libro es mi historia: una mujer blanca cuyas experiencias como esposa de pastor y estudiosa me han llevado a rechazar las enseñanzas evangélicas sobre el liderazgo masculino y la sumisión femenina. Mi lucha contra el patriarcado es por las mujeres, pero las mujeres no son las únicas perjudicadas por el patriarcado. La biblista Clarice J. Martin nos recuerda que, si bien el patriarcado define los límites de la vida de las mujeres, también define

---

[45] Mary Stewart Van Leeuwen, profesora de psicología y filosofía, ofrece una perspicaz visión de la "ansiedad por la complementariedad" tanto de los complementarios como de los igualitarios en *A Sword between the Sexes? C. S. Lewis and the Gender Debates* (Grand Rapids: Brazos, 2010), 168-70.

[46] Gerda Lerner, *The Creation of Patriarchy* (Nueva York: Oxford University Press, 1986), 228-29.

"a los pueblos y razas subyugados como 'los otros' a los que hay que dominar".[47] El patriarcado va de la mano con el racismo estructural y la opresión sistémica, y ha sido así constantemente a lo largo de la historia.

Me frustra ver cómo los cristianos se esfuerzan por desenredar las narrativas entrelazadas de la opresión patriarcal, aflojando así su poder sobre un grupo mientras se amplía sobre otro. En su innovador artículo "Los códigos domésticos en la interpretación bíblica afroamericana", Martin plantea una pregunta provocadora: "¿Cómo es posible que los predicadores y teólogos negros utilicen una hermenéutica liberada al predicar y teologizar sobre los esclavos, pero una hermenéutica literalista en relación con las mujeres? ".[48] Me gustaría hacerle la misma pregunta a los predicadores y teólogos blancos. Cuando entendemos correctamente que los pasajes bíblicos que hablan de la esclavitud deben enmarcarse en su contexto histórico y que, a través de la lente de este contexto histórico, podemos ver mejor la esclavitud como un sistema impío que se opone al evangelio de Cristo, ¿cómo no aplicar entonces los mismos criterios a los textos bíblicos sobre las mujeres? Martin desafía a los intérpretes afroamericanos de la Biblia a dejar de utilizar "una hermenéutica jerárquica en los relatos bíblicos sobre las mujeres".[49] Solo entonces podrán ser verdaderamente libres todos los negros.

---

[47] Clarice J. Martin, "Womanist Interpretations of the New Testament: The Quest for Holistic and Inclusive Translation and Interpretation", en *I Found God in Me: A Womanist Biblical Hermeneutics Reader*, ed. Mitzi J. Smith (Eugene, OR: Cascade Books, 2015), 32.

[48] Clarice J. Martin, "The Haustafeln (Household Codes) in Afro-American Biblical Interpretation: 'Free Slaves' and 'Subordinate Women'", en *Stony the Road We Trod: African American Biblical Interpretation*, ed. Cain Hope Felder (Minneapolis: Fortress, 1991), 226.

[49] Martin, "Haustafeln (Household Codes)", en Felder, *Stony the Road We Trod*, 228.

Tiene razón. ¿No es hora de que los cristianos, comprometidos con el seguimiento de Jesús, reconozcan lo que historiadores como Gerda Lerner saben desde hace tanto tiempo? ¿No es hora de que dejemos de ignorar la realidad histórica de que el patriarcado forma parte de un sistema de opresión entrelazado que incluye el racismo?

Aunque algunos aspectos del monumental estudio de Lerner sobre el patriarcado han sido cuestionados y modificados por historiadores posteriores, su argumento de que el patriarcado surgió con el inicio de la civilización no ha sido cuestionado ni modificado. Merry Wiesner-Hanks, una de las principales especialistas modernas en género e historia, escribe: "Aunque las líneas de causalidad no están claras, el desarrollo de la agricultura fue acompañado de una creciente subordinación de las mujeres en muchas partes del mundo". Tanto el trabajo masculino como el poder masculino comenzaron a asociarse con tener propiedad(es) y el trabajo agrícola asociado. Esto hizo que se favoreciera a los niños en detrimento de las niñas para la herencia, y que las mujeres dependieran cada vez más de los hombres que eran propietarios o trabajadores agrícolas. Wiesner-Hanks continúa: "A lo largo de las generaciones, disminuyó el acceso de las mujeres a los recursos y cada vez les resultaba más difícil sobrevivir sin el apoyo de los hombres".[50] Las mujeres se volvieron cada vez más dependientes de los hombres a medida que las comunidades agrícolas se convertían en el corazón de la civilización humana. Me llama la atención, como estudiosa y cristiana, que cuando Dios le dijo a Eva que estaría bajo el poder de su marido, simultáneamente le dijo a Adán que el trabajo agrícola sería necesario para la supervivencia humana.

El patriarcado, según la Biblia y los registros históricos, surgió junto con la aparición de las comunidades agrícolas. En vez de que el patriarcado esté ordenado por Dios, la historia sugiere que el patriarcado tiene un origen humano: la propia civilización. Desde la *Epopeya de Gilgamesh*, en la antigua Sumeria, hasta otros textos como el

---

[50] Merry E. Wiesner-Hanks, *Gender in History: Global Perspectives*, 2ª ed. (Malden, MA: Wiley-Blackwell, 2011), 18.

Ramayana en la antigua India, los registros de las primeras civilizaciones revelan el desarrollo de jerarquías de género que privilegiaban a los hombres (especialmente a los de ciertas clases) y subordinaban a las mujeres. El patriarcado es una estructura de poder creada y mantenida, literalmente, por el trabajo humano.

En este contexto, la Biblia es nada menos que revolucionaria.

Aunque ciertamente el patriarcado existe en la narrativa bíblica, Mathews nos anima a recordar que hay una diferencia entre "lo que es descriptivo y lo que es prescriptivo en la Biblia".[51] Los ecos del patriarcado humano desfilan por todo el Nuevo Testamento, desde el liderazgo exclusivo de los judíos varones hasta las duras leyes de adulterio aplicadas a las mujeres, e incluso los escritos de Pablo. La Iglesia primitiva intentaba encontrar un sentido a su lugar en el mundo judío y en el romano, y gran parte de esos mundos se mezcló en las historias de la iglesia.

Al mismo tiempo, vemos un número sorprendente de pasajes que subvierten los roles tradicionales de género y destacan a las mujeres como líderes: desde la mujer samaritana en el pozo, que da de beber a Jesús hasta María de Betania, que aprende a los pies de Jesús como una discípula, pasando por Marta, que declara su fe en Jesús (lo que contrarresta la falta de fe exhibida por la mayoría de los discípulos). Hace poco me reí con las reflexiones de la biblista Febbie C. Dickerson sobre Tabita, una mujer identificada como discípula en Hechos 9. "Me pregunto", dice Dickerson, "qué pasaría si los predicadores aprendieran griego y reconocieran así que la identificación de Tabita como 'una discípula femenina' probablemente indica que es una de muchas discípulas".[52] Las mujeres bíblicas son más de lo que suponemos que son, no encajan en el molde que el complementarismo ha decretado para ellas.

---

[51] Mathews, *Gender Roles and the People of God*, 33.
[52] Febbie C. Dickerson, "Acts 9:36–43: The Many Faces of Tabitha, a Womanist Reading", en Smith, *I Found God in Me*, 302.

41

Beth Moore lo reconoce en su respuesta a Owen Strachan en un hilo de conversación en internet sobre las mujeres en el ministerio: "Lo que pido es que se reanalice todo el texto, desde Mateo 1 hasta Apocalipsis 22, en todo lo referente a la mujer. Que reanalicemos las palabras de Pablo en 1 Timoteo y en 1 Corintios 14 (autoritarias, inspiradas por Dios) junto con otras palabras que Pablo escribió, igualmente inspiradas, y dar sentido a las muchas mujeres con las que sirvió. Sobre todo, debemos fijarnos en las actitudes del propio Jesús hacia las mujeres".[53] Moore, que ha pasado su vida inmersa en la Biblia, se da cuenta de la desconexión entre la construcción de la feminidad bíblica y la vida real de las mujeres en la Biblia.

El patriarcado existe en la Biblia porque la Biblia fue escrita en un mundo patriarcal. Históricamente hablando, no hay nada sorprendente en las historias y pasajes bíblicos plagados de actitudes y acciones patriarcales. Lo que resulta sorprendente es la cantidad de pasajes e historias bíblicas que socavan, en lugar de apoyar, el patriarcado. Incluso John Piper admitió en 1984 que no sabía qué hacer con Débora y Hulda.[54] Los pasajes de la Biblia más difíciles de explicar, históricamente hablando, son pasajes como Gálatas 3:26-28: "Porque en Cristo Jesús todos sois hijos de Dios por la fe. Todos los que habéis sido bautizados en Cristo os habéis revestido de Cristo. Ya no hay judío ni griego, ya no hay esclavo ni libre, ya no hay hombre ni mujer, porque todos sois uno en Cristo Jesús". Esto es lo que hace que la Biblia sea radical. Esto es lo que hace que el cristianismo sea tan diferente del resto de la historia de la humanidad. Esto es lo que libera tanto a los hombres como a las mujeres.

---

[53] Beth Moore (@BethMooreLPM), "What I plead for", Twitter, 11 de mayo de 2019, 9:44h, https://twitter.com/bethmoorelpm/status/11272079379 09325824; Beth Moore (@BethMooreLPM), "Is to grapple with the entire text", Twitter, 11 de mayo de 2019, 9:51 a.m., https://twitter.com/bethmoorelpm/status/ 1127209694500671489.

[54] John Piper, "Headship and Harmony", Desiring God, 1 de mayo de 1984, https://www.desiringgod.org/articles/headship-and-harmony.

¿No es irónico (por no decir fastidioso) que pasemos tanto tiempo luchando para que el cristianismo se parezca al mundo que nos rodea en lugar de luchar para que se parezca a Jesucristo? ¿No debería ser al revés? Sarah Bessey, escritora cristiana progresista, activista y autora del superventas *Jesús feminista*, tiene toda la razón al afirmar que el patriarcado no es "el sueño de Dios para la humanidad".[55] ¿No se parece más el mundo de Gálatas 3 al mundo de Jesús? Puede que el patriarcado forme parte de la historia cristiana, pero eso no lo convierte en cristiano. Solo nos muestra las raíces históricas (y muy humanas) de la mujer bíblica.

---

[55] Sarah Bessey, *Jesus Feminist: An Invitation to Revisit the Bible's View of Women* (Nueva York: Howard, 2013), 14.

## "¡ODIO A PABLO!"

No puedo decir cuántas veces he escuchado esto en boca de mis alumnos, en su mayoría mujeres jóvenes marcadas por la forma en que se ha utilizado a Pablo contra ellas cuando se les ha dicho que guarden silencio (1 Corintios 14), que se sometan a sus maridos (Efesios 5), que no enseñen ni ejerzan autoridad sobre los hombres (1 Timoteo 2) y que trabajen en casa (Tito 2). Se les ha enseñado que Dios diseñó a las mujeres para que obedecieran la jefatura masculina (1 Corintios 11), centrándose en la familia y el hogar (Colosenses 3; 1 Pedro 3), y que otras ocupaciones que no fueran la familia debían ser secundarias para ellas, emprendidas en su mayoría por necesidad o después de que los hijos hubieran dejado la casa.

Hace unos años, una alumna vino a mi despacho aparentemente para hablar de un trabajo de clase, pero pronto quedó claro que lo que realmente quería discutir era su vocación. Me preguntó: ¿te llamó Dios a ser profesora además de madre y esposa de pastor? ¿Fue difícil? ¿Te sientes culpable por trabajar fuera de casa? ¿Te apoyó tu marido? ¿Qué pensó la gente de tu iglesia? Compartió sus frustraciones como mujer cristiana con vocación profesional de origen conservador que intentaba conciliar las expectativas de su iglesia y su familia con su vocación. Una conversación reciente con su padre la había exasperado. Le había pedido consejo, preocupada por la especialidad que estaba estudiando. Él, intentando calmar sus temores, le dijo que en realidad su especialidad no importaba tanto, ya que se casaría y no trabajaría. Sorprendida, replicó: "Papá, ¿realmente me estás enviando a la universidad durante cuatro años para que nunca use mi título?".

La actitud de su padre hacia las mujeres que trabajan fuera de casa no es anómala. Como hemos visto, un estudio de Barna de 2017 descubrió que, aunque el estadounidense medio se siente cada vez más cómodo con las mujeres en roles de liderazgo y comprende mejor los importantes obstáculos a los que se enfrentan las mujeres en el lugar de trabajo, los cristianos evangélicos se quedan atrás en este aspecto.[1] Tal vez la brecha más sorprendente en las actitudes evangélicas está relacionada con las mujeres en roles de liderazgos específicos. Comenté en 2016 que la actitud de Wayne Grudem hacia las mujeres (que nunca deberían tener autoridad sobre los hombres) hacía imposible que pudiese apoyar a una candidata femenina a la presidencia del país.[2] El estudio de Barna sugiere que tenía razón en esto. Los líderes evangélicos blancos como Grudem que se unieron para apoyar la candidatura de Donald Trump a la presidencia están directamente relacionados con un gran nivel de incomodidad en cuanto a tener una posible presidenta. Al menos para algunos votantes evangélicos y republicanos (entre el 27 y el 35%), el problema con Hillary Clinton no residía solo el hecho de que es demócrata, sino también en el hecho de que es mujer (el 27% de los votantes evangélicos y el 35% de los votantes republicanos dijeron que se sentían incómodos con una mujer presidenta).[3] Tres años después, no me sorprendió ver que la candidatura de Elizabeth Warren a la presidencia fuera víctima del hacha de la guerra del género.

Las ideas importan. Estas creencias evangélicas que defienden la inmutabilidad de la sumisión femenina están arraigadas en cómo interpretan a Pablo. Puede que el Consejo sobre la Masculinidad y Feminidad Bíblicas base en Génesis 2 su visión general del complementarismo, pero la lectura que hacen de esta narrativa de la creación

---

[1] "What Americans Think about Women in Power", Barna Group, 8 de marzo de 2017, https://www.barna.com/research/americans-think-women-power.

[2] Beth Allison Barr, "No Room in Wayne Grudem's World for a Female President", The Anxious Bench (blog), 31 de julio de 2016, https://www.patheos.com/blogs/anxiousbench/2016/07/wayne-grudem-donald-trump-and-the-female-elephant-in-the-room.

[3] "What Americans Think about Women in Power".

proviene de 1 Corintios 11 y 1 Timoteo 2.[4] Pablo proporciona la estructura de todos y cada uno de los aspectos de las enseñanzas complementarias. Los evangélicos leen los textos paulinos como si designaran distinciones de roles permanentes y divinamente ordenadas entre los sexos. Los hombres ejercen una autoridad que las mujeres no pueden ejercer.

Los hombres dirigen, las mujeres siguen. Pablo nos lo dice.

¿Es de extrañar que mis alumnos odien a Pablo?

Pero, ¿y si hemos leído mal a Pablo? Al principio de nuestros años de ministerio juvenil, mi marido y yo llevamos a un grupo de chicos a una conferencia de evangelización de fin de semana. Uno de los ponentes reveló su arma secreta de evangelización: la pregunta "¿y si te equivocas?". No recuerdo mucho de esa conferencia, pero esa pregunta se me quedó grabada. Me ha resultado útil en mi trabajo como historiadora: ¿y si me equivoco en mis conclusiones? ¿Estoy dispuesta a reconsiderar las pruebas? Me ha resultado útil como profesora, especialmente cuando un alumno me ha presentado una idea diferente. La pregunta "¿y si me equivoco?" me ayuda a escuchar mejor a los demás. Me mantiene humilde. Me convierte en una estudiante mejor. Así que esta es mi pregunta para los evangélicos complementaristas: ¿y si os equivocáis? ¿Y si los evangélicos han entendido a Pablo a través de la lente de la cultura moderna en lugar de la forma en que Pablo pretendía ser entendido? La iglesia evangélica teme que reconocer el liderazgo de las mujeres signifique ceder a la presión cultural. Pero ¿y si la iglesia se está sometiendo a la presión cultural al negar el liderazgo de las mujeres? ¿Y si, en lugar de una lectura "simple y natural", nuestra interpretación de Pablo (y la consiguiente exclusión de las mujeres de las funciones de liderazgo) es el resultado de sucumbir a las actitudes y patrones de pensamiento que nos rodean? Los cristianos

---

[4] Bruce Ware, "Summaries of the Egalitarian and Complementarian Positions", The Council on Biblical Manhood and Womanhood, 26 de junio de 2007, https://cbmw.org/2007/06/26/summaries-of-the-egalitarian-and-complementarian-positions.

del pasado pueden haber utilizado a Pablo para excluir a las mujeres del liderazgo, pero esto no significa que el sometimiento de las mujeres sea bíblico. Solo significa que los cristianos actuales están repitiendo el error de los cristianos del pasado: basar nuestro tratamiento de las mujeres en el mundo que nos rodea en lugar del mundo que Jesús nos muestra como posible.

Por eso, cuando mis alumnos exclaman que "odian a Pablo", yo les digo que no es a Pablo a quien odian; más bien, odian cómo las cartas de Pablo se han convertido en el fundamento de una comprensión de los roles bíblicos de género que oprime a las mujeres. Beverly Roberts Gaventa, una de las principales especialistas paulinas, lamenta que los evangélicos hayan pasado tanto tiempo "analizando las líneas de las cartas de Pablo en busca de proposiciones teológicas y directrices éticas que deban ser reproducidas en sentido estricto" y que como consecuencia se les haya escapado el propósito principal de Pablo. Hemos reducido su llamamiento a la unidad y lo hemos convertido en una especie de control policial en busca de la uniformidad, hemos cambiado el "carácter radical" del cuerpo de Cristo por una rígida jerarquía de género y poder. En lugar de "pensar junto a Pablo", como apela Gaventa, los evangélicos han convertido a Pablo en un arma para nuestras propias guerras culturales.[5] El erudito del Nuevo Testamento Boykin Sanders proclama que es hora de entender a Pablo en lo relacionado con las mujeres. En negrita, bajo el título "Ni masculino ni femenino", argumenta: "La lección para la iglesia negra aquí es que la discriminación de género en el trabajo de la iglesia es inaceptable". Pablo nos muestra que la discriminación de género es "una vuelta a los

---

[5] Beverly Roberts Gaventa, "Gendered Bodies and the Body of Christ", en *Practicing with Paul: Reflections on Paul and the Practices of Ministry in Honor of Susan G. Eastman*, ed. Presian R. Burroughs (Eugene, OR: Cascade Books, 2018), 55.

caminos del mundo", y que estamos llamados al "nuevo mundo del evangelio de Cristo crucificado".[6]

La verdad (la realidad evangélica) es que nos hemos centrado tanto en adaptar a Pablo para que sea como nosotros que nos hemos olvidado de adaptarnos a lo que Pablo nos llama a ser: uno en Cristo.[7] En lugar de elegir la mejor parte y abrazar el "nuevo mundo del evangelio de Cristo crucificado", hemos elegido seguir haciendo lo que los humanos siempre han hecho: construir nuestra propia torre de jerarquía y poder.

## Porque podemos leer a Pablo de forma diferente

Un sacerdote medieval escribió el que es mi sermón favorito sobre el matrimonio. No hay mucha gente que le conozca, aunque Dorothy L. Sayers me robó el corazón al citarlo en su novela negra *Los nueve sastres* (que también se encuentra entre mis favoritas). Este sacerdote se llamaba John Mirk y vivió en el oeste de Inglaterra entre finales del siglo XIV y principios del XV. Su colección de sermones, *Festial*, se hizo tan popular en Inglaterra que la primera serie de homilías protestantes oficiales de 1547 se escribió, en parte, para contrarrestar su influencia. Tenemos pruebas de que los sermones de *Festial* se imprimieron hasta la víspera de la Reforma y de que, a pesar de su doctrina católica, Festial siguió predicándose durante el reinado de Isabel I.[8]

---

[6] Boykin Sanders, "1 Corinthians", en *True to Our Native Land: African American Biblical Interpretation*, ed. Brian K. Blount (Minneapolis: Fortress, 2007), 296.

[7] He adaptado esta frase de una línea de Dorothy L. Sayers, que escribe que "seguramente no es asunto de la Iglesia adaptar a Cristo a los hombres, sino adaptar a los hombres a Cristo". Dorothy L. Sayers, *Letters to a Diminished Church: Passionate Arguments for the Relevance of the Christian Doctrine* (Nashville: Nelson, 2004), 20.

[8] Para más información sobre Festial, véase Beth Allison Barr, *The Pastoral Care of Women in Late Medieval England* (Woodbridge, Reino Unido:

Observa cómo se describe en este sermón de *Festial* la relación matrimonial entre marido y mujer: "Así, por mandato de Dios, un hombre tomará una esposa de edad, condición y nacimiento similares". El texto continúa: "Por eso el hombre dejará a su padre y a su madre y se acercará a ella como una parte de sí mismo, y ella lo amará y él a ella, verdaderamente juntos, y serán dos en una sola carne".[9] En lugar de la jerarquía, el sermón enfatiza cómo el hombre y la mujer se amarán "verdaderamente juntos" y se convertirán en "una sola carne". Cuando el sacerdote bendice el anillo de la mujer, declara que "representa a Dios, que no tiene principio ni fin, y se lo pone en el dedo que tiene una vena que lleva hasta el corazón, mostrando así que amará a Dios sobre todas las cosas y después a su marido".[10] El anillo proclama que la lealtad de la mujer pertenece en primer lugar a Dios y en segundo lugar a su marido. Aunque el sermón está lleno de versículos y cita abundantemente Génesis 1-3, Mateo 22 y Juan 2, no cita a Pablo. No contiene ninguna referencia a Efesios, Colosenses, Tito, ni 1 Pedro: los libros del Nuevo Testamento que contienen el famoso llamamiento a las esposas para que se sometan a sus maridos. Estos pasajes del Nuevo Testamento, conocidos como los "códigos domésticos" (Efesios 5:21–6:9; Colosenses 3:18–4:1; 1 Pedro 2:18–3:7; Tito 2:1-10), dominan los debates modernos sobre los roles de género y sentaron las bases para el cambio que hicieron en la enmienda de 1998 a

---

Boydell, 2008) y Beth Allison Barr y Lynneth J. Miller, "John Mirk", en *Oxford Bibliographies in Medieval Studies, ed. Paul E. Szarmach* (Nueva York: Oxford University Press, 2018), https://www.oxfordbibliographies. com/view/document/obo-97 80195396584/obo-9780195396584-0259.xml. También hablo de este sermón en Beth Allison Barr, "Paul, Medieval Women and Fifty Years of the CFH: New Perspectives", Fides et Historia 51, n° 1 (invierno/primavera 2019): 1-17.

[9] Todas las referencias están tomadas del BL MS Cotton Claudius A II. Para las ediciones impresas, véase John Mirk, *John Mirk's "Festial"*, ed. Susan Powell (Oxford: Oxford University Press, 2009), 2:252-56.

[10] Mirk, *John Mirk's "Festial"*, 2:253-54.

la "Fe y Mensaje Bautista" acerca de que las esposas deben "someterse con gracia" a la autoridad de sus maridos.[11] Pero el sermón medieval de Mirk "hace muy poco hincapié en la sujeción femenina como base para vivir bien en el matrimonio", observa la historiadora Christine Peters.[12] Mirk no declara que la mujer deba obedecer a su marido. De hecho, su sermón enfatiza que lo que metió a Eva en problemas fue amar demasiado a su marido, y por eso el anillo de bodas no es un símbolo de que la esposa pertenece a su marido, sino un recordatorio para que las esposas pongan a Dios en primer lugar.[13]

En mi investigación, he descubierto que los sermones de la Inglaterra tardomedieval rara vez predican los pasajes paulinos que provocan una reacción tan fuerte en mis alumnos. Esto es sorprendentemente distinto de los sermones del mundo evangélico moderno, sobre todo porque el mundo medieval era tan propenso al patriarcado como el mundo antiguo y como nuestro mundo moderno (hablaremos más de esto en el próximo capítulo).[14] También es sorprendentemente diferente de lo que se nos ha enseñado sobre los escritos de Pablo acerca las mujeres; escritos que se han utilizado a lo largo de la historia cristiana

---

[11] "Baptist Faith and Message 2000", Convención Bautista del Sur, 14 de junio de 2000, http://www.sbc.net/bfm2000/bfm2000.asp, bajo el título "XVIII. The Family".

[12] Christine Peters, "Gender, Sacrament and Ritual: The Making and Meaning of Marriage in Late Medieval and Early Modern England", Past & Present 169 (noviembre de 2000): 78.

[13] La ceremonia matrimonial dicta que el novio debe decir: "en el nombre del Padre, del Hijo y del Espíritu Santo, con este anillo te desposo", haciendo énfasis primero en Dios. Tal vez no sea sorprendente que, al morir, las mujeres medievales dejaran a menudo sus anillos de boda a las iglesias. Véase Sue Niebrzydowski, Bonoure y Buxum: "A Study of Wives in Late Medieval English Literature", vol. 2 de *Somerset Medieval Wills, Transcripts of Sussex Wills* (Oxford: Peter Lang, 2006), 87.

[14] Barr, "Paul, Medieval Women", 1-17.

en un hilo continuo e ininterrumpido para defender el diseño de Dios de que los hombres dirijan y las mujeres sigan.

Esto, simple y llanamente, no es cierto. Miremos al catolicismo, por ejemplo. Los evangélicos parecen pensar que, dado que la tradición católica no ordena a las mujeres, la tradición católica también debe usar a Pablo para apoyar la jefatura masculina en el matrimonio. No es así, o al menos no de forma consistente. El experto en religión Daniel Cere explica: "Nunca ha habido una tradición de enseñanza doctrinal formal que apoye la subordinación [marital] dentro de la tradición católica".[15] El historiador medieval Alcuin Blamires describe las "inquietantes paradojas" (tanto prácticas como bíblicas) que frecuentaban las enseñanzas católicas medievales sobre el género, la autoridad y el cuerpo de Cristo.[16] Por ejemplo, como los maridos pecaban, a menudo resultaban ser malos líderes para sus esposas, lo que difuminaba para los predicadores medievales el "beneficio" de la autoridad masculina. Como argumentaba un texto de principios del siglo XV, una esposa no debía seguir ciegamente a su marido, porque (tal y como afirmaba el sermón matrimonial de Mirk) le debía lealtad primero a Jesús como su "marido principal". Para las mujeres medievales, Jesús como cabeza podía superar la autoridad del marido, a veces las mujeres podían incluso tomar la delantera. Pedro Abelardo, un famoso escolástico del siglo XII, analiza la historia bíblica de la mujer que unge a Jesús con aceite (Mt 26:6-13; Mr 14:3-9; Lc 7:37-50). Abelardo escribe que cuando "la mujer y no el hombre se vincula con la jefatura de Cristo", ella "de hecho lo instituye como 'Cristo'".

---

[15] Daniel Mark Cere, "Marriage, Subordination and the Development of Christian Doctrine", en *Does Christianity Teach Male Headship? The Equal-Regard Marriage and Its Critics*, ed. David Blankenhorn, Don Browning y Mary Stewart Van Leeuwen (Grand Rapids: Eerdmans, 2004), 110.

[16] Alcuin Blamires, "Paradox in the Medieval Gender Doctrine of Head and Body", en *Medieval Theology and the Natural Body*, ed. Peter Biller. Peter Biller y J. Minnis (Woodbridge, Reino Unido: York Medieval Press, 1997), 29.

Al permitir que una mujer lo ungiera con aceite, Jesús anula la jefatura masculina, permitiendo que una mujer hiciera lo que solo los hombres habían podido hacer hasta ese momento: ungir al rey. Blamires describe el argumento de Abelardo como "una asombrosa dislocación del género convencional del cuerpo como femenino y la cabeza como masculino". Blamires dice que, para Abelardo, la unción de Jesús por parte de la mujer es una "acción de nombramiento". "Esta mujer es la que unge al santo de los santos para que sea Cristo".[17]

Podría decir mucho más, pero la idea principal es esta: a pesar de la obsesión evangélica con la jefatura masculina, los cristianos del pasado y del presente no han estado tan seguros. La postura del papa Juan Pablo II en su carta apostólica de 1988 es un buen ejemplo. Sugiere que utilizar los escritos de Pablo en Efesios 5 para justificar la jefatura masculina y la subordinación femenina en el matrimonio sería el equivalente a utilizar esos pasajes para justificar la esclavitud.[18]

## Porque el propósito de Pablo no era enfatizar la sumisión de la esposa

Así que hablemos de la sumisión de las esposas, una idea que los evangélicos extraen de los códigos domésticos del Nuevo Testamento. Como hemos visto, el contexto histórico sugiere que la sumisión femenina no era el objetivo de los escritos de Pablo, ni siquiera en los códigos domésticos. ¿Y si Pablo no estaba incluyendo los códigos domésticos para dictar cómo deben seguir los cristianos la jerarquía de género del Imperio romano, sino que les estaba enseñando a los cristianos a vivir de manera diferente dentro de su contexto romano? ¿Y si en vez de leerlos como "textos terroríficos" para las mujeres,

---

[17] Blamires, "Paradox in the Medieval Gender Doctrine of Head and Body", 22-23.

[18] Papa Juan Pablo II, Mulieris Dignitatem, 24, citado en Cere, "Marriage, Subordination and the Development of Christian Doctrine", 110.

pudiésemos leer los códigos domésticos como narrativas de resistencia al patriarcado romano?[19]

Si los tomamos al pie de la letra (si hacemos una "interpretación simple y literal"), los códigos domésticos parecen santificar la estructura patriarcal romana: la autoridad del paterfamilias (marido/padre) sobre las mujeres, los niños y los esclavos. El texto de Colosenses 3 es un buen ejemplo: "Esposas, estad sujetas a vuestros maridos, como conviene en el Señor. Maridos, amad a vuestras mujeres y no las tratéis nunca con dureza. Hijos, obedeced a vuestros padres en todo, porque este es vuestro deber aceptable en el Señor. Padres, no provoquéis a vuestros hijos, para que no pierdan el ánimo. Esclavos, obedeced en todo a vuestros amos terrenales, no solo mientras os vigilan y para agradarles, sino de todo corazón, temiendo al Señor" (vv. 18-22). Por si no sabes mucho sobre el patriarcado romano, la tutela masculina formaba parte de la ley romana. Las esposas debían someterse legalmente a la autoridad de sus maridos, las mujeres solteras debían someterse a la autoridad de sus padres o parientes masculinos más cercanos, las mujeres no podían poseer propiedades ni dirigir negocios por derecho propio, las mujeres no podían realizar transacciones legales o financieras sin que un hombre actuara en su nombre. Desde esta perspectiva histórica, no es sorprendente que se trate el tema de las esposas en los textos romanos del siglo I (el Nuevo Testamento) que reflejan la realidad de la vida de las esposas en ese mundo romano del siglo I. Que Pablo incluyera una declaración para que las mujeres estuvieran sujetas a sus maridos es exactamente lo que el mundo romano habría esperado.[20]

---

[19] Phyllis Trible acuñó la frase "textos terroríficos". Véase Phyllis Trible, *Texts of terror: Literary-Feminist Readings of Biblical Narratives* (Philadelphia: Fortress, 1984).

[20] Para saber más en general sobre las mujeres en el mundo grecorromano, recomiendo los libros de Sarah B. Pomeroy *Goddesses Whores, Wives and Slaves: Women in Classical Antiquity* (1975; repr., Nueva York: Schocken, 1995) y *The Murder of Regilla: A Case of Domestic Violence in Antiquity*

Los evangélicos modernos no podemos entender esto.

Pablo no les decía a los primeros cristianos que se parecieran a los demás, les decía que, como cristianos, tenían que ser diferentes. Rachel Held Evans explica los códigos domésticos cristianos como una "remezcla de Jesús" del patriarcado romano.[21] Los estudiosos están de acuerdo en que el término "remezcla" es una buena descripción. Por ejemplo, Carolyn Osiek y Margaret MacDonald, estudiosas del Nuevo Testamento, sostienen que las enseñanzas éticas incluidas en el código doméstico de Éfeso son tan "opuestas" al mundo grecorromano que, en lugar de ser un signo de acomodación, "el código doméstico se presenta como lo que en última instancia separa a los creyentes".[22] Si se leen correctamente, los códigos domésticos no solo liberan a las mujeres, como escribe Shi-Min Lu, sino que liberan a todos los miembros del hogar de los "elementos opresivos" del mundo romano.[23] Pablo no estaba imponiendo el patriarcado romano a los cristianos, Pablo estaba utilizando una "remezcla de Jesús" para explicarles a los cristianos cómo los liberaba el evangelio.

---

(Cambridge, MA: Harvard University Press, 2007). También recomiendo este de Mary Beard: *SPQR: A History of Ancient Rome* (Nueva York: Liveright, 2016), que ofrece una atractiva introducción a la historia de Roma.

[21] Rachel Held Evans, "Aristóteles vs. Jesus: What Makes the New Testament Household Codes Different", Rachel Held Evans (blog), 28 de agosto de 2013, https://rachelheldevans.com/blog/aristotle-vs-jesus-what-makes-the-new-testament-household-codes-different.

[22] Carolyn Osiek y Margaret MacDonald, *A Woman's Place: House Churches in Earliest Christianity* (Minneapolis: Fortress, 2006), 122-23. Osiek y MacDonald sitúan las "funciones de liderazgo de las mujeres en los primeros grupos eclesiásticos" como parte de un patrón cultural creciente en el que las mujeres estaban ganando más visibilidad y más libertades sociales (249).

[23] Shi-Min Lu, "Woman's Role in New Testament Household Codes: Transforming First-Century Roman Culture", Priscilla Papers 30, n° 1 (invierno 2016): 11, https://www.cbeinternational.org/resource/article/priscilla-papers-academic-journal/womans-role-new-testament-household-codes.

Así que veamos la remezcla de Jesús en dos pasajes similares del código doméstico, ambos escritos por Pablo.

| | |
|---|---|
| **Colosenses 3:18-19** | "Esposas, estad sujetas a vuestros maridos, como conviene en el Señor. Maridos, amad a vuestras mujeres y no las tratéis nunca con dureza". |
| **Efesios 5:21-22, 25, 28, 33** | "Someteos unos a otros por reverencia a Cristo. Esposas, estad sujetas a vuestro marido como lo estáis al Señor. Maridos, amad a vuestras mujeres, como Cristo amó a la iglesia y se entregó por ella. (...) Los maridos deben amar a sus mujeres como a sus propios cuerpos. (...) Cada uno de vosotros (...) debe amar a su mujer como a sí mismo, y la mujer debe respetar a su marido". |

Como cristianos modernos, escuchamos inmediatamente la autoridad masculina. Esposas, estad sujetas a vuestro marido. Sin embargo, como cristianos del primer siglo, la audiencia original de Pablo habría escuchado inmediatamente lo contrario. Maridos, amad a vuestras mujeres y no las tratéis nunca con dureza. Maridos, amad a vuestras mujeres, como Cristo amó a la iglesia y se entregó por ella. El enfoque de los códigos domésticos cristianos no es el mismo hoy que en el mundo romano.

Tomemos como ejemplo a Aristóteles, filósofo del siglo IV. Aristóteles escribió en su *Política* lo que se convertiría en uno de los textos de código doméstico más influyentes de la cultura occidental. Esto es lo que dijo:

De la administración del hogar hemos visto que hay tres partes: una es el gobierno de un amo sobre los esclavos (...), otra la de un padre, y la tercera la de un marido. Hemos visto que un esposo y padre gobierna sobre su esposa e hijos, ambos libres.

Sin embargo, el gobierno de uno y otro difiere; el gobierno sobre sus hijos es real, mientras que el gobierno sobre su esposa es constitucional. Porque, aunque haya excepciones al orden de la naturaleza, el varón es por naturaleza más apto para el mando que la mujer. (...) La desigualdad [entre el hombre y la mujer] es permanente. (...) El valor del hombre se demuestra al mandar, el de la mujer al obedecer. (...) Hay que considerar que todas las clases tienen sus atributos especiales, como dice el poeta de las mujeres: "El silencio es la gloria de la mujer, pero no es la gloria del hombre".[24]

¿Ves las diferencias? Aristóteles escribe específicamente a los hombres sobre cómo deben gobernar y por qué tienen derecho a hacerlo. No incluye a los inferiores en la conversación. El gobierno del hogar es el dominio del hombre romano, como amo, padre y esposo. La conversación se dirige únicamente a los hombres.

En cambio, los códigos domésticos cristianos se dirigen a todas las personas de la casa-iglesia: hombres, mujeres, niños y esclavos. Todo el mundo está incluido en la conversación. La teóloga Lucy Peppiatt dice que esta es la "clave" de la subversión cristiana contra el patriarcado romano. Los códigos domésticos cristianos se dirigen a todos los miembros del hogar romano en vez de dar por sentada la tutela del jefe masculino, y por ello "contienen en su interior un vuelco de las posiciones aceptadas que se conceden a los hombres, las mujeres, los esclavos y los niños, así como de las expectativas que se depositan en ellos".[25] En lugar de dotar de autoridad a un hombre que habla y actúa en nombre de los que están en su hogar, los códigos domésticos cristianos ofrecen a todos los miembros de la comunidad compartida (unida por su fe en Cristo) el derecho a escuchar y actuar por sí mismos.

---

[24] Aristóteles, *Politics*, 1259a37, en *Women's Life in Greece and Rome* ed. Mary R. Lefkowitz y Maureen B. Fant, 4ª ed. (Londres: Bloomsbury, 2016), 64.
[25] Lucy Peppiatt, *Rediscovering Scripture's Vision for Women: Fresh Perspectives on Disputed Texts* (Downers Grove, IL: IVP Academic, 2019), 92.

Esto es radicalmente diferente de la estructura patriarcal romana. La estructura cristiana de la iglesia doméstica resiste al mundo patriarcal del Imperio romano.

## Porque el propósito de Pablo no era enfatizar la autoridad masculina

El modo en que se estructura la autoridad masculina en los códigos domésticos cristianos también puede verse como una narrativa de resistencia al patriarcado romano. Aristóteles escribió para justificar la autoridad masculina. Subrayó la permanente desigualdad entre el hombre y la mujer: la naturaleza del hombre es mandar, mientras que la de la mujer es obedecer. Los códigos domésticos cristianos hacen algo distinto. En Colosenses 3, Pablo abre su exposición sobre el hogar con una llamada a las esposas en primer lugar, no al hombre supuestamente a cargo (como hace Aristóteles). Tanto Peppiatt como Scot McKnight destacan la falta de énfasis de Pablo en el poder y la autoridad del marido. En cambio, Pablo enfatiza que las esposas deben estar sujetas como corresponde en el Señor (no porque sean inferiores) y que los maridos deben amar a sus esposas y no tratarlas con dureza. "En lugar de basar la instrucción a la esposa en la autoridad, el poder, el liderazgo o el estatus de su marido en una jerarquía", escribe McKnight, "el fundamento es radicalmente distinto: se basa en el modo de vida del Señor".[26] Jesús es el que está a cargo del hogar cristiano, no el paterfamilias romano.[27]

Asimismo, Efesios 5 puede leerse como un relato de resistencia al patriarcado romano. Muchos estudiosos sostienen que Pablo subordina toda la exposición de los códigos domésticos bajo el versículo 21: "Someteos unos a otros por reverencia a Cristo". Este versículo

---

[26] Scot McKnight, *The Letter to the Colossians* (Grand Rapids: Eerdmans, 2018), 346.

[27] Beverly Roberts Gaventa hace la misma observación en su exposición acerca del cuerpo de Cristo en 1 Corintios 12:17-21. Gaventa, "Gendered Bodies", en Burroughs, *Practicing with Paul*, 53-54.

lo cambia todo cuando se lee al principio de los códigos domésticos en Efesios. Sí, las esposas deben someterse, pero también los maridos. En lugar de subrayar la inferioridad de las mujeres, Efesios 5 subraya la igualdad de las mujeres: ellas están llamadas a someterse en el versículo 22, al igual que sus maridos están llamados a someterse en el versículo 21. En lugar de convertir a los cristianos en una parte más de la muchedumbre romana (enfatizando la sumisión femenina), la sumisión mutua del versículo 21 "es característica de una forma de vida que distingue a los creyentes del mundo no creyente".[28] Debido a sus implicaciones radicales, el versículo 21 debe distanciarse del versículo 22 en las traducciones de la Biblia que desean defender los puntos de vista complementaristas. La versión inglesa estándar (ESV, por sus siglas en inglés) incluye el versículo 21 al final de la sección que los traductores han titulado "Caminar en amor". Esto separa el versículo 21 del comienzo de la siguiente sección, titulada "Esposas y maridos", que comienza con el versículo 22: "Esposas, someteos a vuestros maridos como al Señor". De este modo, la ESV opta por destacar la sumisión femenina en el versículo 22, separándola literalmente de la subversión de Pablo contra el patriarcado romano en el versículo 21.

Lo que han hecho los traductores de la ESV en Efesios 5 me recuerda a una crítica que hizo el arqueólogo Ian Morris sobre los hombres atenienses de la Grecia clásica. No es casualidad, escribe Morris, que los arqueólogos encuentren pocas pruebas materiales de mujeres en la antigua Atenas. "Las mujeres y los esclavos siguen siendo invisibles", pero esto no se debe a "problemas metodológicos" o a una mala atribución de pruebas por parte de los estudiosos. La "cultura ciudadana masculina inusualmente dominante" de las ciudades-estado griegas no solo subyugaba a las mujeres, sino que controlaba tan bien los espacios en los que vivían las mujeres que apenas quedan pruebas de ellas. Las mujeres eran invisibles porque "los hombres atenienses lo

---

[28] Osiek y MacDonald, *Woman's Place*, 122.

querían así".[29] El sometimiento de la mujer se destaca en la traducción de Efesios 5 de la ESV, y se minimiza el llamamiento a la sumisión de los maridos, no porque Pablo lo haya querido así, sino porque los traductores complementaristas de la ESV lo han querido así.

Efesios 5:21 no es la única subversión radical contra el patriarcado romano en ese capítulo. Pablo también exige que los hombres amen a sus esposas como a sus propios cuerpos. ¿Sabías que en el mundo grecorromano los cuerpos femeninos se consideraban cuerpos de hombres imperfectos y deformes? En su Generación de los animales, Aristóteles escribe que "la hembra es como un macho deformado" y que "debido a que las hembras son más débiles y frías en su naturaleza (...) debemos considerar el estado femenino como una deformidad".[30] Las mujeres eran literalmente monstruosas. Por supuesto, Aristóteles admitió que la deformación femenina era un hecho "regular" y útil. Galeno, en el siglo II a.C., también proclamó que las mujeres eran hombres imperfectos que carecían de calor para expulsar sus órganos sexuales.[31] Pero, al igual que Aristóteles, admitía que era bueno que existieran hombres deformes porque, de lo contrario, la procreación sería imposible.

En cambio, Pablo no refleja este desprecio por el cuerpo femenino en absoluto. Proclama que los cuerpos masculinos no son más valiosos o dignos que los femeninos. Las mujeres, al igual que los hombres, pueden ser "santas y sin mancha", y los hombres deben amar el cuerpo femenino como aman su propio cuerpo masculino (Efesios 5:27-29). Siempre les digo a mis alumnos que es muy fácil darle la vuelta a la

---

[29] Ian Morris, "Remaining Invisible: The Archeology of the Excluded in Classical Athens", en *Women and Slaves in Greco-Roman Culture*, ed. Sandra R. Joshel y Sheila Murnaghan (Londres: Routledge, 1998), 217-20.

[30] "Aristotle, Generation of Animals", 737a, 775a, en *Woman Defamed and Woman Defended: An Anthology of Medieval Texts*, ed. Alcuin Blamires, Karen Pratt, y C. W. Marx (Oxford: Clarendon, 1992), 40-41.

[31] "Galeno, On the Usefulness of the Parts of the Body", II.299, en Blamires, Pratt y Marx, *Woman Defamed and Woman Defended*, 41-42.

afirmación de John Piper de que el cristianismo tiene un "aire masculino" con un estudio profundo de las palabras de Pablo.[32] Podríamos pensar que Pablo se gloriaría de su autoridad masculina, pero no es así. Como ha descubierto Beverly Roberts Gaventa, Pablo utiliza imágenes maternales en siete ocasiones a lo largo de sus cartas para describir su relación permanente con las congregaciones eclesiásticas que ayudó a fundar. "Estadísticamente, eso significa que Pablo utiliza la imaginería materna con más frecuencia que la paternal, un rasgo que resulta impresionante, sobre todo si tenemos en cuenta su ausencia virtual en la mayoría de los debates sobre las cartas paulinas".[33] Pablo se describe a sí mismo (un apóstol varón) como una madre embarazada, una madre dando a luz e incluso una madre lactante.

Pablo no solo considera valioso el cuerpo femenino, sino que está dispuesto a "entregar la autoridad de un patriarca a favor de un papel que le traerá vergüenza, la vergüenza de un hombre identificado como mujer".[34] ¡Qué hermoso y radical es el mensaje de Pablo! No me puedo imaginar la acogida que habrían tenido sus palabras entre las mujeres de las iglesias del primer siglo. Lo que hacía débiles a los cuerpos femeninos en el mundo romano, los hacía fuertes en los escritos de Pablo. Al adoptar la apariencia literaria de una mujer, Pablo encarnó la afirmación radical de sus propias palabras en Gálatas 3:28 de que, en Cristo, "ya no hay hombre ni mujer".

Los cristianos medievales entendieron las imágenes maternas de Pablo de una manera que los cristianos modernos no perciben. Gaventa señala que pocos estudiosos modernos han prestado atención a la

---

[32] John Piper, "'The Frank and Manly Mr. Ryle'-The Value of a Masculine Ministry" (conferencia, Desiring God 2012 Conference for Pastors). Se puede acceder a la presentación completa en https://www.desiringgod.org/messages/the-frank-and-manly-mr-ryle-the-value-of-a-masculine-ministry.

[33] Beverly Roberts Gaventa, *Our Mother Saint Paul* (Louisville: Westminster John Knox, 2007), 7.

[34] Gaventa, *Our Mother Saint Paul*, 13-14.

sorprendente imaginería materna de Pablo.[35] En cambio, la historiadora Caroline Walker Bynum quedó tan impresionada por la frecuencia de las imágenes maternas utilizadas por el clero masculino en el siglo XII que escribió el innovador estudio *Jesús como madre: estudios sobre la espiritualidad de la Alta Edad Media.* "La pregunta que me gustaría plantear", escribe, "es por qué el uso de imágenes maternas explícitas y elaboradas para describir a Dios y a Cristo, que normalmente se describen como masculinos, es tan popular entre los monjes cistercienses del siglo XII".[36] Identifica a Anselmo de Canterbury, un monje benedictino bastante patriarcal en sus actitudes hacia las mujeres, como uno de los primeros clérigos medievales en percatarse de las imágenes maternas de Pablo. Haciéndose claramente eco de los escritos de Pablo en 1 Tesalonicenses 2:7 y Gálatas 4:19, Anselmo escribe: "Tú [Pablo] eres entre los cristianos como una nodriza que no solo cuida de sus hijos, sino que los da a luz por segunda vez con la atención de su maravilloso amor".[37] El hecho de que los evangélicos modernos pasen por alto el uso radical que hace Pablo de la imaginería maternal no significa que no esté ahí. solo significa que, una vez más, nos hemos equivocado con Pablo.

## Porque el propósito de Pablo no era la jerarquía de género romana

Una prueba más que me convence de que los códigos domésticos deben leerse como narrativas de resistencia al patriarcado romano es cómo a los primeros cristianos se les percibía en el mundo romano: como "desviados de género". Osiek y MacDonald nos recuerdan que Plinio el Joven, después de hablar de la tortura de dos mujeres cristianas a las que llamó diáconos, describió el cristianismo como una "superstición

---

[35] Gaventa, *Our Mother Saint Paul*, 14.

[36] Caroline Walker Bynum, *Jesus as Mother: Studies in the Spirituality of the High Middle Ages* (Berkeley: University of California Press, 1982), 112-13.

[37] Citado en Bynum, *Jesus as Mother*, 113-14.

depravada y excesiva".[38] Tal y como escriben, "al llamar la atención hacia algún tipo de liderazgo femenino en el grupo, excluyendo las referencias a los líderes masculinos, Plinio estaba dando a entender que los ideales de masculinidad estaban siendo comprometidos. Las mujeres tenían el control".[39] Y esto, en términos romanos, era vergonzoso. Los primeros cristianos no solo colocaron a las mujeres en funciones de liderazgo, sino que se reunían en igualdad de condiciones (hombres, mujeres, niños y esclavos) en la intimidad del hogar, un espacio tradicionalmente femenino. El cristianismo era desviado e inmoral porque se consideraba que socavaba los ideales de la masculinidad romana. El cristianismo repugnaba a Plinio porque no seguía los códigos domésticos romanos, no porque los siguiera.

Para muchos cristianos modernos, los códigos domésticos son los que nos diferencian del mundo. Mientras el feminismo hace estragos caóticamente a nuestro alrededor, como muchos creen, la Iglesia evangélica se mantiene como un árbol bien plantado junto a corrientes de agua: firme y sereno con una jerarquía de ramas. De hecho, así es como John Piper y Wayne Grudem lo representan en *Recuperando la masculinidad y feminidad bíblicas*. Tal y como escriben en la introducción: "queremos ayudar a los cristianos a recuperar una visión noble de la hombría y la feminidad tal como Dios las creó. Esperamos que esta nueva visión (una visión de la "complementariedad" bíblica) corrija los errores anteriores y evite los errores opuestos que se derivan de la difuminación feminista de las distinciones sexuales dadas por Dios".[40] El problema es que considerar la jerarquía de género romana como una "nueva visión" no es como el mundo del siglo I de Pablo la habría considerado. La estructura patriarcal romana de la que se

---

[38] Pliny, "Pliny and Trajan: Correspondencia, c. 112 CE", Ancient History Sourcebook, modificado por última vez el 21 de enero de 2020, https://sourcebooks.fordham.edu/ancient/pliny-trajan1.asp.

[39] Osiek y MacDonald, *Woman's Place*, 135.

[40] John Piper y Wayne Grudem, eds., *Recovering Biblical Manhood and Womanhood* (1991; repr., Wheaton: Crossway, 2006), xv.

hacen eco los códigos domésticos de Pablo no era la "nueva visión". Reconocer el poder del paterfamilias era lo que ya hacía el mundo romano. El patriarcado no era algo que diferenciaba a los cristianos, era algo que los hacía iguales.

Los códigos domésticos del Nuevo Testamento cuentan la historia de cómo la Iglesia primitiva intentaba vivir en un mundo no cristiano y cada vez más hostil. Tenían que encajar, pero también tenían que defender el evangelio de Cristo. Tenían que mantener el marco del patriarcado romano tanto como pudieran, pero también tenían que defender el valor y la dignidad de cada ser humano hecho a imagen de Dios. Pablo les dio los planos para remezclar el patriarcado romano. En lugar de dirigirse a los hombres como autoridad principal, los códigos domésticos cristianos incluyen a todos en la conversación. En lugar de justificar la autoridad masculina por la inferioridad femenina, los códigos domésticos cristianos afirman que las mujeres tienen el mismo valor que los hombres. En lugar de centrarse en la sumisión de la esposa (todo el mundo lo hacía), los códigos domésticos cristianos exigen que el marido haga exactamente lo contrario de lo que permitía la ley romana: sacrificar su vida por su esposa en lugar de ejercer poder sobre su vida. Esto, escribe Peppiatt, es la "revolución cristiana".[41] Esto es lo que hace que los cristianos seamos diferentes del mundo que nos rodea.

¿Puede ser que hayamos entendido a Pablo al revés? ¿Y si su enfoque nunca fue la jefatura masculina y la sumisión femenina? ¿Y si su visión fuera más grande de lo que hemos imaginado? ¿Y si en lugar de reproducir una antigua jerarquía de género, Pablo nos estuviera mostrando cómo el evangelio cristiano libera incluso el hogar romano?

## Porque Pablo no les dijo a las mujeres que se callaran

Hace unos años, mi marido estaba fuera de la ciudad en un retiro con muchos de los jóvenes de nuestra escuela, que estaban en edad de instituto. El hombre que normalmente daba la clase de la escuela dominical

---

[41] Peppiatt, *Rediscovering Scripture's Vision for Women*, 93.

para jóvenes, clase en la que esa semana estarían los adolescentes que no habían ido al retiro, llamó para decir que estaba enfermo. Yo era la única opción disponible, y me pareció bien. Me encanta enseñar, y en esa época estaba en mi mejor momento profesional. Todas las semanas, además de impartir seis cursos universitarios en Baylor, daba clase a chicas de instituto los miércoles por la noche, y también tenía un programa de mentorado con estudiantes de posgrado, estudiantes universitarios y con jóvenes. Enseñar era algo natural para mí. Me resultaba fácil, incluso, enseñar sobre la marcha.

Pero los líderes de nuestra iglesia habían dejado claro que las mujeres no podían enseñar a los hombres, y punto. Y establecieron que un niño empieza a ser hombre a los trece años. Así que tuve que llamar al pastor, tuve que explicarle cuál era la situación y tuve que pedirle un permiso especial para poder sustituir a un profesor masculino en un aula llena de adolescentes de ambos sexos. Tras una larga pausa, me dijeron que no pasaba nada, siempre y cuando me limitara a repasar las preguntas del sermón de la semana anterior y actuara como facilitadora, no como profesora. Tuve que hacer acopio de todas mis fuerzas para decir simplemente "gracias" y colgar.

Estoy segura de que mi orgullo jugó un papel importante en ese momento. Ahí estaba yo, una profesora con un doctorado de una importante universidad de investigación (mi campo secundario son los estudios religiosos), a la que se le decía que no podía enseñar en la escuela dominical a los estudiantes de instituto. Sí, me dolió el orgullo, pero esa no fue la única razón por la que me enfadé. También me enfadé porque creía que el pastor estaba equivocado. Yo no podía enseñar porque él creía que Pablo dijo que las mujeres debían guardar silencio y no ejercer autoridad sobre los hombres. ¿Y si Pablo nunca dijo esto? Al igual que con los códigos domésticos, ¿qué pasa si en realidad hemos malinterpretado a Pablo porque hemos olvidado su contexto romano? ¿Y si hemos confundido las refutaciones de Pablo al mundo pagano que le rodea con las propias palabras de Pablo?

Como soy historiadora, sé que en las cartas de Pablo hay más cosas que lo que se revela en sus palabras. Pablo escribía a las iglesias con las que tenía una relación personal. Conocía a la gente. "Estos problemas no surgen de la nada", nos recuerda Gaventa sobre 1 Corintios.[42] Pablo conocía las luchas, a la gente, a los alborotadores. No necesitamos una inmersión histórica profunda para entender los fundamentos del mensaje de Pablo. Uno de los ejemplos que podemos utilizar es la competencia que surgió dentro de la congregación de Corinto en cuanto al valor de los diferentes dones espirituales. Puede que no conozcamos los detalles de primera mano (quién se había vuelto orgulloso o quién defendía la profecía en lugar de hablar en lenguas), pero sabemos cómo les reprendió Pablo: todos los dones provienen del mismo Espíritu, todos los dones funcionan dentro del mismo cuerpo, y ninguno de los dones funciona de forma independiente. El mensaje de Pablo es muy claro: en el cuerpo de Cristo todos somos igualmente importantes. Los más de dos mil años que nos separan no oscurecen su significado.

Y, sin embargo, cuando ignoramos el contexto histórico de las cartas de Pablo, podemos alterar su significado y hacer una montaña de un grano de arena. Podemos ver un ejemplo excelente en 1 Corintios 14:33-36: "Como en todas las iglesias de los santos, las mujeres deben guardar silencio en las congregaciones. Porque no se les permite hablar, sino que deben estar sujetas, como también lo dice la ley. Si hay algo que desean saber, que pregunten a sus maridos en casa; porque es vergonzoso que una mujer hable en la congregación. ¿Salió de vosotros la palabra de Dios? ¿O llegó a vosotros solos?". Pablo declara que las mujeres deben guardar silencio, estar subordinadas y depender de la autoridad espiritual de sus maridos. ¿Verdad? Este pasaje se ha convertido en una gran montaña para los evangélicos modernos, se ha enfatizado más de lo que creo que Pablo pretendía. Se ha convertido en un verso fundamental para las enseñanzas complementaristas. Veamos cómo una mejor comprensión de la historia de Roma puede cambiar la interpretación de este pasaje.

---

[42] Gaventa, "Gendered Bodies", en Burroughs, *Practicing with Paul*, 48.

En el año 215 a.C., una Roma derrotada y sin dinero aprobó una nueva ley dentro del contexto de su mayor derrota militar. El 2 de agosto del año anterior, el general cartaginés Aníbal arrasó al ejército romano en Cannas durante la Segunda Guerra Púnica. Las fuentes históricas dicen que ese día murieron entre cincuenta mil y setenta mil soldados romanos. Ese número de bajas es mayor que el número de bajas que hubo en algunas de las batallas más sangrientas de la Segunda Guerra Mundial. Como exclamó Livio, el historiador romano del siglo I, "ciertamente no hay nación que no hubiera sucumbido bajo el peso de semejante calamidad".[43] Pero Roma no era como otras naciones (que era lo que quería destacar Livio). Roma no sucumbió. Se apretaron el cinturón, levantaron un nuevo ejército y siguieron adelante. Roma es la personificación del valor.[44]

Mis alumnos saben que no me gusta la historia militar aislada del resto del contexto histórico, y saben que cuando empiezo a contar una historia como esta, las mujeres no tardan en entrar en escena. Y, efectivamente, así es. El ajuste del cinturón de Roma condujo a la represión de un grupo creciente de mujeres ricas independientes: las esposas e hijas que se beneficiaron del repentino descenso en el número de tutores masculinos. Hay dos razones probables por las que Roma tomó esta decisión (los historiadores aún no se han puesto de acuerdo). Una de las razones fue, sin duda, el esfuerzo bélico. Roma necesitaba el dinero de todo el mundo, así que aprobaron la ley Opia. Las mujeres ya no podían vestirse con ropas lujosas, montar en carruajes (en Roma) salvo en ocasiones especiales, ni poseer más de media onza de oro. Algunas incluso tuvieron que entregar sus herencias de guerra al Estado. A estas mujeres se les animaba a gastar más dinero en Roma y menos en ellas mismas.

---

[43] Tito Livio, *History of Rome*, libro 34, citado en Charles H. Talbert, "Biblical Criticism's Role: The Pauline View of Women as a Case in Point", en *The Unfettered Word*, ed. Robinson B. James (Waco: Word, 1987), 66.

[44] Pomeroy, *Goddesses, Whores, Wives and Slaves*, 177-80.

La segunda razón por la que Roma probablemente aprobó la ley Opia fue para limitar las demostraciones públicas de riqueza de las mujeres. Roma estaba de luto tras la batalla de Cannas, no era momento de hacer fiestas y llevar ropa elegante. Era momento de arremangarse y luchar hasta la muerte (que es más o menos lo que hicieron). Sobre todo, no era momento de que las mujeres tuvieran más dinero que los hombres. Roma era una sociedad patriarcal, como ya hemos visto, y las matronas romanas (mujeres casadas que gozaban de la seguridad que les otorgaba la tutela de sus maridos) simbolizaban el éxito de la sociedad romana. Las mujeres independientes y ricas, sin una figura masculina de autoridad, no simbolizaban ese éxito.

Por cierto, ganó Roma.

Pero cuando la crisis terminó, la ley que restringía la riqueza de las mujeres continuó en vigor, mientras que las leyes que restringían la riqueza de los hombres fueron derogadas. En el año 195 a.C., las mujeres de Roma estaban hartas. Protestaron y bloquearon las calles e incluso las vías de acceso al foro, exigiendo la derogación de la ley.

Un cónsul, Catón el Viejo, se opuso a la derogación de la ley. Estas fueron sus palabras, tal y como las registró Livio. Mientras las lees, recuerda que Livio probablemente registró este discurso durante el reinado de César Augusto (aproximadamente del 30 a.C. al 17 d.C.):

En casa, nuestra libertad es conquistada por la furia femenina, y aquí en el foro se ve magullada y pisoteada. Tememos al colectivo porque no hemos contenido a los individuos. (...) De hecho, me sonrojé cuando, hace poco, pasé por en medio de un grupo de mujeres. (...) Debería haber dicho: "¿Qué clase de comportamiento es este? ¡Corriendo en público, bloqueando las calles y hablando con los maridos de otras mujeres! ¿No podríais haberles preguntado lo mismo a vuestros maridos en casa? ¿Sois más agradables en público con los maridos de otras que en casa con vuestros propios maridos? Y, sin embargo, no conviene ni siquiera en casa (...) que os preocupéis por las leyes que se aprueban o derogan aquí". Nuestros antepasados no querían que las mujeres llevaran a cabo ningún negocio, ni siquiera uno privado, sin un tutor; querían que estuvieran bajo la autoridad de los padres, de los hermanos o de los maridos. Nosotros (¡que los dioses nos ayuden!) ahora les dejamos arrebatarnos el gobierno y entrometerse en el foro y en nuestras asambleas. ¿Qué están haciendo ahora en las calles y en las encrucijadas sino persuadir a los tribunos para que voten a favor de la derogación? (...) Si ahora salen victoriosas, ¿qué no intentarán? En cuanto empiecen a ser vuestras iguales, se habrán convertido en vuestras superiores.[45]

Livio recogió este discurso de Catón en su *Historia de Roma*. Plinio el Joven, que escribe a finales del siglo I, describe a Livio como una celebridad. Livio era un escritor popular, y su *Historia* habría sido bien conocida.

Así que, como historiadora, no me sorprende que los ecos de Livio acabaran en el Nuevo Testamento. Fijémonos de nuevo en 1 Corintios 14:34-35: "Las mujeres deben guardar silencio en las iglesias. Porque no se les permite hablar, sino que deben estar sujetas, como también lo dice la ley. Si hay algo que desean saber, que pregunten a sus maridos en casa; porque es vergonzoso que una mujer hable en la congregación". No es una reproducción palabra por palabra, pero se acerca. Definitivamente, hay parecido. En otros términos, las palabras de Pablo se han sacado de su contexto romano.

El discurso de Catón no es el único texto romano que transmite este sentimiento sobre las mujeres. Charles Talbert, estudioso del Nuevo Testamento, nos recuerda que Juvenal, en sus Sátiras (principios del siglo II d.C.), también condena a las mujeres que andan por ahí entrometiéndose en el gobierno masculino en lugar de quedarse en casa.[46] El mundo romano consideraba que las mujeres estaban subordinadas

---

[45] Livio, *History of Rome*, en Lefkowitz y Fant, *Women's Life in Greece and Rome*, 171.

[46] Juvenal, *Satires* 6, citado en Talbert, "Biblical Criticism's Role", en James, *Unfettered Word*, 66. Este es solo uno de muchos ejemplos.

a los hombres. El mundo romano declaraba que los hombres debían transmitir la información a sus esposas en casa, en lugar de que las mujeres anduvieran en público. El mundo romano ordenaba a las mujeres guardar silencio en los foros públicos.

Pablo era un ciudadano romano educado. Habría estado familiarizado con las prácticas retóricas contemporáneas que corregían el entendimiento defectuoso citándolo primero y refutándolo después. Pablo hace esto en 1 Corintios 6 y 7 con sus citas "todo me es lícito", "la comida está destinada al estómago y el estómago a la comida", y "bueno es para el hombre no tocar mujer".[47] En estos casos, Pablo está citando los puntos de vista defectuosos del mundo gentil, como "todo me es lícito". A continuación, Pablo hace una enérgica modificación de estos.[48] Pablo habría estado familiarizado con las opiniones contemporáneas sobre las mujeres (incluida la de Livio) acerca de que las mujeres deben guardar silencio en público y obtener información de sus maridos en casa. ¿No es posible, como ha argumentado Peppiatt, que Pablo esté haciendo lo mismo en 1 Corintios 11 y 14 que en 1 Corintios 6 y 7?[49] ¿Que esté refutando las malas prácticas citándolas y corrigiéndolas después? Como escribe Peppiatt, "las prohibiciones impuestas a las mujeres en la carta a los corintios son ejemplos de cómo los corintios trataban a las mujeres, de acuerdo con sus propias expectativas y valores culturales, en contra de las enseñanzas de Pablo".[50]

---

[47] Carolyn Osiek y David L. Balch, *Families in the New Testament World* (Louisville: Westminster John Knox, 1997), 103-55. Véase también Margaret Y. MacDonald, "Reading 1 Corinthians 7 through the Eyes of Families", en *Text, Image and Christians in the Graeco-Roman World: A Festschrift in Honor of David Lee Balch*, ed. Aliou Niang y Carolyn Osiek, Princeton Theological Monograph Series 176 (Eugene, OR: Pickwick, 2012), 38-52.

[48] Osiek y Balch, *Families in the New Testament World*, 112.

[49] Lucy Peppiatt, *Women and Worship at Corinth: Paul's Rhetorical Arguments in 1 Corinthians* (Eugene, OR: Wipf & Stock, 2015), 4, 67-68.

[50] Peppiatt, *Rediscovering Scripture's Vision for Women*, 142.

¿Y si a Pablo le preocupaba tanto que los cristianos de Corinto impusieran sus propias restricciones culturales a las mujeres que les llamó la atención? Citó la mala práctica que los corintios intentaban arrastrar del mundo romano a su mundo cristiano, y luego la rebatió. La Versión Estándar Revisada (RSV, por sus siglas en inglés) apoya la idea de que esto es lo que Pablo estaba haciendo. Pablo expone primero las restricciones culturales: "Como en todas las iglesias de los santos, las mujeres deben guardar silencio en las congregaciones. Porque no se les permite hablar, sino que deben estar sujetas, como también lo dice la ley. Si hay algo que desean saber, que pregunten a sus maridos en casa, porque es vergonzoso que una mujer hable en la congregación" (1Co 14:33-35). Y entonces interviene Pablo: "¡¿Qué?! ¿Salió de vosotros la palabra de Dios, o sois los únicos a los que ha llegado? Si alguien se cree profeta, o espiritual, que reconozca que lo que os escribo es un mandato del Señor. Si alguien no reconoce esto, no será reconocido. Así que, hermanos míos, anhelad profetizar, y no prohibáis hablar en lenguas; pero hágase todo decentemente y con orden" (vv. 36-40).

A menudo hago este ejercicio en clase: le pido a un alumno que lea la traducción que usa habitualmente, normalmente la ESV o la NIV. A continuación, leo la RSV, haciendo el énfasis adecuado en cada palabra. Cuando exclamo: "¡¿Qué?! ¿Salió de vosotros la palabra de Dios?", casi siempre oigo una exclamación colectiva de sorpresa. En una ocasión, una alumna exclamó en voz alta: "¡Dra. Barr, así cambia por completo!". Le dije que sí, que cambiaba por completo.

Si leemos 1 Corintios 14:34-35 como una cita que representa una práctica corintia (algo que defendieron D. W. Odell-Scott en 1983, Charles Talbert en 1987 y Peppiatt, recientemente),[51] el propósito de

---

[51] D. W. Odell-Scott, "Let the Women Speak in Church: An Egalitarian Interpretation of 1 Cor 14:33b-36", Biblical Theology Bulletin 13 (1 de agosto de 1983): 90-93; Talbert, "Biblical Criticism's Role", en James, *Unfettered Word*, 62-71; véase también Linda Belleville, "Women in Ministry", en *Two Views on Women in Ministry*, ed. James R. Beck y Craig L. Blomberg (Grand

Pablo parece claro: distinguir lo que hacían los corintios ("las mujeres guarden silencio") y aclarar que los cristianos no deben seguir la práctica corintia ("¡¿qué?!"). No puedo garantizar que esto era lo que estaba haciendo Pablo, pero tiene mucho sentido (histórico). 1 Corintios incluye varias citas no paulinas, y la redacción de los versículos 34-35 se acerca notablemente a las fuentes romanas. Como observa Marg Mowczko, "la opinión de que 14:34-35 es en realidad una cita no paulina es una de las pocas que ofrece una explicación plausible para el cambio de tono tan brusco que introducen los versículos 34-35 en el texto, así como el posterior y abrupto cambio de tema, tono y género en el versículo 36".[52] Si Pablo está citando realmente la cosmovisión romana para contrarrestarla con la cosmovisión cristiana, entonces su significado es exactamente el contrario de lo que se les ha enseñado a las mujeres evangélicas.

¿Podría ser que, en vez de decirle a las mujeres que se callaran como hacía el mundo romano, Pablo estuviera diciéndole a los hombres que, en el mundo de Jesús, las mujeres podían hablar? ¿Es posible que hayamos malinterpretado (otra vez) lo que quería decir Pablo? En lugar de hacer caso a su reprimenda y liberar a las mujeres para que hablen, ¿estamos continuando las mismas prácticas patriarcales que Pablo condenaba?

---

Rapids, Reino Unido). James R. Beck y Craig L. Blomberg (Grand Rapids: Zondervan, 2001), 77-154. Ha habido una gran cantidad de estudiosos que han apoyado esta teoría, principalmente porque las palabras de Pablo son muy similares a las fuentes romanas y porque no encajan con sus otras enseñanzas. Otros estudiosos señalan que no hay ninguna indicación clara en el texto de que se trate de una cita corintia.

[52] Marg Mowczko ofrece un resumen académico accesible y bien citado sobre 1 Corintios 14:34-35. Véase su entrada en el blog y su bibliografía: Marg Mowczko, "Interpretations and Applications of 1 Corinthians 14:34–35", Marg Mowczko (blog), 9 de julio de 2011, https://margmowczko.com/interpretations-applications-1-cor-14_34-35.

Como historiadora, me resulta difícil ignorar la similitud de las palabras de Pablo con el mundo grecorromano en el que vive. Sin embargo, aunque me equivoque y Pablo solo se esté basando en fuentes romanas y no las esté citando intencionadamente con el fin de refutarlas, seguiría argumentando que las directrices que Pablo dio a las mujeres corintias se limitan a su contexto histórico.[53] ¿Por qué? Porque la coherencia es una virtud interpretativa. Pablo no emite un decreto general que dictamina que las mujeres deben guardar silencio, permite que las mujeres hablen a lo largo de sus cartas (1 Corintios 11:1-6 es un ejemplo). Pablo no está limitando el liderazgo de las mujeres, nos escribe de su propia mano que las mujeres lideraban en la Iglesia primitiva y que apoya sus ministerios (hablaré de Romanos 16 en la siguiente sección). Mantener una rígida jerarquía de género no es el objetivo de Pablo. Como nos recordaba antes Beverly Roberts Gaventa en 1 Corintios 12:1-7, la "llamada de Pablo al servicio no está restringida a las líneas de género, por lo que los argumentos complementaristas no encuentran fundamento aquí".[54] Al insistir en que Pablo les dijo a las mujeres que se callaran, los evangélicos han capitulado ante la cultura patriarcal una vez más. En lugar de abandonar a Aristóteles (como nos animó a hacer Rachel Held Evans en una

---

[53] Los estudiosos que no pertenecen a los círculos complementaristas coinciden abrumadoramente en que Pablo no le está diciendo a todas las mujeres que se callen, sino que está abordando un problema concreto. Véase Craig S. Keener, "Learning in the Assemblies: 1 Corinthians 14:34–35", en *Discovering Biblical Equality: Complementarity without Hierarchy*, ed. Ronald W. Pierce y Rebecca Merrill Groothius (Downers Grove, IL: InterVarsity, 2005), 161-71; Ben Witherington III, *Conflict and Community in Corinth: A Socio-Rhetorical Commentary on 1 and 2 Corinthians* (Grand Rapids: Eerdmans, 1995); véase también Cynthia Long Westfall, *Paul and Gender: Reclaiming the Apostle's Vision for Men and Women in Christ* (Grand Rapids: Baker Academic, 2016).

[54] Gaventa, "Gendered Bodies", en Burroughs, *Practicing with Paul*, 54.

ocasión),[55] hemos abandonado la libertad en Cristo que Pablo se esforzaba por darnos.

## Porque las mujeres bíblicas de Pablo no siguen la feminidad bíblica

Las mujeres de Pablo en Romanos 16 fueron las que finalmente me hicieron cambiar de opinión.

Todavía recuerdo el domingo en el que todo hizo clic en mi cabeza. La predicación me había enfadado, me había enfadado tanto que estaba lavando los platos. El correr del agua calmaba mi mente mientras iba fregando los platos de la comida. Mi marido sabía que algo iba mal (los platos eran un indicio claro). Entró en la cocina y no dijo nada. Finalmente, hablé. "No creo en la jefatura masculina". Se apoyó en la encimera. No podía mirarlo. Pasó algo más de tiempo y entonces me preguntó: "¿No crees que los hombres estén llamados a ser los líderes espirituales del hogar?". Sacudí la cabeza. "No". Se quedó allí un minuto más, y después dijo simplemente "vale" y se marchó. Sabía que no estaba de acuerdo conmigo: se había criado en una iglesia complementarista y había asistido a un seminario complementarista. Sin embargo, estaba dispuesto a escuchar y considerar una perspectiva teológica diferente. Le estoy eternamente agradecida por la confianza que me demostró aquel día.

En realidad, la predicación no fue lo que me llevó al límite, aunque recuerdo habían predicado sobre el liderazgo masculino. Lo que me llevó al límite fue una clase que había dado recientemente en el curso de historia de las mujeres. Siguiendo el orden cronológico, pasamos del mundo antiguo al medieval y hablamos de las mujeres en la Iglesia primitiva. Se me ocurrió pedirle a uno de los alumnos que abriera su Biblia y leyera Romanos 16 en voz alta (en una universidad cristiana siempre puedo contar con que al menos un alumno tenga una Biblia en

---

[55] "La buena noticia es que podemos deshacernos de Aristóteles y quedarnos con Jesús", escribió Evans en la entrada de su blog del 28 de agosto de 2013, "Aristóteles vs. Jesús".

la mano). Pedí a la clase que escuchara y escribiera todos los nombres de mujer que se mencionaran.

Fue un momento de gran enseñanza, tanto para los alumnos como para mí. Sabía que había muchas mujeres en esos versículos, pero nunca había escuchado a alguien leer sus nombres en voz alta, uno tras otro.

Febe, la diaconisa que llevó la carta de Pablo y la leyó en voz alta en la iglesia que se reunía en su casa.

Prisca (Priscila), cuyo nombre se menciona antes que el de su marido (algo bastante notable en el mundo romano) como compañera de trabajo de Pablo.

María, una gran trabajadora del evangelio en Asia.

Junia, destacada entre los apóstoles.

Trifena y Trifosa, compañeras de trabajo de Pablo en el Señor.

La amada Pérsida, que también trabajó duro para el Señor.

La madre de Rufus, Julia, y la hermana de Nereus.

Diez mujeres reconocidas por Pablo.

Siete mujeres son reconocidas por su ministerio: Febe, Priscila, María, Junia, Trifena, Trifosa y Pérsida. Una mujer, Febe, es identificada como diaconisa. Kevin Madigan y Carolyn Osiek escriben que Febe "es la única diaconisa de una iglesia del siglo I cuyo nombre conocemos".[56] A otra mujer, Junia, se la identifica no simplemente como apóstol, sino como alguien que era destacada entre los apóstoles.

Les pregunté a mis alumnos: "¿sabíais que en Romanos 16 se identifican más mujeres que hombres por su ministerio?". Nos sentamos allí, mirando los nombres de esas mujeres. "¿Por qué?", intervino de repente una alumna, tan metida en la clase que ni siquiera levantó la mano. "¿Por qué no me he dado cuenta de esto antes?". "Probablemente porque la traducción al inglés de la Biblia que utilizas oscurece la actividad de las mujeres", le dije, preparándome para dar otra explicación.

---

[56] Kevin Madigan y Carolyn Osiek, eds, *Ordained Women in the Early Church: A Documentary History* (Baltimore: Johns Hopkins University Press, 2011), 13-19.

Ese día me escuché a mí misma dando una conferencia. Me escuché a mí misma exponiendo las pruebas de cómo las traducciones al inglés de la Biblia oscurecen el liderazgo de las mujeres en la Iglesia primitiva. Me escuché a mí misma mientras hablaba con la clase sobre diferentes traducciones de Romanos 16.

Tomemos como ejemplo la Biblia de Estudio Ryrie, publicada por Moody Press en 1986. Mi abuelo tenía esa Biblia, y tengo su copia en mi estantería. En lugar de reconocer a Febe como diaconisa, traduce su papel como "sierva". Esta es la nota de estudio: "La palabra aquí traducida como 'sierva' se traduce a menudo como 'diácono', lo que lleva a algunos a creer que Febe era una diaconisa. Sin embargo, es más probable que la palabra se utilice aquí en un sentido no oficial de ayudante".[57] "¿Lo habéis pillado?", pregunté a mis alumnos. No se ofrecen pruebas de por qué el papel de Febe debe ser traducido como "sierva" en lugar de "diaconisa". No se ofrece ninguna prueba para explicar por qué es más probable que la palabra se utilice más bien en "un sentido no oficial de ayudante". Podemos adivinar la razón de la elección de la traducción: se debe a que Febe era una mujer, por lo que se supone que no podía ser diaconisa. Si la frase "un diácono de la iglesia de Cencrea" estuviera a continuación de un nombre masculino, dudo mucho que se hubiera cuestionado el significado de "diácono".

Mientras daba la clase, pensé en mi propia iglesia. Pensé en cómo las mujeres rara vez aparecían en el escenario, salvo para cantar o tocar un instrumento. Pensé en cómo las mujeres dirigían el ministerio de niños y los hombres el de adultos. Pensé en la vez que me pidieron que enseñara en una clase de escuela dominical para adultos, y el pastor vino a revisar mi material. Como solo estaba enseñando sobre historia de la iglesia, me dejó hacerlo. Sin embargo, si hubiera estado hablando de un texto bíblico, habría sido una historia diferente.

Recuerdo que me sentí como una hipócrita, de pie ante mi clase de la universidad.

---

[57] *The Ryrie Study Bible* (Chicago: Moody, 1986), 1564.

Ahí estaba yo, guiando a mis alumnos a través de la evidencia histórica convincente de que el problema con las mujeres en el liderazgo no era Pablo, el problema estaba en cómo malinterpretamos y oscurecemos a Pablo. Ahí estaba yo, mostrando a mis alumnos cómo las mujeres realmente dirigían y enseñaban en la Iglesia primitiva, incluso como diaconisas y apóstoles. Les mostré que Junia fue aceptada como apóstol hasta casi los tiempos modernos, cuando su nombre comenzó a ser traducido como nombre de hombre: Junias. Eldon Jay Epp, estudioso del Nuevo Testamento, recopiló dos tablas que analizan el Nuevo Testamento griego desde Erasmo hasta el siglo XX.[58] En conjunto, las tablas muestran que el nombre griego Junia se tradujo casi universalmente en su forma femenina hasta el siglo XX, cuando el nombre empezó a traducirse repentinamente como el masculino Junias. ¿Por qué? Gaventa lo explica así: "Epp deja dolorosa y desquiciantemente claro que un factor importante en el tratamiento de Romanos 16:7 en el siglo XX fue la suposición de que una mujer no podía ser apóstol".[59] Junia se convirtió en Junias porque los cristianos modernos asumieron que solo un hombre podía ser apóstol. Como historiadora, sabía por qué las mujeres de las cartas de Pablo no coincidían con las supuestas limitaciones que los líderes eclesiásticos contemporáneos imponen a las mujeres. Sabía que era porque hemos leído mal a Pablo. Pablo no es incoherente en su acercamiento a las mujeres, nosotros lo hemos hecho incoherente a través de cómo lo hemos interpretado. Como deja claro Romanos 16, la realidad es que las mujeres bíblicas contradicen las ideas modernas de la feminidad bíblica.

Todo esto lo sabía. Sin embargo, no había puesto objeción a la afirmación de los líderes de mi iglesia de que las mujeres no podían enseñar a los niños mayores de trece años en nuestra iglesia. Seguía sin hacerlo. Continué la clase. Les dije a mis alumnos que la realidad

---

[58] Eldon Jay Epp, Junia: *The First Woman Apostle* (Minneapolis: Fortress, 2005), 60-65.

[59] Beverly Roberts Gaventa, prólogo de Epp, *Junia*, xi-xii.

histórica era la misma para Febe. Pablo la llama diaconisa. Nadie discute el texto, solo pueden discutir el significado del mismo. Los primeros padres de la Iglesia reconocieron a Febe como mujer y diaconisa. Por ejemplo, Orígenes escribió a principios del siglo III que el título de Febe demuestra "que las mujeres también son designadas en el ministerio de la iglesia por la autoridad apostólica, en cuyo cargo Febe fue colocada en la iglesia que está en Cencrea. Pablo, incluso, menciona sus espléndidas acciones con grandes elogios y reconocimientos".[60] Aunque podemos cuestionar lo que Orígenes entendía por "ministerio de la iglesia", está claro que aceptó el papel de Febe. Un siglo más tarde, Juan Crisóstomo, el predicador de la "lengua de oro", escribió sobre el gran honor que supuso para Febe ser mencionada "antes que todos los demás", llamada "hermana" y distinguida como "diaconisa". "Tanto los hombres como las mujeres", concluye Crisóstomo, deberían "imitar" a Febe como "santa".[61] En su homilía sobre 1 Timoteo 3:11, Crisóstomo deja claro que entiende que las mujeres deben servir como diáconos igual que los hombres. Escribe lo siguiente: "Asimismo, las mujeres deben ser modestas, no calumniadoras, sobrias, fieles en todo. Algunos dicen que [Pablo] se refiere a las mujeres en general, pero eso no puede ser. ¿Por qué querría insertar algo sobre las mujeres en medio de lo que está diciendo? Más bien, se refiere a las mujeres que tienen el rango de diaconisa. 'Los diáconos deben ser maridos de una sola mujer'. Esto también es apropiado para las mujeres diáconos, ya que es necesario, bueno y correcto, especialmente en la iglesia".[62]

Si te sorprende esta franca comprensión del liderazgo femenino por parte de un presbítero y diácono del siglo IV, los historiadores

---

[60] Origen, "Commentary on Romans 10.17 on Romans 16:1–2", en Madigan and Osiek, *Ordained Women in the Early Church*, 14.

[61] Juan Crisóstomo, "Homily 30 on Romans 16:1-2", en Madigan y Osiek, *Ordained Women in the Early Church*, 14-15.

[62] Juan Crisóstomo, "Homily 11 on 1 Timothy 3:11", en Madigan y Osiek, *Ordained Women in the Early Church*, 19.

eclesiásticos Madigan y Osiek nos recuerdan que no hay razón para la sorpresa: "En las iglesias de Juan en Antioquía y Constantinopla", escriben, "las mujeres diáconos o diaconisas eran bien conocidas".[63] Describir a Febe como diaconisa no era sorprendente para Crisóstomo porque algunas de sus buenas amigas del siglo IV eran diaconisas. De hecho, Madigan y Osiek han descubierto 107 referencias (inscripciones y literarias) a diaconisas en la Iglesia primitiva.

También les dije a mis alumnos que, por supuesto, no todos en la Iglesia primitiva apoyaban a las mujeres en el liderazgo. El oficio de presbítero es un clarísimo ejemplo de cómo los prejuicios patriarcales del mundo antiguo se habían colado ya en el cristianismo. ¿Recuerdas que Aristóteles consideraba el cuerpo femenino como monstruoso y deforme? Los líderes eclesiásticos importaron estas ideas en sus decisiones conciliares, declarando ya en el siglo V que los cuerpos femeninos no eran aptos para el liderazgo. Como escriben Madigan y Osiek, "la pureza del culto se asocia con los hombres y la impureza con las mujeres. Este fue el mayor argumento contra las mujeres presbíteras".[64] En el siglo VI, mientras la Iglesia avanzaba por Europa y sustituía las antiguas sedes seculares del poder romano por los oficios sagrados de obispo y sacerdote, las mujeres también se desplazaban, volviendo a ocupar su lugar anterior bajo la autoridad de los hombres.

"Dra. Barr, ¿por qué no nos enseñan esto en la iglesia?".

Miré con el corazón en un puño al alumno que me había formulado la pregunta. La mayoría de la gente simplemente no lo sabe, dije. Los libros de texto de los seminarios suelen estar escritos por pastores, no por historiadores (y, sobre todo, no por mujeres historiadoras). La mayoría de las personas que asisten a las iglesias complementaristas no se dan cuenta de que la traducción de la ESV de Junia como "bien conocida por los apóstoles" en lugar de "prominente entre los apóstoles" fue un movimiento deliberado para mantener a las mujeres

---

[63] Madigan y Osiek, *Ordained Women in the Early Church*, 19.
[64] Madigan y Osiek, *Ordained Women in the Early Church*, 205.

fuera del liderazgo (Ro 16:7). La gente cree que a las mujeres se les prohibía el liderazgo en la Iglesia primitiva, al igual que se les prohíbe el liderazgo en la Iglesia moderna. La Iglesia enseña lo que cree que es verdad.

Todas estas cosas las dije en voz alta.

Lo que no dije (y lo que provocó mis lágrimas mientras fregaba los platos ese día) es que sabía la verdad. Yo sabía la verdad, y aun así me quedé callada en mi iglesia. Me quedé callada porque tenía miedo de que mi marido perdiera su trabajo. Tenía miedo de perder a nuestros amigos. Tenía miedo de perder nuestro ministerio.

El complementarismo premia a las mujeres que cumplen las reglas. Al permanecer en silencio, ayudé a garantizar que mi marido pudiera seguir siendo un líder. Al permanecer en silencio, podía ejercer cierta influencia. Al permanecer en silencio, mantuve la amistad y la confianza de las mujeres que me rodeaban. Al permanecer en silencio, mantuve una vida cómoda. Pero yo sabía la verdad sobre las mujeres de Pablo. Conocía la realidad de que las mujeres que son alabadas en la Biblia (como Febe, Priscila y Junia) desafían los límites de la feminidad bíblica moderna. Como historiadora, sabía que en mi propia congregación se mantenía a las mujeres fuera de los roles de liderazgo porque el patriarcado romano se había filtrado en la Iglesia primitiva. En lugar de abandonar a la Roma pagana y abrazar a Jesús, habíamos hecho lo contrario: abandonar la libertad de Cristo y abrazar la opresión del mundo antiguo.

Cerré el agua del fregadero y apilé los platos. Ya era hora de empezar a hablar.

**ESTABA CORTANDO EL CÉSPED** cuando mi marido salió al jardín y empezó a hablarme. El rugido del cortacésped me impedía escuchar lo que me estaba diciendo. Sabía que era algo malo. Solté el mango del cortacésped y dejé que se apagara.

"Los ancianos acaban de reunirse", dijo, mostrándome el teléfono. "Me han llamado para decirme que no van a reconsiderar su posición sobre las mujeres".

Ya casi lo había alcanzado, con los tobillos y los zapatos salpicados de hierba recién cortada. Esperaba malas noticias, dada su cara, pero no esperaba esto. Habíamos decidido alzar la voz y pedirles a los ancianos que permitieran a una mujer enseñar en la clase de la escuela dominical de adolescentes. Éramos optimistas, sabíamos que teníamos el apoyo de al menos dos de los cuatro ancianos. Me había permitido tener esperanzas.

Resultó ser una esperanza vana.

No recuerdo lo que respondí, ni siquiera estoy segura de si fui capaz de decir algo en ese momento. Pero mi marido me entendió. "Si forzamos esto", dijo, "perderé mi trabajo". El silencio a nuestro alrededor se hizo ensordecedor.

¿Realmente queríamos ir por este camino?

Podía oír a mis hijos dentro de casa, solo tenían seis y doce años y eran felizmente ignorantes. Esta iglesia era su hogar, sus amigos estaban ahí. Era todo lo que habían conocido.

¿Realmente queríamos ir por este camino?

Mi marido y yo llevábamos casi veinte años casados y sirviendo juntos en el ministerio, la mayor parte de ellos en esta iglesia. También era nuestro hogar. Nuestros mejores amigos estaban ahí. Las mujeres y los hombres que habían orado con nosotros cuando terminé mi tesis y empecé a hacer entrevistas laborales, que habían celebrado con nosotros el nacimiento de nuestro hijo, que nos habían apoyado en los cinco largos años que tuvimos que esperar hasta el nacimiento de nuestra hija, que se habían reído con nosotros con bromas sobre máquinas de margaritas y tarjetas de regalo de Starbucks vacías.

*¿Realmente queríamos hacer esto?*

Finalmente asentí, haciéndole saber que lo entendía. Luego me limpié el sudor de la cara y volví a segar el césped. El familiar estruendo del cortacésped centró mis acelerados pensamientos. Intenté concentrarme solo en la hierba que tenía delante.

Pero, por supuesto, no pude.

Estaba enfadada. Estaba cansada. Tenía miedo.

Y por alguna extraña razón, solo podía pensar en Margery Kempe.

## Por qué es importante Margery Kempe

Mi marido y yo estábamos a punto de tomar una decisión muy difícil, y solo podía pensar en una mujer del siglo XV (si alguno de mis alumnos lee esto seguramente se reirá).

No podía quitármela de la cabeza por dos razones. En primer lugar, ese semestre estaba impartiendo un seminario de posgrado sobre sermones medievales, y acababa de releer su libro como preparación. Eso explica por qué estaba en mi mente.

Pero la segunda razón era que Kempe daba respuesta a mi pregunta más candente: *¿realmente quería desafiar las enseñanzas complementaristas sobre las mujeres en nuestra iglesia?*

Desde luego, Margery Kempe no era ni mucho menos el único factor que tenía en cuenta. Pero como soy historiadora medieval y como conocía la historia de Margery Kempe, sabía que mi respuesta a esta pregunta era que sí, que quería intentarlo.

Un día de 1417, Margery Kempe fue detenida en la ciudad inglesa de York. Su extravagante estilo de alabanza, que incluía la interrupción de los servicios con llantos sollozos, junto con su tendencia a debatir la teología con el clero e incluso a predicar a la población local, a menudo la convirtió en una persona sospechosa. Esta vez se encontró frente a la segunda figura eclesiástica más importante de la Inglaterra medieval, el arzobispo de York. El arzobispo sabía que Margery viajaba por el campo sin su marido, sabía que actuaba como maestra religiosa sin ninguna formación, y sabía que había estado interrumpiendo los servicios de la iglesia local con su alabanza eufórica.

Sus palabras hacia ella fueron duras y claras: "He oído decir que eres una mujer muy malvada".[1]

En este momento de la historia, la sabiduría convencional sobre la Iglesia medieval nos diría que las mujeres medievales estaban sometidas a la autoridad masculina. La sabiduría convencional nos dice que como las mujeres no podían ser sacerdotes, no podían predicar. Nos dice que las mujeres siempre estuvieron subordinadas a los hombres de sus vidas (maridos, padres, hermanos). La sabiduría convencional sobre el cristianismo medieval nos dice que Margery era una aberración. También tenía todas las papeletas para que la quemaran en la hoguera como hereje.

Pero la sabiduría convencional no siempre es verdad. Cuando el arzobispo de York se enfrentó a esta mujer de mediana edad, ella se mantuvo firme en una sala llena de autoridad masculina. Cuando el arzobispo la llamó "mujer muy malvada", ella se defendió, respondiendo directamente: "Señor, también he oído decir que usted es un hombre malvado. Y si es tan malvado como dice la gente, nunca llegará al cielo, a menos que cambie mientras esté aquí".[2]

¿Te das cuenta de lo que dijo?

Margery Kempe le dijo a la segunda figura eclesiástica más importante de la Inglaterra medieval que no iba a ir al cielo si no se arrepentía.

---

[1] Margery Kempe, *The Book of Margery Kempe*, ed. B. A. Windeatt (Nueva York: Penguin, 1985), 163. Hablo brevemente de este incidente en Beth Allison Barr, "'She Hungered Right So after God's Word': Female Piety and the Legacy of the Pastoral Program in the Late Medieval English Sermons of Bodleian Library MS Greaves 54", Journal of Religious History 39, no. 1 (marzo de 2015): 31-50.

[2] Kempe, *Book of Margery Kempe*, 163.

También utilizó la Palabra de Dios para defender su derecho como mujer a enseñar sobre Dios. Predicó con la Biblia ante una sala llena de sacerdotes varones (incluido el arzobispo de York) defendiendo su derecho a hacerlo como mujer. Citando Lucas 11, explicó: "Porque Dios Todopoderoso no prohíbe, señor, que hablemos de él. Y también el Evangelio menciona que, cuando la mujer oyó predicar a nuestro Señor, se presentó ante él y dijo en voz alta: 'Bendito sea el vientre que te llevó y los pechos que te amamantaron'. El Señor le respondió: 'De cierto os digo, bienaventurados son los que escuchan la palabra de Dios y la cumplen'. *Y, por lo tanto, señor, creo que el Evangelio me da permiso para hablar de Dios*".[3]

Cuando Margery dejó de hablar, un sacerdote, horrorizado por su condena al arzobispo, corrió a buscar su copia de las epístolas paulinas. Leyó en voz alta uno de los pasajes de "las mujeres guarden silencio" (bien 1 Corintios 14 o 1 Timoteo 2) y proclamó que "ninguna mujer debe predicar".[4]

No funcionó.

"Yo no predico, señor", dijo ella. "No me subo a ningún púlpito, solo uso la conversación y las buenas palabras, y eso haré mientras viva".[5] Para esta mujer medieval, las palabras de Pablo no eran aplicables. Ella argumentaba que podía enseñar la Palabra de Dios, incluso como una mujer común, porque Jesús la avalaba.

Tenemos que admirar su valor. Margery Kempe no solo discutió con el arzobispo de York, también le enseñó verdades teológicas. Defendió su derecho a hablar de la Palabra de Dios, y acusó al arzobispo de ser un hombre malvado, procediendo a contar la historia de un repugnante oso que come hermosas flores de pera y las defeca públicamente en la cara de un sacerdote. Cuando se enfrentó a las Escrituras que exigían su silencio como mujer, Margery explicó cómo esas Escrituras

---

[3] Kempe, *Book of Margery Kempe*, 164 (cursiva añadida).

[4] Kempe, *Book of Margery Kempe*, 164.

[5] Kempe, *Book of Margery Kempe*, 164.

no se aplicaban a ella. Cuando el arzobispo le exigió que se fuera inmediatamente, ella discutió con él hasta que aceptó sus condiciones. Finalmente, frustrado, le pagó a un hombre cinco chelines para que la acompañara fuera de la habitación. Sus amigos se reunieron con ella en la ciudad, regocijándose, como dice el texto, porque Dios "le había dado (pese a su falta de educación) el ingenio y la sabiduría para responder a tantos hombres eruditos sin vergüenza ni culpa, gracias a Dios".[6] De hecho, el arzobispo admitió que la había examinado y no había encontrado ningún fallo en su fe. Incluso escribió una carta avalando que no era una hereje, que le entregó para que la llevara en sus viajes. Algunos estudiosos han argumentado que la posición de Margery Kempe como mujer acomodada con un padre políticamente importante la protegía (John Brunham era alcalde de Bishop's Lynn, su ciudad natal, y miembro del Parlamento). La clase triunfa sobre el sexo, y Margery se sale con la suya más de lo que debería en su momento. Esto es absolutamente correcto. El modo en que Margery consigue un matrimonio célibe es un buen ejemplo (en el libro 11 de su texto). Según la Iglesia medieval, tanto el marido como la mujer tienen una "deuda conyugal" (sexo).[7] Uno no puede negar el sexo al otro. Margery, en busca de una vida santa (y quizás también motivada por sus catorce embarazos previos), quiere liberarse de la deuda conyugal. Su marido negocia con ella, pidiéndole que pague en parte sus deudas financieras. Margery tiene más dinero que él, y lo controla ella misma (lo que suele sorprender a muchos de mis alumnos). John, su marido, la llama "no buena esposa" cuando ella admite que preferiría que lo decapitara un asesino antes que volver a acostarse con él, pero accede a regañadientes a un matrimonio célibe.[8] En su perspicaz análisis de este encuentro, Isabel Davis observa que la voluntad de Margery de pagar

---

[6] Kempe, *Book of Margery Kempe*, 167.

[7] Para más información sobre la deuda conyugal, véase James Brundage, *Law, Sex and Christian Society in Medieval Europe* (1987; repr., Chicago: University of Chicago Press, 2009), 198.

[8] Kempe, *Book of Margery Kempe*, 58.

las deudas de John demuestra "el tipo de autonomía que Margery puede comprar con sus finanzas independientes".[9] Sin duda, el dinero y la posición de Margery allanaron su poco convencional camino.

Pero Margery Kempe se libró del arzobispo de York por algo más que su situación económica. También la ayudó el hecho de que cuando se enfrentó a él, no estuvo sola. Una gran nube de testigos femeninos, no solo recordados sino venerados por el mundo cristiano medieval, la acompañaron.

A diferencia de los evangélicos modernos, los cristianos medievales recordaban a las mujeres líderes de su pasado. Las iglesias medievales, los sermones y la literatura devocional están plagados de mujeres valientes desde los primeros años del cristianismo. Mujeres que desafiaron la autoridad masculina, reclamando su derecho a predicar y enseñar, convirtiendo a cientos, incluso miles, al cristianismo. Mujeres que recibieron la ordenación como diaconisas y tomaron los votos como abadesas, quizás al menos una mujer fue ordenada como obispo. Mujeres que realizaron milagros y enseñaron públicamente a los apóstoles, e incluso una mujer que ganó una discusión con Jesús (Mt 15:21-28). Esta nube de testigos estuvo junto a Margery Kempe cuando se enfrentó al arzobispo, impregnándola tanto de la fuerza como de la familiaridad del pasado.

En un momento de *El libro de Margery Kempe*, Dios le promete a Kempe que las poderosas líderes femeninas del cristianismo primitivo estarían con ella y la acompañarían al cielo cuando muriera. "Te prometo", le dijo Dios, "que vendré a tu fin, al morir, con mi bendita madre, y mis santos ángeles y doce apóstoles, Santa Catalina, Santa Margarita y Santa María Magdalena, y muchos otros santos que están en el cielo. No temerás al diablo del infierno, porque no tiene poder sobre ti".[10]

---

[9] Isabel Davis, "Men and Margery: Negotiating Medieval Patriarchy", en *A Companion to "The Book of Margery Kempe"*, ed. John Arnold y Katherine Lewis (Cambridge: Brewer, 2004), 52.

[10] Kempe, *Book of Margery Kempe*, 86-87.

Al igual que Margery Kempe, Christine de Pizan (una escritora profesional que vivió en la Francia de finales del siglo XIV y fue empleada de la corte francesa) también recordó a las fuertes líderes femeninas de la historia cristiana. Más allá de utilizar a estas mujeres para defender su derecho individual a hablar, Christine utilizó a estas mujeres para autorizar el discurso femenino de forma más amplia. Como ella misma escribió:

> Si el lenguaje de las mujeres hubiera sido tan censurable y de tan poca autoridad como algunos hombres argumentan, nuestro Señor Jesucristo nunca se hubiera dignado a querer que un misterio tan digno como Su graciosísima resurrección fuera anunciado primero por una mujer, tal como le ordenó a la bendita Magdalena, a quien se le apareció por primera vez en la Pascua, que informara y anunciara a sus apóstoles y a Pedro. Dios bendito, alabado seas Tú que, entre las otras infinitas bondades y favores que has concedido al sexo femenino, has querido que la mujer portara tan elevadas y dignas noticias.[11]

En un giro femenino de la autoridad apostólica, la autorización de Jesús a María Magdalena "otorgó al sexo femenino" el derecho no solo de hablar, sino de hablar con autoridad.

Cuando Margery Kempe le recordó al arzobispo la conversación entre Jesús y una mujer en Lucas 11, le estaba recordando que, en el mundo del cristianismo medieval, no tenía porqué callar.

Jesús ya había dado a las mujeres la libertad de hablar.[12]

---

[11] Christine de Pizan, *The Book of the City of Ladies*, trad. Earl Jeffrey Richards (Nueva York: Persea, 1982), 27.

[12] En su introducción a *The Oxford Handbook of Women and Gender in Medieval Europe* (Nueva York: Oxford University Press, 2013), Judith Bennett y Ruth Mazos Karras escriben que había "mucha más flexibilidad y espacio para las mujeres dentro del cristianismo medieval de lo que los historiadores imaginaban". En este ámbito de investigación, quizá más que

## La nube de testigos femeninos de Margery Kempe

Soy una desertora del retiro de mujeres. Realmente traté de ir durante los primeros años de nuestro ministerio, sabía que como esposa de pastor era importante pasar tiempo con otras mujeres y construir una comunidad. Pero llegué a temer esos retiros. Hubo un retiro en particular que me marcó. Fueron unas treinta mujeres de nuestra iglesia. El alojamiento era en un bonito campamento en los bosques del este de Texas, en un entorno encantador y tranquilo, la comida estaba deliciosa y disfruté de la oportunidad de pasar tiempo con amigas.

La conferenciante fue una historia diferente. Tenía un mensaje: las mujeres están llamadas divinamente a ser amas de casa dedicadas a la crianza de los hijos y a mantener el hogar. Redujo la historia de Lucas 10, en la que Jesús le dice a Marta que su hermana ha elegido la "mejor parte", a una lección sobre una mujer tan ensimismada en ser la anfitriona perfecta que casi arruina la cena de Jesús. En lugar de destacar la fuerza de la fe de las mujeres y la importancia del discipulado femenino para el éxito del primer movimiento cristiano, centró su mensaje casi por completo en una interpretación muy limitada de Tito 2. No pude soportarlo durante mucho tiempo y me salté la siguiente sesión para corregir trabajos de mis alumnos.

Ese semestre, me habían asignado la obra de Larissa Tracy *Mujeres del Gilte Legende: una selección de vidas de santas en inglés medio*. Este libro es una colección de historias en inglés medio sobre santas, extraídas de uno de los textos religiosos más populares del mundo medieval, la *Leyenda Dorada* de Santiago de la Vorágine. Me encanta presentarles estas mujeres a mis alumnos, porque las historias rompen los estereotipos sobre las mujeres medievales. Son la gran nube de testigos de Margery Kempe, el grupo incluye a varias mujeres que Kempe menciona en su propio libro.

---

en ningún otro, las historias feministas hablan hoy más de oportunidades y menos de limitaciones (13). Recomiendo este libro en su totalidad a aquellos que estén interesados en la historia de las mujeres medievales.

Mientras estaba sentada en el porche de la cabaña, leyendo ensayos sobre mujeres que se liberaron del matrimonio para servir a Dios, cuyas predicaciones llevaron a miles de personas a la salvación y cuyas palabras desafiaron abiertamente el patriarcado que las rodeaba, no pude evitar notar la ironía. No muy lejos de mí, a las 30 mujeres que llenaban una sala se les decía que su mayor vocación como mujeres cristianas era ser esposas y madres, lo que implicaba que las mujeres que encontraban un sentido o una vocación aparte de ser esposas y madres estaban desafiando lo que Dios les había llamado a ser. Sin embargo, conocí a mujeres medievales a las que se les dijo exactamente lo contrario: la vocación principal de las mujeres era servir a Dios en primer lugar, lo que para algunas significaba renunciar a la vida familiar tradicional, y para otras significaba trabajar en torno a ella.

Me pregunté qué pensaría la conferenciante de mujeres como Santa Paula, que abandonó a sus hijos por el propósito superior de seguir la llamada de Dios en su vida. La historia de Paula cuenta cómo se embarcó en una peregrinación hacia Jerusalén tras la muerte de su marido, dejando a tres de sus hijos solos, llorando en la orilla. Tal vez la conferenciante habría afirmado que Paula no seguía la feminidad bíblica, ya que no ejemplificaba Tito 2. Pero Paula parecía creer que estaba practicando la feminidad bíblica, sacando fuerzas de la afirmación de Jesús de que "quien ama más a su hijo o a su hija que a mí, no es digno de mí" (Mt 10:37). San Jerónimo, su biógrafo, nos dice que mientras la nave se alejaba de la orilla, Paula "mantenía sus ojos en el cielo (...) ignorando a sus hijos y poniendo su confianza en Dios. (...) En ese regocijo, su valor codiciaba el amor de sus hijos como el más grande de su clase, pero los dejó a todos por amor a Dios".[13] Paula fundó un monasterio en Belén y trabajó junto a Jerónimo en la traducción de la Biblia del hebreo y el griego al latín. La Biblia que ayudó a

---

[13] Jacobus de Voragine, "The Life of Saint Paula", citado en Larissa Tracy, *Women of the Gilte Legende: A Selection of Middle English Saints Lives* (Woodbridge, Reino Unido: Boydell & Brewer, 2014), 47.

traducir se convirtió en la Vulgata, la primera gran traducción de la Biblia a una lengua cotidiana fuera del griego y el hebreo. Se convirtió en la Biblia más utilizada durante toda la época medieval.

¿Qué pensaría la conferenciante de Santa Margarita de Antioquía, una supuesta mártir cristiana, también del siglo IV? La historia de Margarita no solo se cuenta en colecciones de vidas de santos como la *Gilte Legende*, sino que también se repite en los sermones. El *Festial* de John Mirk explica cómo la belleza de Margarita complicó su voto de permanecer virgen y servir a Dios. Según el texto, "era más bella que todas las demás mujeres" y llamó la atención de un gobernador romano. Cuando ella rechazó sus insinuaciones sexuales y su exigencia de que abandonara el cristianismo, el gobernador la torturó y la metió en la cárcel. *Festial* relata que, a pesar de la "gran cantidad de sangre" que manaba de su cuerpo, Margarita rezaba con firmeza para que Dios le diera la capacidad de resistir.[14]

En este punto, la historia se pone interesante porque Dios responde a su oración.

Una criatura diabólica aparece en la esquina de su celda: "Un gran dragón horrible". Sin mucha demora, se come a Margarita. El texto dice: "Su boca estaba en la cabeza de ella, y su lengua se extendía hasta su talón". Margarita se mantiene sorprendentemente tranquila, a pesar de estar "dentro de la boca" de un dragón demoníaco. Simplemente hace la señal de la cruz, invocando el poder de Dios para que la ayude. El dragón estalla y Margarita se libera.[15] En este breve pero dramático momento, la escena en la celda de la prisión pasa de ser la de un dragón que se eleva sobre Margarita a la de Margarita erguida sobre el dragón. Con sus últimas fuerzas, el diablo confiesa su fracaso: "Ay de mí, perdido estoy para siempre, y todo mi poderío se ha esfumado, ahora que una mujer tan joven me ha vencido, porque

---

[14] John Mirk, *John Mirk's "Festial"*, ed. Susan Powell (Oxford: Oxford University Press, 2009), 2:181-83. La historia de Margaret también se cuenta en Tracy, *Women of the Gilte Legende*, 40-44.

[15] Mirk, *John Mirk's "Festial"*, 2:181-83.

a muchos hombres grandes y fuertes he derrotado, pero ahora una inferior ha conseguido el dominio y me ha puesto bajo sus pies".[16] Aunque el relato concluye con el martirio de Margarita (a la que se le corta la cabeza), primero se narra cómo su acto final implica un gran terremoto seguido por el descenso del Espíritu Santo del cielo como en forma de paloma para ungirla. Las miles de personas que se habían reunido para ver su torturada muerte se convirtieron en el acto al cristianismo, proclamando: "No hay más Dios que [el Dios] en el que cree Margarita".[17]

Una vez más, me pregunté qué haría la conferenciante con Margarita, una mujer que desafió el matrimonio, desafió la autoridad masculina, luchó y mató a un dragón, y fue ungida por Dios de la misma manera que lo fue Jesús. Margery Kempe habría tenido una especial afinidad con Margarita, no solo por la reputación de esta como predicadora asesina de dragones, sino también porque la iglesia natal de Margery en Lynn estaba dedicada a Santa Margarita, y el nombre de Margery es probablemente un diminutivo de Margarita, lo que demuestra lo bien que los cristianos medievales recordaban a mujeres como Margarita.

Por supuesto, los evangélicos modernos no olvidan a todas las mujeres de la historia cristiana. Por ejemplo, María y Marta, las hermanas de Betania. Ese día escuché a la conferenciante hablar de Marta, que fue elogiada como ama de casa. Cocinaba, limpiaba, se ocupaba del espacio doméstico y se mostraba hospitalaria con Jesús y sus discípulos. Esta interpretación de Marta es popular en los recursos devocionales para las mujeres cristianas de hoy. La autora Katie M. Reid describe así a Martha en su libro de 2018, *Hechas como Marta: Buenas noticias para la mujer que hace las cosas*.

---

[16] Mirk, *John Mirk's "Festial"*, 2:182. He modernizado el texto a partir del inglés medieval.

[17] Mirk, *John Mirk's "Festial"*, 2:181-83.

Marta acogió a Jesús en su casa. Algunas versiones de la Biblia dicen que ella "le abrió su casa" ([Lc 10:38], NVI) o "lo recibió en su casa" (KJV).

*Acoger. Abrir. Recibir.* Estas palabras pintan un brillante cuadro de hospitalidad.[18]

Marta era la anfitriona de Jesús, lo que la convierte en el ama de casa ideal para la autora Sarah Mae. En 2016, Mae publicó *Cómo conseguir una casa como la de Marta al estilo de María: 31 días para una casa limpia y un alma satisfecha.* Mae incluye "retos de María" para fomentar el desarrollo espiritual de las mujeres y "retos de Marta" para inspirar a las mujeres a limpiar diferentes partes de su casa. Como escribe Mae, "Mi objetivo es inspirarte y darte ayuda práctica para que te muevas y limpies, para que tu casa esté bonita y ordenada al final de los treinta y un días".[19]

Me quedé sentada bajo el sol poniente con las páginas del libro de Larissa Tracy sobre las mujeres medievales agitadas por la brisa. Pude escuchar un estruendo de voces al terminar la sesión de la tarde.

Me pregunté qué harían las mujeres de la conferencia con la concepción medieval de María y Marta. Desde el siglo VII, Marta de Betania ha sido identificada a menudo como la hermana de María Magdalena, la santa más reconocida en el mundo medieval tardío (solo por detrás de María, madre de Jesús). No es hasta el siglo XVI cuando María Magdalena comienza a separarse de su identificación medieval como hermana de Marta, la mujer pecadora poseída por siete demonios y la mujer arrepentida con el frasco de alabastro.[20] Así, para los cris-

---

[18] Katie M. Reid, Made Like Martha: *Good News for the Woman Who Gets Things Done* (Nueva York: WaterBrook, 2018), 5.

[19] Sarah Mae, *Having a Martha Home the Mary Way: 31 Days to a Clean House and a Satisfied Soul* (Carol Stream, IL: Tyndale Momentum, 2016), 12.

[20] El papa Gregorio Magno predicó un sermón el 21 de septiembre de 591, en el que mencionaba a María Magdalena como la mujer que aparece en Lucas 7:36-50, Juan 11:1-45 y Marcos 16:9. Katherine Ludwig Jansen, "Maria

tianos medievales, María de Betania no era solo una mujer que se sentaba tranquilamente a los pies de Jesús, era una prostituta arrepentida y una antigua endemoniada. Fue la apóstol de los apóstoles, la primera apóstol que llevó la buena noticia de la resurrección. Era una misionera de Cristo, afirmada por Pedro. Predicó abiertamente, realizó milagros iguales a los de los apóstoles y convirtió una nueva tierra a la fe cristiana.

Aunque dudemos de la exactitud histórica del viaje misionero de María a Francia, los cristianos medievales no lo hacían. Como escribió un monje cisterciense, "al igual que había sido elegida para ser el apóstol de la resurrección de Cristo y el profeta de su mundo (...), predicaba a los incrédulos y confirmaba a los creyentes en su fe".[21] María Magdalena era una líder cristiana ejemplar: una mujer valiente que se había arrepentido de su vida pecaminosa y que ahora compartía la buena nueva sobre Jesús allí donde los hombres carecían de valor para hacerlo.

En cuanto a Marta, el trasfondo histórico medieval no le otorga un papel limitado a las tareas del hogar. La *Leyenda Dorada* la describe como una noble mujer soltera que acompañó a su famosa hermana a Marsella.[22] Mientras María Magdalena predicaba al pueblo, Marta se encontró con un dragón en la playa cercana. Se enfrentó a un espectáculo espantoso: un dragón que se describía como un engendro gigante, mitad bestia y mitad pez, con dientes largos y afilados. Cuando Marta llegó a la escena, el espantoso monstruo se estaba comiendo a un hombre. Marta no se dejó intimidar. Roció con agua bendita a la bestia, se enfrentó a la criatura demoníaca con la cruz y la

---

Magdalena: Apostolorum Apostola", en *Women Preachers and Prophets through Two Millennia of Christianity*, ed. Beverly Mayne Kienzle y Pamela J. Walker (Berkeley: University of California Press, 1998), 60.

[21] Jansen, "Maria Magdalena", en Kienzle y Walker, *Women Preachers and Prophets*, 66.

[22] Jacobus de Voragine, *The Golden Legend: Readings on the Saints*, trad. William Granger Ryan (Princeton: Princeton University Press, 2012), 409-11.

ató tranquilamente. Cuando presentó el dragón, ahora sometido, a los marselleses, estos lo apuñalaron hasta la muerte con sus lanzas. Marta realizó otros milagros, intercalados con una agenda de predicación similar a la de María Magdalena. La percepción medieval de María y Marta es bastante diferente de la nuestra, ¿verdad? Hoy en día, ambas mujeres (especialmente Marta) son las más asociadas a los deberes femeninos tradicionales. Pero tampoco la mujer medieval se limita al ámbito doméstico. Marta podía ser tanto una magnífica anfitriona como una predicadora que mataba dragones. María podía sentarse tranquilamente en sus devociones y a la vez ser la apóstol de los após- toles cuya predicación difundió el evangelio en Francia. "Las leyen- das de santas, especialmente en colecciones vernáculas como la *Gilte Legende*", escribe Tracy, "proporcionaron modelos fuertes y visibles para las mujeres medievales a través de la diversidad de su discurso y la elocuencia de su silencio, elevando a las mujeres por encima de los roles tradicionales asignados a ellas y dándoles un poder propio".[23]

Observé a las mujeres salir de la reunión. Una amiga vino y se sentó en la mecedora junto a mí, dejando su Biblia y los apuntes que había tomado durante la sesión en la mesa en la que yo había apilado los trabajos que estaba corrigiendo. "¿Qué estás leyendo?", preguntó, señalando con la cabeza la portada azul del *Gilte Legende*.

"Un libro para clase", le dije, haciendo a un lado el libro de Tracy.

Todavía no estaba preparada. Todavía no estaba segura de qué hacer con lo que sabía. Pero también sabía que las mujeres que recor- daba del cristianismo medieval desautorizaban la feminidad bíblica moderna. Sabía que el problema no era la falta de mujeres líderes en la historia de la Iglesia. El problema era simplemente que el liderazgo femenino había sido olvidado, porque las historias de las mujeres a lo largo de la historia han sido encubiertas, desatendidas o contadas de nuevo para retratar a las mujeres como menos importantes de lo que realmente fueron.

---

[23] Tracy, *Women of the Gilte Legende*, 102.

## Porque a las mujeres no se les podía borrar de la historia

En otoño de 2016 estaba dando una de mis clases de posgrado favoritas, una clase sobre sermones medievales. Ese fue el semestre en que mi marido fue despedido de su trabajo pastoral, tres semanas después de que hubiéramos pedido a los ancianos de la iglesia que reconsideraran su posición sobre las mujeres. Al principio estábamos paralizados. Uno de nuestros mejores amigos había ayudado al pastor a dar el veredicto a mi marido, lo que lo hizo exponencialmente más doloroso. Ahora, en lugar de un trabajo en el ministerio, solo teníamos una indemnización por despido que dependía de nuestro buen comportamiento (es decir, de no contarle la verdad a nadie). Habíamos perdido a nuestra familia de la iglesia y a algunos de nuestros mejores amigos. Nos dijeron que nos alejáramos del grupo de jóvenes de unos setenta chicos a los que queríamos y habíamos discipulado durante los últimos catorce años.

Solo teníamos tres semanas para cambiar completamente nuestras vidas. Y no podíamos decirle a nadie por qué.

Tuve que hacer uso de todas mis fuerzas para aparentar normalidad ante mis hijos ese primer día. Para cuando salimos del partido de fútbol de la tarde de mi hijo, terminamos los deberes con los niños y limpiamos después de cenar, estaba exhausta. Ya había roto a llorar en el partido de fútbol después de que uno de mis colegas de Baylor me preguntara simplemente cómo estaba. Solo quería irme a dormir y olvidarme de todo por unas horas.

Pero no pude. Al día siguiente tenía un seminario de tres horas con estudiantes de posgrado de los departamentos de historia, inglés y religión. Tenía que dar clase. La vida no se detuvo, sobre todo porque de repente éramos una familia en la que solo había un sueldo.

Así que cogí mis libros, dejé a mi marido viendo Star Trek con los niños y me subí a la casa del árbol de mi hijo en nuestro jardín. Para entonces hacía más fresco y las hojas de los robles brillaban con la luz mortecina. Texas tiene unos atardeceres gloriosos en verano. Unos retazos de luz rosa y dorada se extendieron por el polvoriento horizonte azul, acallando mis miedos y fortaleciendo mi corazón.

Nuestra historia no había terminado. Sabía que Dios estaba trabajando. Respiré profundamente y comencé a leer.

Esa noche estaba preparando un artículo que proporcionara un trasfondo para el resto del material didáctico. No lo había compartido con los alumnos, pero quería repasar el material para la clase. El artículo, *Profecía y canción: enseñanza y predicación de las mujeres medievales*, es obra de la perspicaz historiadora Carolyn Muessig. Prestad atención a lo que escribe Muessig (la larga cita merece la pena):

La noción de que las mujeres enseñaban y predicaban se desestimó en favor de que las mujeres educaran en privado dentro de la familia o en un claustro. Sin embargo, se encuentran ejemplos de mujeres que predican y enseñan públicamente en las historias y leyendas bíblicas. María Magdalena ofreció un ejemplo bíblico de mujer predicadora en su anuncio de la "buena nueva" a los apóstoles. Pero este modelo bíblico fue a menudo presentado por los teólogos como una excepción y no como la regla. En un sermón para una fiesta de conmemoración de María Magdalena está escrito: "Y esta gloriosa pecadora, al igual que la estrella del mar, iluminó al mundo con la alegría de la resurrección dominical". Sin embargo, las implicaciones de este ejemplo femenino de predicación se restringen y definen rápidamente: "Y aunque está prohibido que otras mujeres prediquen, esta mujer tuvo dispensa del más alto papa; por lo tanto, se la llama apóstol de los apóstoles, pues no solo enseñó a los simples sino también a los doctores". La implicación de María Magdalena como precedente de la predicación femenina queda subrayada por la afirmación de por qué su actividad pastoral fue más una anomalía que un ejemplo.[24]

---

[24] Carolyn A. Muessig, "Prophecy and Song: Teaching and Preaching by Medieval Women", en Kienzle y Walker, *Women Preachers and Prophets*, 146-47.

96

Lo leí unas tres veces. Mi difuso cerebro sabía que en esas palabras había algo de vital importancia, pero tardó en comprenderlas. Cuando finalmente lo hizo, me levanté y tiré el artículo al suelo cubierto de bellotas. Lo que sentí aún no era esperanza, era más bien una sombría determinación. Pero el miedo paralizante, apenas reprimido, que se había apoderado de mí durante todo el día se desvaneció un poco.

¿Has entendido lo que dice Muessig que a mi lento cerebro le costó tanto entender esa noche? *La implicación de María Magdalena como precedente de la predicación femenina queda subrayada por la afirmación de por qué su actividad pastoral fue más una anomalía que un ejemplo.* Si las mujeres no podían predicar, entonces María Magdalena no debería haber predicado. Excepto que los cristianos medievales creían que sí predicaba, y utilizaban la Biblia como prueba indiscutible. Así que, o las mujeres podían predicar, o había que explicar a María Magdalena.

¿Adivinas qué opción eligió la mayoría de teólogos medievales?

Como escribe Muessig, "María Magdalena ofrecía un ejemplo bíblico de una mujer predicando (...). Pero este modelo bíblico era a menudo retratado por los teólogos como una excepción y no como la regla".[25] Así que el problema no era la falta de evidencia bíblica e histórica de las mujeres en el liderazgo. María Magdalena llevó la noticia del evangelio a los discípulos incrédulos. En un mundo que no aceptaba la palabra de una mujer como testigo válido, Jesús eligió a mujeres como testigos de su resurrección. En un mundo que otorgaba a los maridos el poder sobre la vida de sus esposas, Pablo les dijo a los maridos que hicieran lo contrario: que entregaran sus vidas por sus esposas. En un mundo que veía a las mujeres como hombres biológicamente deformes, monstruosos incluso, Pablo declaró que los hombres eran iguales a las mujeres en Cristo.

---

[25] Muessig, "Prophecy and Song", en Kienzle y Walker, *Women Preachers and Prophets*, 146.

No, el problema no era la falta de evidencia bíblica e histórica para que las mujeres sirvieran como líderes junto con los hombres en la iglesia. El problema era el clero masculino que socavaba la evidencia.

El clero medieval no podía explicar la predicación de María Magdalena, así que la convirtió en una excepción. Al ser una mujer extraordinaria y no ordinaria, la capacidad de las mujeres ordinarias para seguir su ejemplo se vio disminuida. No pude evitar recordar una de las citas favoritas de Ben Witherington, estudioso del Nuevo Testamento: "No, el problema de la Iglesia no son las mujeres fuertes, sino los hombres débiles que se sienten amenazados por las mujeres fuertes y han intentado por diversos medios, incluso mediante una exégesis dudosa, prohibirles el ejercicio de sus dones y gracias en la Iglesia".[26] En lugar de seguir una lectura clara y sencilla del texto bíblico, el mundo medieval injertó su patriarcado romano importado en el evangelio de Jesús.

Cuando me senté de nuevo en la casa del árbol esa tarde, mientras limpiaba las agujas de pino de mi asiento y recogía la lata de Coca-Cola que había derramado, me di cuenta de que lo que me acababa de ocurrir en nuestra iglesia evangélica del siglo XXI era una repetición de la historia para las mujeres cristianas.

La historia comienza con las mujeres como líderes fuertes.

Por ejemplo, la gran nube de testigos femeninos de Margery Kempe. La Iglesia medieval estaba demasiado cerca en el tiempo como para olvidar el importante papel que desempeñaron las mujeres en el establecimiento de la fe cristiana en los restos del Imperio romano. Junto con las primeras santas, como María Magdalena y Margarita de Antioquía (la gran nube de testigos femeninos de Margery Kempe), hay una multitud de mujeres misioneras, predicadoras y líderes eclesiásticas en el paisaje histórico.

---

[26] Ben Witherington III, "Why Arguments against Women in Ministry Aren't Biblical", The Bible & Culture (blog), 2 de junio de 2015, https://www.patheos.com/blogs/bibleandculture/2015/06/02/why-arguments-against-women-in-ministry-arent-biblical.

Entre la gran nube de testigos femeninos se encontraban misioneras como Clotilde, la princesa borgoñona que desafió a su marido pagano, Clodoveo, rey de los francos, a finales del siglo V. Su fe le convenció para convertirse (después de rezar y ganar una batalla crítica), y en el año 508 fue bautizado junto con tres mil de sus guerreros francos. La historiadora Jane Tibbetts Schulenburg señala que Clotilde asumió el papel principal en la conversión de su marido, ya que Clodoveo invocó al "Cristo de Clotilde".[27] Los historiadores medievales y el clero también reconocieron el liderazgo de Clotilde, atribuyéndole el mérito a ella y no a los sacerdotes oficiantes.

Obispas como Genoveva de París y Brígida de Kildare también formaron parte de la gran nube. La historiadora Lisa Bitel relata las historias hagiográficas de cómo Genoveva se convirtió en la líder eclesiástica de facto de París. Protegió la ciudad de los estragos de los hunos, tal y como había hecho el obispo de Roma, León el Grande. Aumentó el prestigio cristiano de la ciudad gracias a sus milagros y a su patrocinio del primer obispo de París (San Dionisio), y se negó a someterse a otras autoridades episcopales. Bitel escribe: "Como era una santa, podía ocupar el lugar de un hombre, el obispo de París. Porque actuó como obispa, pudo construir".[28] Genoveva estableció París como bastión cristiano con la misma eficacia que los obispos varones en toda Europa.

Genoveva actuó como obispa, pero Brígida de Kildare (según la hagiografía) fue realmente ordenada obispa. El obispo que presidió su consagración leyó accidentalmente las órdenes episcopales. Tras darse cuenta de su error, anunció: "Esta virgen es la única en Irlanda que tendrá la ordenación episcopal".[29] Brígida viajó varias veces por

---

[27] Jane Tibbetts Schulenburg, *Forgetful of Their Sex: Female Sanctity and Society, ca. 500–1100* (Chicago: University of Chicago Press, 2018), 186.

[28] Lisa M. Bitel, *Landscape with Two Saints: How Genovefa of Paris and Brigit of Kildare Built Christianity in Barbarian Europe* (Oxford: Oxford University Press, 2009), 71.

[29] Bitel, *Landscape with Two Saints*, 184.

la isla, realizó milagros, ejerció autoridad eclesiástica (bendiciendo casas, por ejemplo) y estableció la igualdad espiritual con el propio San Patricio. Lo realmente fascinante de Brígida es que, a pesar de haber recibido la ordenación como lo habría hecho un hombre, ejerció su autoridad de forma claramente femenina. Como explica Bitel, "Era a la vez una mujer típica, que cuidaba de las necesidades de sus hombres y atendía sus muertes, y una visionaria que podía ver incluso lo que el apóstol de Irlanda [San Patricio] no podía".[30] Como la Marta de Betania medieval, Brígida podía ser tanto una diosa doméstica como una líder religiosa pública.

La gran nube de testigos femeninos incluía incluso a predicadoras, como Hildegarda de Bingen. Reyes y príncipes también buscaron el consejo de la mística, escritora, teóloga, abadesa benedictina, compositora y predicadora alemana del siglo XII. Hildegarda predicó regularmente en Alemania, realizando cuatro viajes de predicación entre 1158 y 1170. Sabemos, sin lugar a dudas, que sus audiencias las conformaban tanto personas del clero como gente común. También sabemos que habló con autoridad a los miembros del clero de su audiencia, llamándolos al arrepentimiento. Barbara Newman escribió lo "asombroso" que era que Hildegarda predicara contra obispos y sacerdotes con tanta vehemencia y que, sin embargo, ninguno de ellos invocara "la autoridad de San Pablo contra ella". En cambio, escribe Newman, "la invitaron a predicar y le escribieron después, pidiéndole transcripciones de sus sermones".[31]

---

[30] Bitel, *Landscape with Two Saints*, 184.

[31] Barbara Newman, *Voice of the Living Light: Hildegard of Bingen and Her World* (Berkeley: University of California Press, 1998), 20-21. Los clérigos medievales sí mencionaron las prohibiciones de Pablo, pero no los mencionaron en los sermones ingleses bajomedievales que estudiaron. En su mayoría, las prohibiciones paulinas aparecen en los debates del derecho canónico y entre los teólogos. Véase Jansen, "Maria Magdalena", en Kienzle y Walker, *Women Preachers and Prophets*, 67-69.

Así que cuando Elaine Lawless escribe que "las mujeres han estado predicando en la tradición cristiana desde los primeros momentos históricos, quizás solo días después de que Jesucristo fuera crucificado y se anunciara su resurrección", tiene toda la razón.[32] Y la Iglesia medieval estaba de acuerdo tanto en reconocer a las mujeres como predicadoras, maestras y líderes en la historia cristiana como en aceptar que las mujeres siguieran predicando, enseñando y liderando durante toda la época medieval.

## Liderazgo femenino cualificado

La Iglesia medieval, aunque aceptaba el papel de las mujeres como líderes, se sentía sin embargo incómoda con las mujeres que desempeñaban activamente estas funciones. La iglesia había estado incómoda durante mucho tiempo, casi desde el principio. Aunque los cristianos medievales no podían olvidar la verdad sobre las líderes femeninas en la historia cristiana (Jesús se aseguró de ello a través de sus interacciones con María, Marta e incluso la mujer cananea), los cristianos medievales tampoco podían aceptar el liderazgo femenino como norma. ¿Por qué? Porque el mundo medieval heredó el patriarcado del mundo romano. ¿Recuerdas la creencia aristotélica de que las mujeres eran hombres defectuosos (incompletos), lo que las hacía pasivas y débiles en comparación con los hombres fuertes y activos? Estas "ideas precristianas", escribe la historiadora Jacqueline Murray, "se mezclaron con la teología cristiana".[33] Las creencias sobre la inferioridad femenina persiguieron al cristianismo desde el principio e influyeron en los primeros padres de la Iglesia, como Clemente de Alejandría y Jerónimo, para caracterizar la madurez espiritual de las mujeres

---

[32] Elaine J. Lawless, "Introduction: The Issue of Blood-Reinstating Women into the Tradition", en Kienzle y Walker, *Women Preachers and Prophets*, 2.

[33] Jacqueline Murray, "One Flesh, Two Sexes, Three Genders?", en *Gender and Christianity in Medieval Europe: New Perspectives*, ed. Lisa M. Bitel y Felice Lifshitz (Philadelphia: University of Pennsylvania Press, 2013), 40.

como una progresión hacia la virilidad. "La mujer es para dar a luz y tener hijos, y por ello es tan diferente del hombre como el cuerpo del alma", explicó Jerónimo. "Pero cuando quiera servir a Cristo más que al mundo, dejará de ser mujer y se llamará hombre".[34] Si la mujer es un hombre imperfecto, solo convirtiéndose en hombre podrá alcanzar la igualdad espiritual. Estas ideas afectaron a los relatos sobre las mujeres en la Iglesia primitiva, lo que dio lugar a que se describiera a las mártires como si se comportaran como hombres y a que se elogiara la virginidad como la más alta vocación de las mujeres.

Esto nos lleva a la siguiente parte de la repetición de la historia: la parte en la que las mujeres son expulsadas del liderazgo.

A medida que la Iglesia crecía en poder, disminuían las oportunidades para las mujeres. El liderazgo masculino se convirtió en la norma. Sin embargo, debido a la larga historia que tenían las mujeres en funciones de liderazgo, había que poner excusas a por qué las mujeres podían liderar en el pasado, pero ya no podían hacerlo en el presente. Las acciones de las mujeres, en otras palabras, tenían que ser estar capacitadas para justificar la autoridad exclusiva de los hombres.

Un movimiento particularmente eficaz para capacitar el liderazgo femenino ocurrió durante los siglos XI y XII. Un renovado interés por las antiguas ideas sobre las mujeres (en concreto, su inferioridad e impureza) chocó con un movimiento de reforma que intentaba reforzar el liderazgo eclesiástico.[35] El cristianismo tenía una larga historia de asociar la actividad sexual con la impureza. Agustín sostenía que el pecado original se transmitía a todo ser humano a través de las relaciones sexuales que creaban una nueva vida, conectando firmemente el sexo con el pecado. A medida que el sacerdocio y la teología

---

[34] Jerónimo, "Commentarius in Epistolam ad Ephesios 3.5", citado en Dyan Elliott, "Gender and the Christian Traditions", en Bennett y Karras, *Oxford Handbook of Women and Gender*, 24.

[35] El mejor libro sobre este tema es Jennifer Thibodeaux, *The Manly Priest: Clerical Celibacy, Masculinity and Reform in England and Normandy*, 1066-1300 (Philadelphia: University of Pennsylvania Press, 2015).

sacramental evolucionaron, elevando al sacerdote como poseedor de poderes y deberes espirituales especiales, también evolucionó el celibato clerical. Aunque técnicamente era herético afirmar que un sacerdote impuro no podía realizar correctamente los sacramentos (bautismo, absolución, eucaristía, etc.), la gente temía que fuera cierto y resentía a los miembros del clero casados.[36]

Es importante señalar que esto representó un cambio en la teología cristiana. Antes de los siglos XI y XII, la ordenación estaba menos claramente establecida y era menos relevante para el liderazgo. Hay pruebas que sugieren que al menos algunas mujeres fueron ordenadas en la Iglesia medieval temprana, como Brígida de Kildare, pero esta práctica desapareció en la Iglesia occidental tras las reformas de la Edad Media central. Gary Macy escribe que el filósofo y teólogo francés del siglo XII Pedro Abelardo, quizá el alumno más famoso de Anselmo, luchó por la "última defensa" de la ordenación de mujeres en la Iglesia occidental. Abelardo se dedicó a la enseñanza monástica después de que una relación amorosa (y fogosa) con Heloísa, su alumna convertida en esposa, terminara mal: Abelardo fue castrado por el enfadado tío de Heloísa (para que no pienses que la historia medieval es aburrida), y ambos pasaron el resto de sus vidas separados en monasterios distintos, aunque nunca dejaron de escribirse el uno al otro. Abelardo defendió la ordenación de las mujeres, basándose en el precedente histórico de las mujeres que llevaban el título de diaconisa a principios de la Edad Media y en la historia de la profetisa Ana del Nuevo Testamento. Como escribió: "Ahora llamamos abadesas, es decir, madres, a las que en los primeros tiempos se llamaban diaconisas, es decir, ministras". Y del mismo modo, "Esta ordenación de las mujeres comenzó hace mucho tiempo, porque leemos en el Antiguo Testamento y en el Nuevo que había diaconisas, es decir, mujeres que ministraban a los santos". Abelardo argumentó que la ordenación femenina "fue establecida por el propio Jesús y no por los apóstoles, rechazando específicamente la

---

[36] Thibodeaux, *Manly Priest*, 39.

enseñanza de que solo el sacerdocio y el diaconado masculinos formaban parte de la iglesia original".[37] Por supuesto que las mujeres podían predicar, argumentó Abelardo, porque las mujeres ya predicaban, incluso en la Biblia (Ana, Isabel, María Magdalena, e incluso la mujer samaritana en el Evangelio de Juan).

Abelardo perdió esa batalla, pero no la perdió por la base con la que la argumentó. Utilizó la historia cristiana como defensa de por qué las mujeres podían dirigir, y los líderes de la iglesia consideraron aceptable ese enfoque. La batalla se perdió porque las circunstancias históricas habían cambiado. Las líneas se habían rediseñado. Para aumentar la autoridad del clero, los líderes eclesiásticos medievales necesitaban apartar a las mujeres del camino. En el cristianismo hubo una larga historia de señores seculares y familias poderosas que controlaban los puestos clericales. Los hijos y sobrinos heredaban los trabajos eclesiásticos de sus padres y tíos. Las familias poderosas trataban de controlar los obispados importantes y el propio papado, a menudo comprando cargos clericales. La Iglesia contraatacó, tomando posturas enérgicas en cuanto el celibato clerical y la simonía (la compra y venta de cargos eclesiásticos). Si los sacerdotes no podían casarse, y si los sacerdotes solo podían recibir la asignación a puestos clericales de mano de otros clérigos y no de los nobles ricos, el control secular sobre la Iglesia disminuiría en gran medida.

El resultado fortaleció a la Iglesia, pero debilitó la posición de las mujeres.

El periodo de reformas eclesiásticas que abarca desde el siglo XI hasta principios del XIII redefinió la estructura eclesiástica de la Iglesia occidental, legitimando el poder del papado, promoviendo la autoridad de los obispos y estableciendo el estatus único del sacerdote local.

---

[37] Citado en Gary Macy, *The Hidden History of Women's Ordination: Female Clergy in the Medieval West* (Oxford: Oxford University Press, 2012), 93-95. Véase también Alcuin Blamires, Karen Pratt y C. W. Marx, editores, *Woman Defamed and Woman Defended: An Anthology of Medieval Texts* (Oxford: Clarendon, 1992), 232–35.

"Las iglesias se rediseñaron para enfatizar el estatus clerical, se exigió, legisló y persiguió el celibato, los diezmos parroquiales permitieron a las iglesias liberarse del control secular directo", explica el historiador Ian Forrest. "Una cultura común del sacerdocio creó un estatus de grupo claro cuya posición básica en relación con las autoridades seculares, los obispos y los legos ordinarios dio una unidad más que superficial a la Iglesia institucional".[38] Los sacerdotes se definían como hombres que no estaban contaminados por la impureza sexual de las mujeres. No solo es que las mujeres no podían ser sacerdotes, sino que los cuerpos de las mujeres se percibían como una potencial amenaza para los líderes masculinos.

Para ayudar a mis alumnos a entender mejor cómo afectaron estas reformas a las mujeres, suelo utilizar un ejemplo visual de la catedral de Durham. Hay una línea hecha de mármol y marcada con una cruz central que se extiende por la parte más occidental de la nave de la catedral. Los guías locales proclaman que la misoginia del patrón de la catedral, san Cutberto, del siglo VII, le llevó a establecer esa línea para prohibir el acceso de las mujeres al espacio sagrado del clero. A diferencia de los hombres, las mujeres tenían prohibido entrar en la nave o en el cementerio.[39] Hay historias desgarradoras del siglo XII que cuentan las consecuencias que sufrían las mujeres que desafiaban a san Cutberto. Una mujer fue castigada con la demencia solo por intentar tomar un atajo. Estaba enfadada por la mala calidad del camino, ya que sus pies se hundían en los profundos charcos, así que decidió atravesar el cuidado cementerio de la catedral de Durham. "Se apoderó de ella una especie de horror indefinido, y gritó que estaba perdiendo gradualmente sus sentidos". Tras sufrir un ataque, la llevaron a

---

[38] Ian Forrest, "Continuity and Change in the Institutional Church", en *The Oxford Handbook of Medieval Christianity*, ed. John H. Arnold (Oxford: Oxford University Press, 2014), 192.

[39] Las mujeres no podían entrar en la catedral ni en el cementerio de Durham. Dominic Marner, *St. Cuthbert: His Life and Cult in Medieval Durham* (Toronto: University of Toronto Press, 2000), 33.

su casa, donde murió. Otra transgresora estaba "firmemente resuelta, como suelen estar las mujeres" a ver las hermosas decoraciones que había dentro de la iglesia. "Incapaz de refrenar sus impetuosos deseos, pues la posición de poder de su marido la había elevado por encima de sus vecinos, atravesó el cementerio de la iglesia". Su castigo, tal vez porque estaba motivado por el orgullo, fue aún más horrible. Se volvió loca, se mordió la lengua y se suicidó cortándose el cuello.[40]

Sin embargo, el Cutberto histórico no tenía problemas con las mujeres. Las pruebas sugieren que trabajó bien y estrechamente con las mujeres durante su vida. No se convirtió en un misógino hasta cuatrocientos años después de su muerte. Las historias que le atribuyen la prohibición de la entrada de las mujeres en la catedral de Durham proceden de las reformas eclesiásticas de los siglos XI y XII. En 1083, tras la conquista normanda de Inglaterra, el clero casado de Durham fue expulsado y sustituido por monjes benedictinos célibes. Este cambio fue difícil de aplicar, como te puedes imaginar. Schulenburg escribe que, para suavizar la transición, "le atribuyeron un conveniente aborrecimiento póstumo de las mujeres al famoso patrón del siglo VII, san Cutberto. Así, los escritos reformistas de Simeón de Durham sirvieron para remodelar al santo patrón de Durham de acuerdo con los flagrantes prejuicios de la época".[41] Cutberto se convirtió en un misógino para promover la campaña eclesiástica a favor del celibato clerical.

La exclusión de las mujeres del espacio de la catedral de Durham tuvo su origen en un intento local de imponer la reforma. De hecho, el afligido marido de la mujer que murió por sus "impetuosos deseos"

---

[40] Simeón de Durham, "A History of the Church of Durham", citado en *Women's Lives in Medieval Europe: A Sourcebook*, ed. Emilie Amt, 2ª ed. (Nueva York: Routledge, 2010), 191.

[41] Jane Tibbetts Schulenburg, "Gender, Celibacy and Proscriptions of Sacred Space: Symbol and Practice", en *Women's Space: Patronage, Place and Gender in the Medieval Church*, ed. Virginia Chieffo Raguin y Sarah Stanbury (Nueva York: SUNY Press, 2005), 189.

de ver la belleza de la catedral de Durham se vistió "de monje".[42] La muerte de su mujer por exclusión le obligó literalmente a aceptar el celibato clerical.

Las reformas que reforzaban el estatus clerical y la autoridad eclesiástica (y que enfatizaban la impureza de los cuerpos femeninos) alejaron a las mujeres del liderazgo en la Iglesia medieval. Es cierto que la memoria histórica sobre el liderazgo femenino capacitó a mujeres posteriores como Margery Kempe para predicar, enseñar y dirigir. Pero también es cierto que las creencias patriarcales sobre la inferioridad e impureza de los cuerpos femeninos hacían más difícil que las mujeres ejercieran estos dones espirituales.

Las mujeres habían liderado en la historia cristiana, y podían seguir liderando, pero iba a ser más difícil, y principalmente en puestos no oficiales. Y la razón de esto parece tener menos que ver con las propias mujeres y más con proteger el poder de los hombres, especialmente de los hombres en la iglesia.

## Cómo eliminaron a las mujeres medievales de la historia de la Iglesia

La memoria histórica de los líderes femeninos, pasados y presentes, empoderó a las mujeres medievales. Christine de Pizan proclamó estas palabras a principios del siglo XV en su defensa de las mujeres contra la literatura misógina: "Qué fe tan fuerte y qué amor tan profundo poseen esas mujeres que no abandonaron al Hijo de Dios que había sido abandonado y desamparado por todos sus Apóstoles. Dios nunca ha reprochado el amor de las mujeres como una debilidad, como sostienen algunos hombres, pues Él puso la chispa del amor ferviente en los corazones de la bendita Magdalena y de otras damas; es más, Su aprobación de este amor es claramente visible".[43] La gran nube de

---

[42] Simeón de Durham, "History of the Church of Durham", citado en Amt, *Women's Lives in Medieval Europe*, 191.

[43] De Pizan, *Book of the City of Ladies*, 219.

testigos femeninos que empoderó a Margery Kempe para hablar en contra del arzobispo de York también empoderó a Christine de Pizan para argumentar que las mujeres tenían el mismo valor ante Dios. De hecho, como explican a Christine las palabras de Lady Justice (una de las tres mujeres que visitan a Christine y le dicen que construya una ciudad de damas llena de mujeres dignas), "te digo que, a pesar de lo que puedas encontrar en los escritos de los autores paganos sobre el tema de la crítica a las mujeres, hallarás que se ha dicho poco en contra de ellas en las santas leyendas de Jesucristo y sus apóstoles".[44]

Mientras seguía cortando el césped en ese día de hace casi cuatro años, recordé la vibrante historia de las mujeres que habían sido líderes, maestras y predicadoras en la Iglesia medieval. También pensé en cómo los evangélicos modernos han olvidado en su mayoría esta historia. Por ejemplo, los populares libros de texto de historia cristiana *La historia de la Iglesia en lenguaje sencillo* y *La historia del cristianismo: de la Iglesia primitiva a los albores de la Reforma*, así como el popular libro de texto de historia de la iglesia para la escuela dominical *Historia cristiana fácil*. Estos textos no solo contienen muy pocas referencias a líderes femeninas en la Iglesia medieval, sino que minimizan la autoridad de estas mujeres.

En *Historia cristiana fácil* (que también tiene una guía para líderes, una guía para participantes y una serie de vídeos), se ha incluido a trece mujeres en el índice, entre las que hay cuatro mujeres medievales: Juliana de Norwich, Juana de Arco, Hilda de Whitby e Hildegarda de Bingen. El autor, Timothy Paul Jones, elogia a Hilda de Whitby por haber formado a "cientos de monjas e incluso a algunos monjes, cinco de los cuales llegaron a ser supervisores". Pero su exposición sobre Hildegarda de Bingen, aunque precisa, tiene importantes omisiones. Fue una "mujer del Renacimiento en la Edad Media. (...) música y mística, artista y autora, proclamadora de la verdad y profeta de la reforma. Papas y emperadores la alabaron. Solo Bernardo superó su

---

[44] De Pizan, *Book of the City of Ladies*, 252.

prestigio", escribe el autor. En *Historia cristiana fácil*, Hildegarda de Bingen proclama, reforma y escribe, pero no predica. También es "alabada" por papas y emperadores en lugar de darles consejos e instrucciones.[45]

*La historia del cristianismo* tiene un índice mucho más desarrollado, con más de mil entradas. El autor se esforzó por incluir a las mujeres, explicando en la introducción que buscaba "reconocer el papel de las mujeres a lo largo de la vida de la Iglesia de una manera que la mayoría de las historias anteriores no lo han hecho".[46] Conté al menos treinta y dos mujeres individuales incluidas en el índice, así como una entrada separada en el índice para las mujeres. Una vez más, no se describe a Hildegarda de Bingen como predicadora. Es una abadesa con escritos populares.[47] Catalina de Siena recibe un tratamiento más profundo. Carolyn Muessig sostiene que Catalina de Siena era una predicadora que lograba "la conversión de los oyentes y el refresco espiritual tanto de la audiencia como de la propia predicadora.[48] Sin embargo, *La historia del cristianismo* la describe únicamente como una famosa "maestra de misticismo" que "reunió a su alrededor un círculo de hombres y mujeres, muchos de ellos más educados que ella, a quienes enseñó los principios y la práctica de la contemplación".[49] Hildegard y Catalina podían enseñar, pero no predicaban. Ambos textos hablan de algunas mujeres notables en la historia de la Iglesia, pero la proporción hombre-mujer de los índices sugiere que sus narraciones se centran más en los hombres.

---

[45] Timothy Paul Jones, *Christian History Made Easy* (Torrance, CA: Rose, 2009), 61, 85.

[46] Justo L. González, *The Story of Christianity, vol. 1, The Early Church to the Dawn of the Reformation* (San Francisco: HarperOne, 2010), 4.

[47] González, *Story of Christianity*, 1:328.

[48] Carolyn Muessig, *introduction to A Companion to Catherine of Siena*, ed. George Ferzoco, Beverly Kienzle, y Carolyn Muessig (Leiden: Brill, 2011), 18.

[49] González, *Story of Christianity*, 1:399.

La cuarta edición de *Historia de la Iglesia en lenguaje sencillo*, que parece ser uno de los libros de historia de la Iglesia más vendidos, es la que menos mujeres incluye. Contiene más de 280 entradas en el índice relativas a personas, ocho de las cuales son mujeres. Además, a pesar de que el libro abarca desde el siglo I hasta el siglo XX, el índice solo menciona a una mujer de la iglesia antigua y a otra de la moderna. Las seis mujeres restantes son todas de la época de la Reforma. Las mujeres no solo no están representadas en la *Historia de la Iglesia en lenguaje sencillo*, sino que aparecen de forma muy escueta.[50]

A pesar del importante papel que desempeñan las mujeres en la historia de la Iglesia, y a pesar de las claras pruebas históricas de que las mujeres ejercen liderazgo, estos textos populares y modernos de historia de la Iglesia presentan una narración masculina de la historia de la Iglesia que minimiza el liderazgo femenino.

¿Puede ser que otro obstáculo para la mujer bíblica moderna sea simplemente que los evangélicos han reescrito la historia cristiana?

Una vez, después de terminar una conferencia sobre las mujeres en la Iglesia (una conferencia a la que asistieron tanto académicos como miembros de la iglesia), un pastor me detuvo.

"¿Por qué no nos enseñan esto en el seminario?", preguntó. "Nunca he aprendido nada de esto".

Le dije que no lo sabía, pero no era verdad. Sí sé por qué. Creo que puede ser por la misma razón por la que la Iglesia medieval apartó a las mujeres del liderazgo: para proteger y aumentar la autoridad de los hombres.

De hecho, en vez de la gran nube de testigos femeninos de Margery Kempe, lo que los evangélicos modernos parecen recordar más del cristianismo medieval son las limitaciones impuestas a las mujeres. Las mujeres no podían ser sacerdotes, y esto da credibilidad a los argumentos evangélicos de que las mujeres no pueden predicar.

---

[50] Bruce Shelley, *Church History in Plain Language*, 4ª ed. (Grand Rapids: Zondervan Academic, 2013), 535-38.

Margery Kempe estuvo acompañada de una multitud de testigos femeninos que ayudaron a autorizar su voz, oponiéndose a la autoridad masculina e incluso a las limitaciones que se le imponían.

Las mujeres evangélicas, gracias a nuestra selectiva memoria medieval, están comparativamente solas.

**MI MARIDO DEJÓ CAER UN FOLLETO** en la encimera. "¿No quieres apuntarte?", preguntó sonriendo. Era una invitación de Dorothy Patterson para inscribirse en una clase de su seminario dirigida a esposas de pastores. Durante los años en que mi marido estudiaba en el Seminario Teológico Bautista del Sureste, yo podía asistir a la clase. Puse los ojos en blanco. "¡Un día desearás haberlo hecho!", dijo, riendo.

Tenía razón. Ojalá hubiera asistido a la clase, porque habría sido fascinante ver el programa de estudios de primera mano y participar en las conversaciones. A día de hoy, solo puedo hablar como persona ajena y basarme en información de segunda mano.

Pero había oído cosas sobre la clase (era bastante famosa).

En primer lugar, se hacía hincapié en equipar a las mujeres para que sirvieran junto a sus maridos en el ministerio, una tarea que Dorothy Patterson encarnaba. La historiadora Elizabeth Flowers escribe: "La enérgica y muy visible Patterson reinó a lo largo de la década de 1990 como la 'matriarca del complementarismo', llegando a ser tan conocida y controvertida como su marido Paige".[1] En segundo lugar, la clase enfatizaba el papel de la mujer centrado en el hogar y el cuidado de la familia. Aunque Dorothy Patterson había obtenido un máster en teología (Seminario Teológico Bautista de Nueva Orleans), un doctorado en ministerio (Seminario Luther Rice) y un doctorado en teología (Universidad de Sudáfrica), siempre se presentó públicamente como esposa y madre. "Ella era, en sus palabras, 'principalmente una esposa, madre y ama de casa', títulos a los que se añadiría el de abuela en años

---

[1] Elizabeth H. Flowers, *Into the Pulpit: Southern Baptist Women and Power since World War II* (Chapel Hill: University of North Carolina Press, 2014), 130.

posteriores", escribe Flowers.[2] En consonancia con la forma en que Patterson se presentaba a sí misma, la clase para esposas de pastores se centraba en las tareas del hogar.

También escuché el rumor de que el examen final ponía a prueba las habilidades de hospitalidad doméstica de cada mujer de la clase: Dorothy Patterson se presentaba al azar en tu casa durante la semana, inspeccionaba tus habilidades como ama de casa y se quedaba mientras le servías el té. Me estremece pensar lo que habría pasado si se hubiera presentado en mi casa durante algunas de las semanas de la escuela de posgrado (mi desgana por lavar los platos ha sido un patrón constante en mi vida adulta, era peor cuando era una estudiante de posgrado estresada y recién casada).

Por último, sabía que la clase de formación de Patterson para esposas de pastores se basaba en los escritos de Pablo sobre las mujeres. Patterson argumentaba que durante "casi dos milenios" los cristianos han estado de acuerdo en que los escritos de Pablo excluían a las mujeres del liderazgo. Acusó a los académicos que argumentaban lo contrario de "casuística jesuítica" y "tejemanejes históricos".[3] Solo los complementaristas como ella preservaron "la pura Palabra de Dios, perdurable a través de las culturas y la historia, y apropiada de época en época con vigor y relevancia". La feminidad bíblica, como argumentó en su disertación, era una continuidad intemporal a lo largo de la historia de la Iglesia, ordenada divinamente por Dios y claramente articulada por Pablo.[4] Por todo lo que yo sabía acerca de ella y su marido, estoy segura de que recalcaba la importancia de la feminidad bíblica a sus estudiantes.

Nunca sabré de primera mano cómo era la clase de Dorothy Patterson. Pero sí sé que las raíces de lo que Patterson enseñó y encarnó

---

[2] Flowers, *Into the Pulpit*, 131.

[3] Citado en Flowers, *Into the Pulpit*, 132.

[4] Flowers, *Into the Pulpit*, 132-33.

sobre el papel de la mujer no se encuentran en los últimos "casi dos milenios", sino en los últimos quinientos años.[5]

Las mujeres siempre han sido esposas y madres, pero no fue hasta la Reforma Protestante que ser esposa y madre se convirtió en la "piedra angular ideológica de santidad" para las mujeres.[6] Antes de la Reforma, las mujeres podían ganar autoridad espiritual rechazando su sexualidad. La virginidad les daba poder. Las mujeres se convirtieron en monjas e hicieron votos religiosos, y algunas, como Catalina de Siena e Hildegarda de Bingen, encontraron que sus voces sonaban con la autoridad de los hombres.[7] De hecho, cuanto más alejadas estaban las mujeres medievales del matrimonio, más cerca estaban de Dios. Después de la Reforma, ocurrió lo contrario con las mujeres protestantes. Cuanto más se identificaban con el hecho de ser esposas y madres, más devotas eran.

## La casa sagrada

La gris luz del final de la tarde se colaba a través de la ventana de la pequeña habitación. Estaba vacía, aparte de unas cuantas sillas y una mesa de estudio, eso era todo lo que necesitaba para poder trabajar mientras mi marido estaba en clase. Apilé varios libros a mi lado, siguiendo una optimista costumbre. La verdad es que no me sería posible leer más de uno o dos libros esa tarde. Tenía, como mucho, tres horas mientras mi marido estaba en clase. Pero la esperanza es eterna, sobre todo para los estudiantes de doctorado en historia que se encuentran en plena preparación del examen global. Aquella tarde habíamos conducido juntos hasta Wake Forest (Carolina del Norte),

---

[5] Flowers, *Into the Pulpit*, 133.

[6] Marilyn J. Westerkamp, *Women and Religion in Early America, 1600–1850: The Puritan and Evangelical Traditions* (Londres: Routledge, 1999), 5.

[7] Recomiendo el libro de Jane Tibbetts Schulenburg *Forgetful of Their Sex: Female Sanctity and Society, ca. 500–1100* (Chicago: University of Chicago Press, 2018).

donde mi marido estaba cursando su doctorado. El aula en la que él estaba se encontraba cerca, podía oír el zumbido de la conversación mientras me sentaba sola con mi pila de libros. Cogí el primer libro de la pila y empecé a leer. El libro era *La casa sagrada: la mujer y la moral en la Augsburgo de la Reforma*, por Lyndal Roper.

Dos horas después, mi mundo había cambiado.

Desde la infancia, a los cristianos protestantes conservadores como yo se nos enseña que la Reforma es una historia de éxito, de libertad, de fe revivida y revigorizada. Por eso aprovechamos Halloween para celebrar una fiesta de disfraces del Día de la Reforma, en honor a Martín Lutero, que clavó sus 95 tesis en las puertas de Wittenberg el 31 de octubre de 1517. Por eso, un diminuto Martín Lutero de plástico (con pluma y Biblia) se convirtió en la figura de Playmobil que se vendió más rápidamente (las primeras treinta y cuatro mil figuras se agotaron en setenta y dos horas). Por eso, el *Libro de los Mártires* de Foxe y la *Institución* de Juan Calvino siguen siendo títulos de uso corriente, a pesar de que sus fechas de publicación se acercan a los quinientos años.

Para los cristianos evangélicos, la historia de la Reforma es una historia de triunfo. Los estudios de Roper cuentan una historia diferente. En lugar de centrarse en los momentos dramáticos, como el "aquí estoy" de Martín Lutero, se centra en las consecuencias de la Reforma en la ciudad alemana de Augsburgo. En lugar de centrarse en los héroes de la Reforma, Lutero, Calvino y Zwinglio, se centra en cómo la Reforma afectó a la vida de las mujeres corrientes.

Su perspectiva, muy diferente, produce una historia muy distinta: una historia de pérdida más que de ganancia, de mayor subordinación más que de liberación.

Según Roper, los líderes políticos y económicos masculinos de Augsburgo encontraron apoyo en la teología de la Reforma mientras trabajaban para reforzar el control sobre la ciudad y hacerla más estable financieramente. Estos cambios económicos y religiosos endurecieron una "teología de género" para las mujeres que, lejos de mejorar sus vidas, las situó más firmemente bajo la autoridad doméstica de sus maridos. El matrimonio garantizaba a las mujeres estabilidad e importancia, pero su papel cada vez más subordinado las confinaba al trabajo doméstico de baja categoría, aumentaba su dependencia de sus maridos para la supervivencia económica y reducía sus oportunidades económicas y sociales fuera de la estructura del hogar. Se animaba a las mujeres a ser castas, modestas, obedientes y pasivas, mientras que a los hombres se les animaba a ser agresivos, dominantes, controladores y activos. "La herencia del protestantismo para las mujeres era profundamente ambigua", escribe Roper. Aunque podría haber afirmado la igualdad espiritual de las mujeres con los hombres, la Reforma dio paso a un "patriarcalismo renovado" que colocó a las mujeres casadas firmemente bajo la jefatura de sus maridos.[8]

Dejé el libro. Podía oír el zumbido de la conversación desde el aula de mi marido. No recuerdo en qué clase estaba ese día, pero recuerdo la oposición que tenían muchos de sus profesores y compañeros de estudio hacia las mujeres en el ministerio. Había un profesor conocido por dividir a sus alumnos en pequeños grupos permanentes en su clase, y a cada uno de ellos se le encomendaba la tarea de dirigir un debate de grupo. El profesor decía a continuación delante de toda la clase que, si un alumno varón se sentía incómodo con que hubiera una mujer dirigiendo un grupo, debía hacérselo saber. El profesor cambiaría a ese estudiante a un grupo sin mujeres. El mensaje estaba claro: cualquier hombre podía liderar en esa clase, independientemente de sus calificaciones o de lo incómodas que se sintieran las mujeres, pero la posición de todas las mujeres en clase era precaria. La capacidad de una mujer para completar los requisitos del curso dependía de que los alumnos varones le concedieran el permiso para hacerlo.

Por desgracia, la postura de este profesor no era anómala, aunque su táctica fuera más descarada que la de otros profesores. Habían pasado unos años desde que los conservadores tomaran el poder en la Convención Bautista del Sur (CBS), y Paige Patterson reinaba sin

---

[8] Lyndal Roper, *The Holy Household: Women and Morals in Reformation Augsburg* (Oxford: Oxford University Press, 1991), 1-2.

oposición en el Seminario del Sureste. No se permitía a las mujeres participar en los cursos de predicación, y se hacía hincapié en los hombres como líderes y profesores y en las mujeres como esposas y madres que se quedaban en casa. Desde las clases que se ofrecían hasta los profesores que las impartían, pasando por los predicadores en la capilla al presidente que lo supervisaba todo, en el Seminario del Sureste se arraigó firmemente una jerarquía de género que elevaba a los hombres sobre las mujeres.

Sin embargo, acababa de leer un argumento histórico convincente de que las raíces de esta jerarquía de género tenían más que ver con la política y la economía que con el orden divino. Cuando Europa pasó de la era medieval a la era moderna, también cambiaron las ideas políticas sobre el gobierno del Estado y las ideas económicas sobre la gestión empresarial. Estos cambios comenzaron mucho antes de que Lutero clavara sus 95 tesis, por lo que no fueron iniciados por la Reforma Protestante en sí. Pero el cambiante panorama político y socioeconómico de Europa encontró en la teología de la Reforma un socio que le apoyaba. El lenguaje de Dios, argumenta Roper, se casó con la jerarquía de género de la Europa moderna temprana, y la esposa subordinada se convirtió en sinónimo de una mujer piadosa. La feminidad bíblica está arraigada en las estructuras patriarcales humanas que siguen filtrándose en la iglesia, pero el énfasis de la feminidad bíblica en ser esposa se fortaleció y reforzó durante los cambios sociales que se produjeron en el siglo XVI.

### ¿Tenía razón Roper?

Sabía que no iba a conseguir el trabajo.

Estaba en medio de mi presentación como profesora para un puesto de titular en un departamento de religión. Para el tema de mi conferencia, había elegido (bastante mal, en retrospectiva) la historia menos contada de la Reforma: cómo afectó a las mujeres. Los estudiantes, que se alineaban en las dos primeras filas del anfiteatro, prestaban mucha atención a mis palabras. Los profesores bautistas que llenaban la última fila eran una historia diferente.

Me centré en cómo la Reforma elevó el estatus de las esposas, pero también hablé de lo que perdieron las mujeres, como la posibilidad de elegir una vida religiosa en el convento entre una comunidad de mujeres. En lugar de centrarme exclusivamente en el éxito de Lutero, también hablé del estrechamiento de las opciones económicas de las mujeres: a medida que oficios como la medicina se profesionalizaban, las mujeres se veían expulsadas. Además de hablar del sacerdocio de todos los creyentes, hablé de la creciente autoridad de los hombres como jefes de los hogares espirituales: las mujeres ya no se sentaban con sus amigas en la iglesia, como habían hecho durante tanto tiempo, sino que ahora se sentaban junto a su marido, bajo su cuidado visible. No enseñé la narrativa que suele aparecer en los libros de texto de los seminarios y en las historias protestantes. En su lugar, enseñé la narrativa que había aprendido en mi formación como historiadora en la Universidad de Carolina del Norte en Chapel Hill.

No conseguí el trabajo.

Permitidme ser clara. Sé mucho de teología católica, especialmente del cristianismo medieval, y soy comprensiva e incluso empática. Sin embargo, teológicamente estoy de acuerdo con la Reforma. Soy protestante, no solo porque crecí como protestante, sino también porque, como adulta, he elegido seguir siendo protestante. Creo que Lutero tenía razón: sobre la fe, Jesús, el sacerdocio de todos los creyentes y la Biblia. Al mismo tiempo, la Reforma no fue perfecta. Glorificar el pasado porque nos gusta más esa historia no es historia, es propaganda. El hecho de que esté de acuerdo con el resultado de la Reforma desde el punto de vista teológico no significa que piense que todo lo que ocurrió durante la época de la Reforma fue bueno.

Así que hablemos de cómo afectó la Reforma a las mujeres.

Merry Wiesner-Hanks, una respetada historiadora del mundo moderno temprano, ha resumido las diferentes posiciones académicas sobre cómo afectó la Reforma a las mujeres: "Algunos consideran que elevó el estatus de la mayoría de las mujeres al alabar el matrimonio, otros consideran que limitó a las mujeres al negarles la oportunidad de educación e independencia en los monasterios y al enfatizar la obediencia matrimonial, y otros consideran que tuvo poco impacto, siendo su énfasis en el matrimonio una respuesta a los cambios económicos y sociales que ya se habían producido, y no una causa de esos cambios".[9] Los historiadores discrepan en su interpretación de las pruebas, pero están de acuerdo sobre las pruebas en sí.

Por ejemplo, las alternativas de las mujeres al matrimonio disminuyeron, y su dependencia de sus maridos (económica, política, legal, etc.) aumentó. Katharina von Bora (Katie Lutero) es un buen ejemplo. Era una monja fugitiva que se casó con el exmonje Martín Lutero. Lutero enseñó que el matrimonio era lo mejor para el hombre y la mujer, y sus escritos ayudaron a popularizar el papel piadoso de la esposa y la madre. Como explican Katherine French y Allyson Poska en *Mujer y género en el antiguo Occidente*, "a diferencia del catolicismo, Lutero no promovió modelos femeninos de poder espiritual. El Dios de Lutero no estaba influenciado por la Virgen María ni apoyado por la obra de las santas. En lugar de la Virgen María, Lutero ensalzó las virtudes de Marta, la hermana de Lázaro, que se quedaba en la cocina, preparaba la comida y supervisaba la casa". Katharina von Bora encarnó a Marta, convirtiendo el hogar de los Lutero en un santuario doméstico para su familia (dio a luz a seis hijos) y organizando cenas que fomentaron la fama y la influencia de su marido. La teología de su marido sobre el matrimonio fue tan influyente que, como escriben French y Poska, "todos los territorios protestantes aprobaron una ordenanza matrimonial que enfatizaba la obediencia de la esposa".[10] La identidad de las mujeres, tanto dentro como fuera de la iglesia, se entrelazó más firmemente con el hogar. Como dijo Lutero en sus conferencias sobre Génesis: "Pues, al igual que el caracol lleva su casa consigo, la esposa debe quedarse en casa y ocuparse de los asuntos del

---

[9] Merry E. Wiesner-Hanks, *Gender in History: Global Perspectives*, 2ª ed. (Malden, MA: Wiley-Blackwell, 2011), 123-24.

[10] Katherine L. French y Allyson M. Poska, *Women and Gender in the Western Past* (Boston: Houghton Mifflin, 2007), 1:219.

hogar, como quien ha sido privado de la capacidad de administrar los asuntos que están fuera y que conciernen al Estado".[11]

La reputación de Katie como diosa doméstica ayudó a su familia mientras su marido estaba vivo. La mesa donde servían las cenas (reforzada por su ingenio conversacional y la fama de su marido) se convirtió en el lugar de encuentro de toda Europa, desde políticos y dirigentes hasta profesores universitarios, clérigos exiliados y exmonjas. Pero esta fama no la ayudó a ganarse la vida tras su muerte.[12] La muerte de Lutero privó a su familia de ingresos, y Katie y sus hijos se enfrentaron a problemas financieros. Pocas opciones económicas existían para una viuda y exmonja del siglo XVI que carecía de apoyo familiar. Aunque las dificultades de Katie habrían sido comunes incluso para las mujeres medievales (el trabajo de las mujeres seguía siendo de baja categoría y mal pagado), se intensificaron por el cambio de percepción del trabajo. A medida que el hogar se afianzaba como espacio de la mujer, el trabajo profesional se identificaba más firmemente como espacio del hombre. La economía europea se había ido comercializando rápidamente desde finales de la Edad Media: el éxito requería ahora bolsillos más profundos y redes más amplias. El estatus profesional se identificaba más claramente, lo que a menudo requería una formación más intencionada, y las autoridades cívicas establecían con mayor claridad las normas comerciales. Ninguna de estas tendencias favoreció a las mujeres que trabajaban por cuenta ajena.

Judith Bennett cuenta la historia de cómo la elaboración de la cerveza inglesa pasó de ser el trabajo de las mujeres medievales a ser el trabajo profesional de los hombres de principios de la modernidad. En la ciudad cervecera de Oxford del siglo XIV, por ejemplo, las mujeres dominaban el oficio. Cuando las mujeres elaboraban cerveza para sus familias, hacían más para venderla a sus vecinos y ganar un poco

---

[11] Susan C. Karant-Nunn y Merry E. Wiesner-Hanks, *Luther on Women: A Sourcebook* (Cambridge: Cambridge University Press, 2003), 177.

[12] Kirsi Stjerna, *Women and the Reformation* (Malden, MA: Blackwell, 2009), 51-70.

de dinero extra. La elaboración de cerveza para la venta era en su mayoría a pequeña escala, pero ayudaba a las mujeres a contribuir a las necesidades de su hogar. Con el tiempo, la fabricación de cerveza en Oxford se fue regulando: por la universidad, por un gremio de cerveceros y luego por la profesionalización del oficio. Hacia 1600, en lugar de decenas de amas de casa que elaboraban cerveza para sus barrios, unos pocos cerveceros empezaron a abastecer a la ciudad. Estos pocos cerveceros eran hombres. Tenían bolsillos más profundos y más recursos, invirtieron más dinero y desarrollaron nuevas técnicas. También hicieron buenas migas con el gobierno local. Las mujeres no podían competir con estos cerveceros más grandes y profesionales porque tenían menos capital de inversión y menos influencia social.[13] Una mujer que a veces vendía cerveza a sus vecinos podía hacer una buena cerveza, pero no podía competir con los grandes, igual que la mujer actual que vende pasteles en su casa los sábados no puede competir con grandes cadenas de pastelería. Aunque las mujeres fueran mejores cerveceras que los hombres, simplemente no podrían seguir el ritmo de ese mundo cambiante.

Por supuesto, la creciente profesionalización y comercialización no cambió realmente el tipo de trabajo de las mujeres. Las mujeres de la época medieval trabajaban mayoritariamente en empleos mal pagados y de baja categoría, y esto continuó durante la época de la Reforma. Lo que pareció cambiar, o al menos empezar a cambiar para las mujeres protestantes (y esto es lo importante para los evangélicos modernos), es cómo se percibía a las esposas trabajadoras. En la época medieval, las mujeres que elaboraban cerveza eran "esposas de cerveceros". A menudo se identifican así en los registros. Se les identificaba tanto por su trabajo como por su estado civil. Podrían tener más de una identidad. Pero más tarde, a principios de la era moderna, una esposa protestante que fabricaba cerveza era una buena esposa que trabajaba junto a su marido (o que se hacía cargo del oficio de

---

[13] Judith M. Bennett, *Ale, Beer and Brewsters in England: Women's Work in a Changing World, 1300-1600* (Nueva York: Oxford University Press, 1996), 146.

su marido fallecido).[14] Su identidad principal era su estado civil, y su trabajo era secundario. De hecho, su marido llegó a sustituirla como cara pública del negocio.

Las implicaciones de estas ideas cambiantes sobre el trabajo de las mujeres no se materializarían plenamente hasta los siglos XVIII y XIX, como veremos en el capítulo 6. Pero el creciente énfasis en el papel primordial de la mujer como esposa, superando todos los demás llamamientos, tendría un profundo impacto para las mujeres evangélicas modernas.

Por ejemplo, fijaos en el énfasis que se le pone en el matrimonio a las mujeres evangélicas conservadoras hoy en día: a menudo se considera más importante eso que una carrera. El matrimonio, desde la perspectiva evangélica, se sitúa justo después de la salvación en lo que respecta a las decisiones vitales más importantes para las mujeres. El éxito del músico cristiano contemporáneo Wayne Watson, "Somewhere in the World", lo ilustra bien. Publicada en su álbum "Giants in the Land" de 1985, la canción sigue siendo uno de sus temas más reproducidos en Apple Music. Watson canta: "Una niña saldrá a jugar, vestida con la ropa de mamá". A esta niña se le educa en los caminos piadosos de su madre para que ame a Jesús y (según se desprende de la canción) para que aprenda a ser esposa. Watson reza para que la niña venga a Jesús porque algún día "un niño necesitará una esposa piadosa".[15] Esta sentida canción consagra los objetivos de las mujeres cristianas: la salvación y el matrimonio.

El matrimonio (seguido de la maternidad) nos completa. Nunca olvidaré una historia que me contó una de mis primeras mentoras. Era una mujer soltera que se convirtió en misionera. Una vez, cuando era más joven y todavía se estaba entrenando para el campo misionero, le dieron unos pantalones de hombre. Le aconsejaron que los colgara

---

[14] Bennett, *Ale, Beer and Brewsters in England*, 149.

[15] Wayne Watson, "Somewhere in the World", Spotify, pista 6 de Giants in the Land, World Entertainment, 1985.

en su cama y rezara para que Dios los llenara. Todavía puedo verla riéndose mientras nos contaba la historia.

Aunque las mujeres pueden aspirar a otras metas, el matrimonio y la familia deben ser la prioridad. La ESV tiene páginas con recursos para el matrimonio y la moralidad sexual. En esas páginas se puede leer lo siguiente: "La unión de un hombre y una mujer en el matrimonio es uno de los aspectos *más básicos* y también *más profundos* de haber sido creados a imagen de Dios".[16] El énfasis en "más básico" y "más profundo" es mío, pero estas palabras son lo más crucial de la frase: los recursos de la ESV implican que, puesto que somos creados a imagen de Dios, deseamos la unión del matrimonio. El matrimonio (desde la perspectiva evangélica) nos completa. Esto se pone de manifiesto en los debates actuales sobre la trinidad, que trataré en el capítulo 7. Algunos de los eruditos y pastores evangélicos que más hablan de la jefatura masculina y la sumisión femenina argumentan que la relación entre marido y mujer es un modelo de la relación entre Dios Padre y Dios Hijo. Las esposas siguen el liderazgo de sus maridos, al igual que Jesús sigue el liderazgo del Padre. Argumentan que la jerarquía matrimonial, al igual que el matrimonio en sí, se nutre de la *imago Dei*.

De hecho, los cristianos evangélicos nos centramos tanto en el matrimonio que descuidamos las llamadas vocacionales de las mujeres profesionales y las opciones de las mujeres solteras. Esto es muy corto de miras, dado que muchas mujeres evangélicas siguen trabajando fuera de casa. "Los cristianos que están preocupados por la influencia del feminismo, o por la ruptura de la familia, no tendrán mucha suerte cuando les digan a las mujeres casadas que dejen de trabajar", escribe Katelyn Beaty en *El sitio de una mujer*. "Las mujeres ya están trabajando: en el hogar, fuera de él, para sus familias, para

---

[16] Yusufu Turaki, "Marriage and Sexual Morality", ESV.org, https:// www. esv.org/resources/esv-global-study-bible/marriage-and-sexual-morality.

sus vecinos, para la gloria de Dios".[17] También es corto de miras si consideramos el número de mujeres evangélicas que permanecen solteras. Mi amiga y compañera historiadora de Baylor, Andrea Turpin, escribe sobre las "microagresiones a la soltería" en las iglesias evangélicas: "Como cuando alguien en la iglesia pregunta: '¿por qué no estás casada?' antes de añadir: '¡si eres estupenda!'".[18] El mundo de la Reforma elevó el matrimonio como el estado ideal para las mujeres, y los evangélicos, que se identifican fuertemente con el legado de la Reforma (¿te acuerdas de lo bien que se vendió la figurita de Martín Lutero?), han hecho lo mismo, en detrimento no solo de las mujeres solteras y trabajadoras, sino también de las casadas.

## La ironía de la teología de la Reforma para las mujeres

La teología de la Reforma debería haber liberado a las mujeres, pero no lo hizo. Cuando enseño la segunda mitad de mi curso sobre historia de la mujer europea, que abarca aproximadamente desde 1215 hasta 1918, utilizo mi propia interpretación de la frase de Virginia Woolf "una habitación propia" para explicar las diferencias históricas dentro de la continuidad de la vida de las mujeres.[19] Las mujeres, a lo largo de la historia, viven dentro de los confines del patriarcado. Bennett lo describe como el equilibrio patriarcal. Independientemente de la libertad que tengan las mujeres, siempre tienen menos que los hombres. Sin embargo, el equilibrio patriarcal es un continuo, no una norma fija. Los límites del patriarcado aumentan y disminuyen, el tamaño de la habitación de una mujer (el espacio donde puede tomar

---

[17] Katelyn Beaty, *A Woman's Place: A Christian Vision for Your Calling in the Office, the Home and the World* (Nueva York: Howard, 2016), 109.

[18] Andrea L. Turpin, "All the Single Ladies in the Church", The Anxious Bench (blog), 8 de enero de 2020, https://www.patheos.com/blogs/anxiousbench/2020/01/all-the-single-ladies-in-the-church.

[19] Virginia Woolf, *A Room of One's Own* (Nueva York: Harcourt, Brace, 1929).

sus propias decisiones) cambia. Algunas mujeres tienen habitaciones más grandes, como las mujeres ricas con maridos y padres de las clases sociales más altas. Algunas mujeres tienen habitaciones más pequeñas, como las mujeres más pobres de familias con poca influencia política y social. Circunstancias históricas, como las secuelas de la peste negra en Europa, ampliaron temporalmente las habitaciones de las mujeres al aumentar su independencia como asalariadas, mientras que otras circunstancias históricas, como la democracia ateniense, redujeron las habitaciones de las mujeres.

Si observamos el conjunto de la historia, encontramos algunas pautas interesantes en cuanto al tamaño de las habitaciones de las mujeres. Cuando las estructuras políticas y sociales están menos centralizadas y menos claramente definidas, las mujeres suelen tener más capacidad de acción, sus habitaciones son más grandes. No es casualidad que los relatos de las mujeres con más autoridad en la historia del cristianismo procedan del siglo IV al X, cuando las estructuras de autoridad del cristianismo (por no hablar de las estructuras políticas a las que se vinculó el cristianismo) eran más fluidas. Tampoco es casualidad que, después de que la jerarquía eclesiástica se centralizara y se hiciera más poderosa durante la Edad Media central, la capacidad de las mujeres para ejercer la autoridad formal disminuyera, las habitaciones de las mujeres se hicieron más pequeñas. Siempre hay excepciones, por supuesto, pero estos patrones generales son claros.

Consideremos, por ejemplo, el campo misionero moderno. Las estructuras de poder y la autoridad centralizada son a menudo menos accesibles y están menos claramente definidas, lo que deja espacio para que las mujeres evangélicas conservadoras lideren como predicadoras y maestras en el campo misionero de una manera que no pueden cuando regresan a sus iglesias de origen. Margaret Bendroth, en su clásico *Fundamentalismo y género, desde el año 1875 hasta la actualidad*, señala que "cuando la misión China Inland solicitó doscientos voluntarios en 1929, el 70% de los que partieron hacia China al año siguiente eran mujeres, y todas ellas, excepto cuatro, eran solteras".[20] Pero las oficinas de origen que las enviaron estaban dirigidas predominantemente por hombres, y cuando las mujeres volvieron a casa, se les recordó rápidamente el lugar que ocupaban: bajo la autoridad masculina.

La Reforma introdujo una teología sobre el liderazgo eclesiástico que, irónicamente, redujo las habitaciones de las mujeres evangélicas. Tomada al pie de la letra, la teología de la Reforma debería haber ampliado las habitaciones de las mujeres. Los sacerdotes ya no eran necesarios, ya que todos los creyentes tenían acceso directo a Dios. Aunque el cuerpo femenino seguía siendo el "sexo débil", ya no se consideraba impuro.

Se entendía que tanto el hombre como la mujer habían sido creados a imagen y semejanza de Dios, y la unión del hombre y la mujer en el matrimonio se consideraba el estado ideal deseado por Dios, incluso para el clero. Las mujeres medievales tuvieron que trascender su sexo para ganar autoridad en la Iglesia medieval. Pero las mujeres protestantes no tenían que hacer esto: sus cuerpos no eran un problema espiritual. De hecho, las mujeres protestantes eran celebradas por su papel de esposas y madres. Entonces, ¿no podían ahora las mujeres predicar y enseñar igual que los hombres? ¿El sacerdocio de todos los creyentes no se aplicaba a las mujeres igual que a los hombres?

Algunas mujeres lo pensaban.

Insistieron en que la enseñanza de la Reforma hizo que sus habitaciones fueran más grandes.

Por ejemplo, Katherine Zell, esposa del reformador de Estrasburgo, Matthew Zell, exigió que se la juzgara "no según los criterios de una mujer, sino según los criterios de alguien a quien Dios ha llenado con

---

[20] Margaret Bendroth, *Fundamentalism and Gender, 1875 to the Present* (New Haven: Yale University Press, 1993), 88-89.

el Espíritu Santo".[21] Argula von Grumbach, una mujer alemana que se convirtió al protestantismo a pesar de que su marido seguía siendo católico y que se convirtió en una de las más firmes defensoras de la Reforma (llegando a publicar ocho obras entre 1523 y 1524 en defensa del luteranismo), pensaba sin duda que tenía el derecho que Dios le había otorgado de enseñar y predicar. En una carta dirigida a la Universidad de Ingolstadt en la que defendía el luteranismo de un joven profesor, proclamaba: "Lo que os he escrito no es una cháchara de mujer, sino la palabra de Dios, y [escribo] como miembro de la Iglesia cristiana contra la que no pueden prevalecer las puertas del infierno".[22] Conocía los escritos de Pablo, pero no creía que se aplicaran a ella. "No desconozco las palabras de Pablo de que las mujeres deben guardar silencio en la iglesia", escribió, "pero cuando veo que ningún hombre quiere o puede hablar, me siento impulsada por la palabra de Dios cuando dijo: 'Al que me confiese en la tierra, yo lo confesaré, y al que me niegue, yo lo negaré'".[23]

Anne Askew, una reformista inglesa, también creía que las mujeres tenían autoridad para hablar. Acusada de herejía, replicó cuando se le citó la directiva de Pablo de que las mujeres "guardaran silencio". La predicación solo tiene lugar detrás de un púlpito, y como ella no estaba detrás de un púlpito, no estaba predicando. Como explicó, después de que el canciller de Edmund Bonner, el entonces obispo de Londres (1539-49 y 1553-59), le citara a Pablo, "le respondí que yo conocía el significado de Pablo tan bien como él, que es en 1 Corintios 14 que una mujer no debe hablar en la congregación a modo de enseñanza. Y entonces le pregunté, ¿cuántas mujeres había visto subir al púlpito y predicar? Dijo que nunca había visto ninguna. Entonces le dije que no debería encontrar ninguna falta en las pobres mujeres, a menos

---

[21] Merry E. Wiesner-Hanks, *Women and Gender in Early Modern Europe*, 3ª ed. (Cambridge: Cambridge University Press, 2008), 216.

[22] Argula von Grumbach, *A Woman's Voice in the Reformation*, ed. Peter Matheson (Edimburgo: T&T Clark, 1995), 90.

[23] Wiesner-Hanks, *Women and Gender in Early Modern Europe*, 216.

que hayan ofendido la ley".[24] En otras palabras, ella argumentó que tenía el derecho de hablar la Palabra de Dios y enseñar a los hombres, siempre y cuando se mantuviera fuera del espacio oficial de predicación. Además, como se había mantenido fuera del espacio oficial de predicación, el canciller no tenía derecho a acusarla porque no había infringido ninguna ley.

El mundo moderno temprano no estaba de acuerdo con estas mujeres. "El deseo de Zell nunca se cumplió", escribe Wiesner-Hanks, "y los escritos de las mujeres siempre fueron juzgados en primer lugar por su género. El marido de Argula von Grumbach recibió la orden de obligarla a dejar de escribir".[25] En cuanto a Anne Askew, fue quemada en la hoguera por herejía.

¿Cuál era el problema? ¿Por qué la teología protestante no autorizó a las mujeres a enseñar y predicar, a pesar de haber declarado el sacerdocio de todos los creyentes y sancionado el lecho matrimonial? La respuesta a von Grumbach nos da una pista. En lugar de ordenarla a ella que dejara de predicar y escribir, se ordenó a su marido que la detuviera. Ella estaba bajo su autoridad. El problema era lo que Roper llama el "hogar sagrado". Puede que la teología de la Reforma eliminara a los sacerdotes, pero los sustituyó por los maridos. Las homilías de los Tudor de 1563, una serie de sermones autorizados por la Iglesia anglicana, lo muestran claramente: "Las mujeres estén sujetas a sus maridos como al Señor, porque el marido es la cabeza de la mujer, como Cristo es la cabeza de la Iglesia. Entendéis que Dios ha ordenado que reconozcáis la autoridad del marido, y le remitáis el honor de la obediencia".[26] El sermón continúa, enfatizando que las esposas deben cubrirse la cabeza como señal de sumisión. En un inquietante eco del antiguo paterfamilias romano, el hogar ordenado volvió

---

[24] *Writings of Edward the Sixth: William Hugh, Queen Catherine Parr, Anne Askew, Lady Zane Grey, Hamilton and Balnaves* (Londres: Religions Tract Society, 1836), 12.

[25] Wiesner-Hanks, *Women and Gender in Early Modern Europe*, 217.

[26] Citado en Wiesner-Hanks, *Women and Gender in Early Modern Europe*, 281.

a ser el barómetro tanto del Estado como de la Iglesia, y el poder menguante del sacerdote católico se equilibró con el poder creciente del marido protestante.

## Un Pablo remodelado

El mundo medieval defendía la exclusión de las mujeres del liderazgo eclesiástico basándose en la inferioridad del cuerpo femenino y el papel subordinado de las esposas. Pero como no todas las mujeres eran esposas, y como algunas mujeres podían trascender sus cuerpos, existían permisos especiales para que las mujeres predicaran, enseñaran y dirigieran. La historiadora Nicole Beriou describe cómo Eustaquio de Arras, sacerdote franciscano del siglo XIII, explicaba la predicación de las mujeres. Según Eustaquio, el Espíritu Santo sí inspiró a mujeres como María Magdalena y Tecla a predicar y les dio autoridad espiritual, igual que a los hombres. Pero estas mujeres eran excepciones. No estaban casadas, por lo que, explica Eustaquio, "la interdicción de San Pablo no les afectaba, sino que se dirigía solo a las mujeres casadas". Las mujeres en general no tenían derecho a predicar, pero "se podía reconocer un cierto derecho a hablar con autoridad a aquellas mujeres que tuvieran el don especial de profecía" y no estuvieran casadas.[27]

Esto cambió después de la Reforma.

El mundo moderno temprano argumentó a favor de la exclusión de las mujeres sobre la base de una teología de género emergente que enfatizaba las diferencias entre las mujeres y los hombres en lugar de su igualdad espiritual, y sobre la base de una comprensión ampliada de las prescripciones paulinas y los códigos domésticos. Las palabras de Pablo se aplican ahora a todas las mujeres, no solo a las esposas, y se subraya la importancia de que las mujeres sean esposas.

---

[27] Nicole Beriou, "The Right of Women to Give Religious Instruction in the Thirteenth Century", en *Women Preachers and Prophets through Two Millennia of Christianity*, ed. Beverly Mayne Kienzle y Pamela J. Walker (Berkeley: University of California Press, 1998), 138-39.

Confieso que, como mujer evangélica, me sorprendió que la Reforma hiciera tanto énfasis en los textos paulinos sobre la mujer. Recuerdo haber leído un comentario improvisado del historiador de la Iglesia medieval R. N. Swanson acerca de que los códigos domésticos paulinos no eran ni de lejos tan importantes para los cristianos medievales como los historiadores modernos pensaban.[28] Puse signos de exclamación y subrayé el comentario. "¿En serio?", escribí en el margen. No podía imaginarme un mundo en el que la sumisión con gracia no llenara las páginas de los estudios bíblicos de las mujeres y en el que la autoridad de los maridos no se predique regularmente desde el púlpito. No podía imaginar un mundo de sermones sobre el matrimonio que no se centraran en Efesios 5.

Pero mi propia investigación sobre los sermones ingleses de finales de la Edad Media me mostró que ese mundo existía.

Los predicadores medievales sí predicaban a Pablo. De hecho, los pasajes de las Escrituras más citados en los sermones ingleses de finales de la Edad Media, después de Mateo 25:31-41 (que se cita en más de cincuenta manuscritos de sermones), son textos paulinos. Sin embargo, estos sermones guardan un silencio casi absoluto sobre las prescripciones paulinas y los códigos domésticos para las mujeres. Como revelé en mi discurso presidencial en la Conferencia sobre Fe e Historia de 2018, he descubierto que los textos paulinos habitualmente sospechosos (1 Corintios 11:3, 14; Efesios 5; Colosenses 3; 1 Timoteo 2; Tito 2) aparecen solo en un puñado de los 120 manuscritos de sermones ingleses de la Baja Edad Media que he estudiado.[29] En las pocas ocasiones en las que se utilizan estos textos paulinos en los sermones medievales, no se centran en los roles femeninos.

---

[28] R. N. Swanson, *Religion and Devotion in Europe* (Cambridge: Cambridge University Press, 1995), 304.

[29] Aquí amplío este argumento: Beth Allison Barr, "Paul, Medieval Women and Fifty Years of the CFH: New Perspectives", Fides et Historia 51, n° 1 (invierno/primavera 2019): 1-17.

Tomemos, por ejemplo, 1 Timoteo 2:15: "Sin embargo, ella se sal-vará teniendo hijos". En uno de los dos únicos sermones medievales que tratan este versículo, el sermón presenta a la mujer (el "ella" del versículo) como un ejemplo para todos los cristianos, que deben pasar por el dolor (como el parto) de limpiarse del pecado antes de experi-mentar la alegría de la salvación (el propio niño). En otras palabras, el sermón interpreta la afirmación de Pablo de que las mujeres "se salvarán por medio de la maternidad" no como una forma de imponer estrictos roles de género o de enfatizar las responsabilidades domés-ticas de las mujeres o incluso de destacar a las mujeres como madres. Este autor de sermones medievales es claramente consciente de las palabras de Pablo en 1 Timoteo 2:15, pero las utiliza para animar a todos los cristianos a afrontar el dolor del arrepentimiento y la peni-tencia para poder renacer a la alegría de la salvación.

Los predicadores medievales predicaban a Pablo, pero su objetivo principal era enseñar a los feligreses a encontrar la redención mediante la participación en los sacramentos y las prácticas de la Iglesia católica medieval. Utilizaron a Pablo para reforzar estas lecciones medievales, y las mujeres se volvieron mucho más importantes como ejemplos de fe para la agenda religiosa medieval que como ejemplo de sumisión y domesticidad. La mujer salvada a través de la maternidad como ejemplo del proceso de santificación para todos los cristianos era más importante para la teología medieval que vincular la salvación de las propias mujeres a sus capacidades reproductivas.

En la mayoría de los casos no se predicaba a Pablo en los sermones medievales para reforzar el papel subordinado de las mujeres.

Los primeros predicadores modernos también conocían a Pablo. Pero, a diferencia de sus homólogos medievales, predicaban a Pablo para imponer el papel subordinado de la mujer dentro del hogar. Los primeros sermones modernos hacen hincapié en el comportamiento piadoso como reflejo del estado espiritual. La adhesión a las prescrip-ciones paulinas se convirtió en un barómetro de la salud espiritual de las familias, y las mujeres, como modelos de sumisión y domesticidad, se convirtieron en ejemplos fundamentales para la teología protestante. Esto se aleja de los sermones del mundo medieval.

Lancelot Andrewes, en un sermón publicado póstumamente en 1657, interpreta así 1 Timoteo 2:15: "El deber doméstico de preservar el hogar le corresponde a ella, como está escrito en Proverbios 31:21. Debe quedarse en casa (...). La casa en la Sagrada Escritura se toma por los hijos, a los que debe dar a luz y educar en el temor de Dios, *La esposa se salvará teniendo hijos, dice Pablo en 1Ti 2:15*".[30] El autor del sermón medieval utiliza las palabras de Pablo en 1 Timoteo 2:15 para animar a todos los cristianos a afrontar el dolor del arrepentimiento y la penitencia para poder renacer a la alegría de la salvación. Andrewes, en marcado contraste, utiliza las palabras de Pablo como evidencia de la sujeción divinamente ordenada de las mujeres y de su vocación divinamente ordenada como (si se me permite usar un término moderno) amas de casa.

Dejadme ofreceros un ejemplo más.

En 1690, Isaac Marlow, miembro de la iglesia bautista del ministro Benjamin Keach, publicó un tratado que contrarrestaba la enseñanza de Keach de que cantar himnos en la congregación era importante.

Marlow argumentaba que cantar no era bíblico porque si toda la congregación cantaba, las mujeres también lo harían:

Que las mujeres no deben enseñar ni orar vocalmente en la Iglesia de Cristo es algo que creen generalmente todos los cristianos ortodoxos y se afirma en 1 Corintios 14:34-35 (*que vuestras mujeres guarden silencio en las iglesias, porque no les está permitido hablar*) y en 1 Timoteo 2, 11, 12. (*que las mujeres aprendan en silencio con toda sujeción, pero no permito que una mujer*

---

[30] Lancelot Andrewes, *Apospasmatia Sacra; or, A Collection of Posthumous and Orphan Lectures Delivered at St. Paul's and St. Giles His Church by the Right Honourable Reverend Father in God, Lancelot Andrewes* (Londres: R. Hodgkinsonne, 1657), 235 (cursiva añadida).

*enseñe, ni que usurpe la autoridad sobre el hombre, sino que aprenda en silencio).* Por lo tanto, me maravilla enormemente que un hombre afirme y admita una práctica como el canto de las mujeres, y que una mujer se atreva a cantar en la Iglesia de Cristo, cuando Él lo prohíbe positiva y claramente en su Palabra: porque cantar es enseñar, Colosenses 3:16, y hablar, Efesios 5:19. Ambas cosas están claramente prohibidas a las mujeres en la Iglesia.[31]

Aunque estaba de acuerdo en que el mandato de Pablo prohibía a las mujeres el liderazgo de la iglesia, Keach argumentó que el canto "no es una forma ministerial y, por lo tanto, no es la intención del Espíritu de Dios aquí, predicar o enseñar no es cantar, ni cantar predicar o enseñar. Tú [Isaac Marlow] debes aprender a distinguir mejor entre los diferentes deberes y ordenanzas, antes de encargarte de enseñar a otros".[32]

Desde mi perspectiva medieval, me llama la atención este diálogo inspirado en el sermón. Aunque Keach defendió el derecho de las mujeres a cantar, lo hizo aceptando la prohibición paulina a que las mujeres enseñen y prediquen. Las mujeres podían cantar solo porque el canto no entraba en el ámbito de 1 Corintios y 1 Timoteo. En otras

---

[31] Isaac Marlow, *A Brief Discourse concerning Singing in the Public Worship of God in the Gospel-Church* (Londres: n.p., 1690), 21, citado en Beth Allison Barr, "Women in Early Baptist Sermons: A Late Medieval Perspective", Perspectives in Religious Studies 41, nº 1 (2014), 13-29. En este artículo también amplío mi argumento paulino.

[32] Benjamin Keach, *An Answer to Mr. Marlow's Appendix* (Londres: n.p., 1691), 34-35. El ministro Hanserd Knollys también rechazó la interpretación de Marlow. Como respondió Knollys, "las mujeres tienen la esencia del canto (al igual que los hombres) tanto en sus almas como con sus voces, y se les permite hablar en todas las Iglesias de los Santos". Hanserd Knollys, *An Answer to a Brief Discourse concerning Singing in the Publick Worship of God in the Gospel-Church by I. M. 1690* (Londres: n.p., 1691), 11-12.

palabras, en la época de la Reforma se produjo un cambio en la forma en que los predicadores utilizaban a Pablo. En lugar de tener siempre graves consecuencias para las mujeres, Pablo tuvo un menor impacto en las actitudes hacia las mujeres dentro de los sermones ingleses de finales de la Edad Media. Sin embargo, tras la Reforma, Pablo llegó a definir la feminidad cristiana. Recordemos que fueron las homilías de los Tudor de 1563 las que declararon que la posición de la mujer en la iglesia y en el hogar estaba subordinada: "Las mujeres estén sujetas a sus maridos como al Señor, porque el marido es la cabeza de la mujer, como Cristo es la cabeza de la Iglesia. Entendéis que Dios ha ordenado que reconozcáis la autoridad del marido, y le remitáis el honor de la obediencia".[33] La mujer piadosa era sumisa y silenciosa, tal como Pablo declaró que debía ser.

Por supuesto, la pregunta es ¿por qué?

¿A qué se debe este cambio en el uso de los textos paulinos con respecto a las mujeres?

En primer lugar, el programa de predicación propuesto en el siglo XIII y reforzado en el siglo XV dictaba una enseñanza centrada en los fundamentos de la fe. Desaconsejaba activamente predicar a la gente corriente sobre temas más complejos y potencialmente controvertidos. En segundo lugar, el énfasis teológico en la redención a través de la penitencia, arraigado en la comunidad sacramental de la Iglesia medieval, configuró profundamente la forma en que los predicadores predicaban a Pablo en los sermones medievales, haciendo hincapié en la fe de las mujeres como algo más importante que su sexo.[34]

Por último, la realidad medieval era que la mayoría de los hombres nunca serían sacerdotes, lo que los situaba (extrañamente) en un plano de igualdad espiritual con las mujeres. La jefatura espiritual del marido

---

[33] Citado en Wiesner-Hanks, *Women and Gender in Early Modern Europe*, 281.

[34] Beth Allison Barr, "'She Hungered Right So after God's Word': Female Piety and the Legacy of the Pastoral Program in the Late Medieval English Sermons of Bodleian Library MS Greaves 54", Journal of Religious History 39, n° 1 (marzo de 2015): 31-50.

no importaba tanto en un mundo patriarcal en el que tanto el marido como la mujer debían pasar como individuos por un sacerdote para obtener los sacramentos necesarios. Pero sí importaba en un mundo en el que el patriarcado ya era la norma y las mujeres tenían potencialmente tanto poder espiritual como los hombres. El patriarcado tuvo que cambiar de forma para adaptarse al nuevo mundo de la Reforma. Como explica Roper, "los valores del moralismo evangélico se combinaron con una tradición conservadora más antigua que definía a las mujeres como esposas sometidas a sus maridos. (...) Lejos de respaldar vidas espirituales independientes para las mujeres, la Reforma institucionalizada tuvo más éxito cuando más insistió en una visión de incorporar a las mujeres en el hogar bajo el liderazgo de sus maridos".[35] El énfasis en los textos paulinos por parte de los primeros reformadores modernos vio la luz en un mundo secular que ya se apoyaba en una jerarquía de género. En vez de revivir un modelo bíblico, los reformadores protestantes simplemente estaban mapeando la Escritura dentro una estructura secular ya existente. En vez de transformar la sociedad, los escritos de Pablo se utilizaron para apuntalar las prácticas patriarcales que ya se estaban desarrollando en el mundo moderno temprano.

## Una familia remodelada

Dimos con la iglesia por accidente.

Era marzo de 2003, estaba escribiendo el último capítulo de mi tesis doctoral e hice un viaje de última hora a Inglaterra con mis padres. Estaba buscando siete fuentes sacramentales en la costa este de Inglaterra. Ann Eljenholm Nichols ha escrito sobre estos "signos visibles", argumentando que los feligreses tallaron las pilas bautismales de piedra en un intento de combatir la herejía del siglo XV. Los feligreses reinscribían literalmente la ortodoxia inscribiendo en la

---

[35] Roper, *Holy Household*, 2.

piedra escenas de su fe.[36] Varias de las imágenes muestran a mujeres interactuando con los sacerdotes, y por eso quería verlas. Así que para allá nos fuimos: mis padres y yo condujimos por la campiña británica durante siete días enteros buscando pilas bautismales del siglo XV.

Solo cometimos un par de errores mientras buscábamos las iglesias, y este fue uno de ellos. Había dos iglesias diferentes en dos ciudades distintas que sin embargo compartían nombre: Wilby. Condujimos hasta el Wilby equivocado.

Pero fue un error que valió la pena, porque dimos con la iglesia de Todos los Santos de Wilby.

Era la primera vez que veía una iglesia con bancos cerrados (como en cubículos) del siglo XVII. No quedan muchos restos de iglesias medievales en Inglaterra de antes de la Reforma. Las secuelas de la reforma de Enrique VIII (1533-36), que incluyó la disolución de los monasterios (una bonita forma de describir el saqueo y la destrucción de las iglesias medievales), combinadas con el caos de la guerra civil inglesa (1642-49) y las llamadas "restauraciones" victorianas (1840-75), dejaron poco que los feligreses medievales pudieran reconocer. Los vibrantes colores de las vidrieras medievales y las pinturas interiores de las paredes de la iglesia se han perdido casi por completo, destrozados los primeros y encaladas las segundas. Las naves medievales, que solían estar abarrotadas de cantos y separadas del altar con elaboradas barandillas y rejas, están ahora llenas de sillas y púlpitos. Las iglesias de la Inglaterra medieval eran coloridas, ruidosas y llenas de incienso, y la iglesia en la que acabábamos de entrar se alejaba tanto de esas iglesias como el desayuno inglés completo que nos habíamos tomado y las gachas medievales. Pero la Iglesia de Todos los Santos de Wilby escapó en su mayor parte de las restauraciones victorianas, por

---

[36] Ann Eljenholm Nichols, *Seeable Signs: The Iconography of the Seven Sacraments, 1350-1544* (Woodbridge, Reino Unido: Boydell & Brewer, 1997).

lo que sigue en pie como testimonio de la Iglesia anglicana en vísperas de la guerra civil.

Dos elementos dominaban el pequeño y luminoso espacio: el gran púlpito de dos pisos fijado en la pared, al que se accedía por una escalera circular, y los residuales bancos con separaciones que bordeaban parcialmente el pasillo. Me quedé mirando esos espacios aislados, imaginando a las familias que entraban en cada uno de ellos, cerrando la puerta para "dejarlos cerrados" mientras duraba el servicio.

Mis ojos, entrenados en la historia medieval, miraban fijamente aquellos bancos cerrados. Pude vislumbrar, quizá por primera vez, lo mucho que la Reforma había cambiado el culto cristiano. En las iglesias medievales, las mujeres y los hombres se reunían en lados opuestos de la iglesia, independientemente de sus afiliaciones familiares. Probablemente por eso el saludo "Hombres y mujeres buenos" era la forma favorita de los predicadores medievales para abrir sus sermones, casi puedo verlos mirando primero a su izquierda, dando la bienvenida a los "hombres buenos" antes de girar a su derecha y dar la bienvenida a las "mujeres buenas". Las bodas de hoy en día siguen haciéndose eco de esta antigua disposición medieval, ya que la novia se sitúa a la derecha del pastor y el novio a la izquierda. Agrupar a las mujeres y a los hombres por su sexo en lugar de por sus familias fomentó las comunidades parroquiales de un solo sexo que florecieron en la Inglaterra bajomedieval. Uno de los primeros artículos que leí de la historiadora Katherine French hablaba de las comunidades eclesiásticas medievales para mujeres. Estos grupos, argumenta French, no solo construyeron una comunidad, sino que también ampliaron la capacidad de acción de las mujeres en las iglesias de la Baja Edad Media, al tiempo que reforzaban las normas de género aceptadas. Escribe lo siguiente: "Podemos imaginar que, en los grupos de esposas, las mujeres encontraban tanto consuelo como consejo para ayudarlas en los matrimonios difíciles, el nacimiento y la muerte de los hijos, y la gestión de un hogar. A través de estos grupos, las mujeres podían crear sus propias jerarquías, basadas en cierto modo en el estatus familiar y la riqueza, pero también en criterios menos visibles, como la piedad, la fertilidad o la personalidad".[37] French muestra cómo, a través de estas comunidades femeninas, las mujeres ampliaron su autoridad doméstica al espacio de la iglesia. "Juntas crearon oportunidades para la acción colectiva y crearon visibilidad en nombre de la salvación".[38]

Pero estos grupos se perdieron con la Reforma, ya que la unidad familiar pasó a ser primordial.

En lugar de sentarse con sus comunidades femeninas, las mujeres pasaron a sentarse con sus familias. En lugar de que el predicador dirigiera su sermón a los "hombres y mujeres buenos", ahora lo dirigía sobre todo a los líderes espirituales de la casa: los "hombres, padres y hermanos", tal y como se dirigía un predicador a su audiencia.[39] De pie en esa iglesia reformada, casi podía oír los cambios producidos tras la Reforma. Casi podía ver a las mujeres en fila con sus hijos dentro de los bancos cerrados, sentadas literalmente bajo la creciente autoridad de sus maridos. French no se refiere a los bancos de las iglesias cuando describe el impacto de la Reforma en las mujeres de la parroquia inglesa, pero sus palabras siguen siendo válidas. A medida que las actividades femeninas se reorientaban hacia el hogar, las mujeres se volvían menos "colectivas, visibles y activas" en la parroquia bajomedieval. "La agencia laica que estaba en el centro de la capacidad de las mujeres para convertir la parroquia en un foro para sus propias prácticas espirituales terminó, ya que la familia se fue convirtiendo cada vez más en una unidad religiosa que se exhibía en la parroquia".[40]

---

[37] Los grupos existían para todas las mujeres, no solo para las esposas, aunque estas son el objeto de la observación de French. Katherine L. French, *The Good Women of the Parish: Gender and Religion after the Black Death* (Philadelphia: University of Pennsylvania Press, 2008), 156.

[38] French, *Good Women of the Parish*, 221.

[39] Beth Allison Barr, "'He Is Bothyn Modyr, Broþyr & Syster vn-to Me': Women and the Bible in Late Medieval and Early Modern English Sermons", Church History and Religious Culture 94, n° 3 (verano de 2014): 297-315.

[40] French, *Good Women of the Parish*, 226-27, 230.

La identidad de las mujeres estaba ahora subsumida en la familia. Sí, el papel de esposa había sido elevado, pero a un alto precio.

Me encanta cómo concluye French su libro *Las buenas mujeres de la parroquia*:

> Sin duda, algunas mujeres se alegraron de la abolición de las cuotas gremiales, de la veneración de las imágenes de los santos y de la pompa y el ritual del manual de Sarum. Sin embargo, las que quisieran encontrar sentido en esta nueva Iglesia necesitaban desarrollar un nuevo conjunto de habilidades y acciones, a partir de las cuales pudieran crear el sentido religioso. Para algunas, la alfabetización, la relación personal con Dios y el aumento del papel de la fe en lugar de las obras fueron esas nuevas habilidades y acciones. Para otras, incapaces de leer e incapaces de escuchar la Palabra de Dios con las amigas que les apoyaban en los momentos difíciles, no era suficiente.[41]

Soy una mujer protestante, y estoy agradecida por los cambios teológicos realizados por el mundo de la Reforma. Pero como historiadora, sé que estos cambios tuvieron un coste. A medida que el papel de esposa se ampliaba, las oportunidades para las mujeres fuera del matrimonio se reducían. La familia se convirtió no solo en el centro del mundo de la mujer, sino en su principal identidad como buena cristiana. La subyugación de la mujer es, en efecto, una constante histórica, pero eso no la convierte en algo divinamente ordenado. Si bien los escritos de Pablo sobre las mujeres se conocieron constantemente a lo largo de la historia de la Iglesia, no fue hasta la época de la Reforma que comenzaron a utilizarse sistemáticamente para mantener a las mujeres fuera de los roles de liderazgo. En vez de ser las Escrituras las que transformaran la sociedad, fue la sociedad la que transformó el modo en que los primeros cristianos modernos interpretaban la Biblia, y esto se vio agravado (como veremos en el próximo capítulo) por la proliferación de la Biblia inglesa.

---

[41] French, *Good Women of the Parish*, 230.

**TODAVÍA ME ACUERDO** de lo frustrada que estaba. En nuestra iglesia, yo dirigía el grupo de jóvenes de los miércoles por la noche, pero debido a la postura pastoral sobre la jefatura masculina, solo podía enseñar a las adolescentes. Normalmente, mi marido y yo evitábamos enseñar directamente sobre el papel de la mujer en la iglesia. Nos esforzábamos por no contradecir públicamente la posición pastoral.

Esta noche, una de las adolescentes estaba dirigiendo. Parte de nuestra filosofía era enseñar a los jóvenes las habilidades que necesitarían para convertirse en líderes de la iglesia, lo que incluía la enseñanza de la Biblia. Así que trabajamos con ellos en la preparación de lecciones, en la búsqueda de recursos y cómo dirigir las propias lecciones. Esta estudiante estaba hablando acerca de qué significa ser una esposa cristiana. Debido a la postura complementarista de la iglesia, no podía rechazar su elección. Tampoco podía contradecirla. Solo podía escucharla.

Me senté mirando la Biblia que tenía delante de mí. Era la Nueva Versión Internacional de Hoy (TNIV, por sus siglas en inglés) que mi marido me había regalado al principio de nuestro matrimonio. La escuché mientras leía la ESV (Versión Inglesa Estándar). Escuché cómo argumentaba a partir de las Escrituras que la vocación principal de la mujer era ser esposa y madre. Escuché cómo decía que los hombres estaban llamados a liderar, porque en la Biblia solo se menciona a hombres en posiciones de liderazgo, mientras que las mujeres estaban llamadas a seguir.

Cuando terminó la reunión, me subí al coche y me quedé ahí sentada. Muchos de los versículos que la chica había leído tenían una traducción sesgada. Puede que la imagen de esposas y madres sumisas que están bajo el liderazgo de sus maridos y de los líderes masculinos de la iglesia fuera muy clara. Pero la traducción que estaba utilizando, esa modernísima traducción de la Biblia al inglés, le hacía creer que lo que estaba enseñando era una lectura sencilla de las Escrituras, mientras que, como historiadora, sé que todas las traducciones bíblicas están moldeadas por la mano del hombre.

Las traducciones son importantes. Y para las mujeres, las traducciones de la Biblia en inglés han sido más importantes de lo que la mayoría de los evangélicos modernos creen.[1]

## El debate bíblico sobre el género

Corría el año académico 1996-97 cuando me gradué en la Universidad de Baylor con una licenciatura en historia. Ese también fue el año en que me casé con un pastor bautista ordenado y comencé un programa de posgrado en historia medieval en la Universidad de Carolina del Norte, en Chapel Hill. Fue un gran año para mí.

El año 1997 fue también un gran año en el mundo de la traducción de la Biblia. Fue el año en que la revista 'World' publicó el artículo *"Femme fatale:* la seducción feminista de la Iglesia evangélica". La escritora Susan Olasky les contó a los lectores que la Nueva Versión Internacional (NIV, por sus siglas en inglés) estaba "pasando a ser 'neutral en cuanto al género' de forma muy discreta".[2] El resultado, escribió, podría ser catastrófico: una Biblia neutral en cuanto al género podría "enturbiar la singularidad del hombre y la mujer" y obstaculizar la "ardua" lucha de los complementaristas por un retorno a los roles bíblicos de género. El catalizador del cambio, argumentó Olasky,

---

[1] Aimee Byrd escribió un excelente capítulo en el que habla del impacto de las traducciones bíblicas con perspectiva de género en su libro *Recovering from Biblical Manhood and Womanhood: How the Church Needs to Rediscover Her Purpose* (Grand Rapids: Zondervan Reflective, 2020), 31-48.

[2] Susan Olasky, "Femme Fatale: The Feminist Seduction of the Evangelical Church", 'World' 12, nº 2 (29 de marzo de 1997): 12-15, https://world.wng.org/1997/03/femme_fatale.

no fueron "nuevos descubrimientos sobre la Biblia", sino "cambios sociales culturales". Un mes después, Olasky publicó un segundo artículo, "La batalla por la Biblia". En ese artículo, acusaba a la editorial Zondervan de estar más comprometida con el "lenguaje unisex" que con la fidelidad al texto bíblico. Dado que los autores de Zondervan debían evitar el uso de pronombres masculinos como "marcadores de posición genéricos" y, en su lugar, utilizar términos de género neutro como "humanidad" y "gente", porque Zondervan ya publicaba otras traducciones de la Biblia de género neutro (como la NRSV), y dado que Zondervan estaba obligada por contrato a apoyar al Comité de Traducciones Bíblicas de la Sociedad Bíblica Internacional (que había estado promoviendo el lenguaje inclusivo del género desde 1992), Olasky pintó a Zondervan como una empresa que deja que la cultura cambie la Palabra de Dios.[3]

El revuelo entre los evangélicos fue instantáneo. El lenguaje inclusivo en cuanto al género ya no era solo un debate acerca de la traducción adecuada, era la pendiente resbaladiza del feminismo que destruía la verdad bíblica. "No creo que sea un asunto que deba encubrirse", escribió Wayne Grudem, entonces profesor de la Trinity Evangelical Divinity School. "La exactitud e integridad de muchas palabras de la Escritura están en juego, y estas son palabras que provienen de Dios mismo".[4]

Un mes después de la publicación del segundo artículo de Olasky, doce hombres se reunieron en Colorado Springs. El grupo estaba dirigido por James Dobson (fundador de *Focus on the Family*) y tenía entre sus miembros a Grudem y Piper. Elaboraron unas directrices para

---

[3] Susan Olasky, "The Battle for the Bible", 'World' 12, no. 5 (19 de abril de 1997): 14-18, https://world.wng.org/1997/04/the_battle_for_the_bible.

[4] Wayne Grudem, "What's Wrong with 'Gender-Neutral' Bible Translations?" (folleto, The Council on Biblical Manhood and Womanhood, Libertyville, IL, 1997), 27, http://www.waynegrudem.com/wp-content/up loads/2012/03/What-s-Wrong-with-Gender-Neutral-Bible-Translations.pdf.

el "Lenguaje relacionado con el género en las Escrituras".[5] Admitieron que, a veces, el lenguaje inclusivo en cuanto al género podría mejorar la precisión de las traducciones, pero concluyeron que la mayoría del lenguaje inclusivo no era bíblicamente preciso. Poco después de la reunión de Colorado Springs, la CBS se reunió en Dallas. En junio de 1997, la denominación de casi dieciséis millones de miembros condenó inequívocamente el lenguaje inclusivo de género en las traducciones bíblicas. Su resolución proclamaba que tales traducciones eran el resultado de "quienes no tienen una visión elevada de las Escrituras" y de quienes cedían "para acomodarse a las presiones culturales contemporáneas".[6] En otoño de 1997, las líneas de batalla estaban trazadas. La cultura secular, especialmente el movimiento feminista, estaba cambiando las Escrituras de forma peligrosa, y era hora de que los cristianos contraatacaran.

Cuando Zondervan publicó su traducción con inclusión de género (TNIV) en 2002, Grudem escribió una crítica feroz. Según él, "El núcleo de la controversia es este: la gente de la TNIV ha decidido traducir la idea general de un pasaje y borrar los detalles centrados en los hombres".[7] El sitio web del Consejo sobre la Masculinidad y Feminidad Bíblicas, del que Grudem fue presidente, publicó más de cien objeciones a las interpretaciones textuales de la TNIV. El mismo artículo informa de la declaración preparada por Dobson sobre la TNIV: "Como la mayoría de los cristianos evangélicos, quiero que mi Biblia contenga una traducción exacta de los textos hebreos y griegos canónicos. En consecuencia, seguiré denunciando cualquier esfuerzo

---

[5] "Colorado Springs Guidelines for Translation of Gender-Related Language in Scripture", Bible Research, 9 de septiembre de 1997, http://www.bible-researcher.com/csguidelines.html.

[6] "Resolution on Bible Translation", Convención Bautista del Sur, Dallas, TX, 1997, http://www.sbc.net/resolutions/284/resolution-on-bible-translation.

[7] Wayne Grudem, "The 'Gender-Neutral' NIV: What Is the Controversy About?"," Journal of Biblical Manhood and Womanhood 7, no. 1 (primavera 2002), 37.

que altere la Palabra de Dios o juegue con la metodología de traducción en aras de lo 'políticamente correcto'".[8]

Antes de que se publicara la TNIV, el grupo de Colorado Springs había empezado a trabajar en su propia traducción. Inmediatamente después de la reunión dirigida por Dobson en mayo de 1997, Grudem entró en negociaciones de traducción con Crossway y el Consejo Nacional de Iglesias, en 1998, se le otorgó permiso para revisar la RSV de 1971 y lanzar una nueva traducción que se deshiciera de las "opciones de traducción descristianizadoras".[9] En 2001, un año antes de que Zondervan publicara la TNIV, Crossway publicó la ESV, que contaba con el aval de pastores, músicos y autores evangélicos de mega iglesias.[10]

La ESV fue una respuesta directa al debate sobre el lenguaje inclusivo de género. Nació para asegurar lecturas de las Escrituras que preservaran la jefatura masculina. Nació para luchar contra el feminismo liberal y la cultura secular que desafía la Palabra de Dios.

Como historiadora medieval especializada en sermones ingleses, el debate sobre las traducciones de género neutro me divierte. Me hace gracia porque los acusadores describen las traducciones de la Biblia con lenguaje inclusivo de género como una tendencia moderna y secular alimentada por el movimiento feminista. Sin embargo, como historiadora medieval, sé que los cristianos tradujeron las Escrituras con un lenguaje de género inclusivo mucho antes del movimiento feminista.

Reconozco que el debate también me asusta. Me asusta por la misma razón que me divierte: como el lenguaje inclusivo de género tiene una

---

[8] Art Toalston, "James Dobson Joins Critics of Gender-Neutral NIV Revision", Baptist Press, 6 de febrero de 2002, http://www.bpnews.net/12684/james-dobson-joins-critics-of-genderneutral-niv-revision.

[9] David Bayly, "Decline of the NIV?", 'World' 14, no. 22 (5 de junio de 1999), https://world.wng.org/1999/06/decline_of_the_niv.

[10] El sitio web de la ESV ofrece una muestra de estos avales, entre ellos los de John Piper, R. C. Sproul, Joni Eareckson Tada y Steve Green. Véase "Endorsements", ESV.org, https://www.esv.org/translation/endorsements.

larga historia en la Iglesia, el debate muestra hasta qué punto los cristianos evangélicos modernos han olvidado la historia de la Iglesia. De hecho, el debate subraya lo peligrosa que es la falta de comprensión del pasado que tienen muchos evangélicos, y que afecta a las mujeres en el presente. Si bien es cierto que el feminismo de la segunda ola de los años sesenta contribuyó a una mayor preocupación por el lenguaje inclusivo de género en la cultura estadounidense, también es cierto que la preocupación por el lenguaje inclusivo de género en el texto bíblico existía mucho antes del feminismo moderno.

Así que permítanme decirles lo que sé como historiadora sobre la traducción de la Biblia inglesa. Lo que desearía haberles dicho a esas chicas hace mucho tiempo en el grupo de jóvenes de los miércoles por la noche.

## La Biblia inglesa antes de la Reforma

Hace poco me regalaron la Biblia de Estudio Anotada de Baylor. Las páginas doradas brillan entre la cubierta de cuero verde oscuro. Es preciosa. Es fácil de transportar. Tiene una cinta verde que sirve de marcador. Tiene notas de estudio de algunos de mis eruditos bíblicos favoritos, como Scot McKnight, Todd Still y Mikeal Parsons. Cuando pensamos en una Biblia, visualizamos un libro encuadernado como ese.

Históricamente, la Biblia como libro encuadernado es nueva. La idea de un volumen encuadernado que cualquiera puede comprar y llevar de un lado a otro no fue realidad hasta más de mil quinientos años después de la muerte y resurrección de Jesús. El ingenio de un herrero alemán del siglo XV inició la revolución de la imprenta en la Europa moderna temprana, lo que dio lugar a la distribución masiva de la Biblia. La producción de lo que hoy conocemos como la Biblia de Gutenberg fue un punto de inflexión importante en la historia. La Palabra de Dios, desde el Génesis hasta el Apocalipsis, se puso por primera vez a disposición del pueblo de Dios.

Una de mis iglesias favoritas de Londres consagra la Biblia inglesa tal y como se creó en 1535. La iglesia, San Magnus el Mártir, se encuentra a unos pasos de la panadería de Thomas Farriner en Pudding Lane, donde comenzó el Gran Incendio de Londres en 1666. Dedicada a San Magnus el Mártir, esta iglesia fue la segunda iglesia destruida por el incendio y fue la iglesia que más dinero costó restaurar, bajo la dirección de Christopher Wren. El costoso campanario está ahora casi oculto por los edificios circundantes, incluido el propio monumento al Gran Incendio.

Pero si entras en San Magnus el Mártir, encontrarás una placa del siglo XIX en la pared este, cerca del altar, que señala los restos de Miles Coverdale. Coverdale es conocido por su traducción de la Biblia al inglés, impresa en 1535. La inscripción de la placa dice: "A la memoria de Miles Coverdale: (...) Con el fin de proporcionar los medios para leer y escuchar, en su propia lengua, las maravillosas obras de Dios, no solo a sus propios compatriotas, sino a las naciones que se encuentran en la oscuridad. (...) La primera versión completa de la Biblia impresa en inglés fue publicada bajo su dirección".[11]

En un sentido, la placa es correcta. La Biblia de Coverdale fue la primera Biblia completa impresa en inglés (desde el Antiguo Testamento hasta el Nuevo Testamento) tal y como la entendemos nosotros: un texto completo encuadernado en un solo volumen (por supuesto, William Tyndale había impreso una traducción al inglés del Nuevo Testamento en 1525. Como Tyndale fue ejecutado antes de que pudiera terminar de traducir el Antiguo Testamento, la designación de "primera Biblia inglesa completa" recayó en la Biblia de Coverdale, impresa diez años después del Nuevo Testamento de Tyndale).

Sin embargo, en otro sentido, la placa es incorrecta. La inscripción de Coverdale proclama que la Biblia inglesa es el resultado de la Reforma. Sugiere que los medievales anteriores a Coverdale no tenían acceso al texto bíblico en inglés. Estaban en la oscuridad (bíblica), como reza la inscripción del siglo XIX. Esto no es cierto.

---

[11] Tomado directamente de la inscripción del interior de la iglesia de San Magnus el Mártir.

El clásico *El estudio de la Biblia en la Edad Media*, de la historiadora medieval Beryl Smalley, comienza con esta frase: "La Biblia fue el libro más estudiado de la Edad Media".[12] La Reforma Protestante cambió el uso que los cristianos hacían de la Biblia, pero no la introdujo en el mundo cristiano. Había traducciones al inglés del texto bíblico mucho antes de la Reforma. En el siglo XI se habían traducido al inglés los Salmos, los seis primeros libros del Antiguo Testamento (el Hexateuco inglés) y los Evangelios (los Evangelios de Sajonia Occidental). Aunque estos textos bíblicos se movían por el círculo clerical, los estudiosos sostienen que también estaban destinados al uso de "laicos alfabetizados". Frans van Liere, un historiador medieval autor de mi libro favorito sobre la Biblia medieval, señala que Matthew Parker (arzobispo de Canterbury de 1559 a 1575) utilizó la existencia de manuscritos bíblicos en inglés medio para argumentar su derecho a publicar una Biblia en inglés (una traducción de 1568 conocida como Bishops' Bible). Dado que la Biblia tenía una larga historia de traducciones al inglés, Parker argumentó que era apropiado que la Iglesia de Inglaterra siguiera traduciendo la Biblia al inglés.[13]

Aunque las traducciones completas de la Biblia inglesa eran poco frecuentes, sí existían en la época medieval. Una colección de sermones del siglo XV que uso con frecuencia para trabajar, conocida como los Evangelios dominicales de Longleat, contiene una provocadora afirmación: "Puesto que es lícito predicar el Evangelio en inglés, es lícito escribirlo en inglés, tanto para el maestro como para el oyente, si sabe escribir".[14] El predicador (probablemente un fraile franciscano) admite que a él personalmente le han dicho que no escriba el Evangelio en

---

[12] Beryl Smalley, *The Study of the Bible in the Middle Ages* (1964; repr., Notre Dame, IN: University of Notre Dame Press, 1978), xxvii.

[13] Frans van Liere, *An Introduction to the Medieval Bible* (Cambridge: Cambridge University Press, 2014), 189.

[14] Henry Ansgar Kelly, *The Middle English Bible: A Reassessment* (Philadelphia: University of Pennsylvania Press, 2016), 67.

inglés, pero eso no debería impedir a nadie crear traducciones vernáculas. Sabemos que a finales del siglo XIV los seguidores de John Wycliffe habían traducido toda la Biblia al inglés. Los protestantes modernos suelen considerar que se trata de una Biblia "herética" que solo utilizaban los descontentos con el catolicismo inglés. Sin embargo, han llegado hasta nuestros días más de 250 copias de la Biblia de Wycliffe (las copias van desde tomos que solo contienen el Nuevo Testamento hasta Biblias completas), lo que demuestra que la Biblia de Wycliffe era de uso común.[15] Los sermones católicos del siglo XV lo confirman.[16] Que el clero católico utilizara esta Biblia "herética" muestra una amplia aprobación de las Biblias inglesas. De hecho, Henry Ansgar Kelly escribe que el uso regular de la Biblia de Wycliffe en los servicios eclesiásticos ingleses de finales de la Edad Media "es uno de los indicios más sólidos de la amplia aceptación de la que gozaban las traducciones por parte de la población en general".[17]

Antes de que la imprenta hiciera más accesibles los libros, era difícil poseer versiones completas de la Biblia. Las copias de la Biblia tardaban mucho tiempo en hacerse, por lo que eran costosas y escasas. Sin embargo, para la mayoría de los medievales, la proliferación de las Escrituras en la literatura, los sermones y los fragmentos de la Biblia como los Salmos (salterios), les proporcionaba un abundante acceso a la Palabra de Dios. En *Libro y verso: una guía a la literatura bíblica en inglés medio*, James H. Morey muestra la rapidez con que proliferaron las traducciones inglesas de las Escrituras en la cultura medieval tardía.[18] *Libro y verso* incluye seis apéndices, compuestos por 264 páginas impresas, en los que se enumeran todos los textos

---

[15] Kelly, *Middle English Bible*, 130.

[16] Stephen Morrison, ed., *A Late Fifteenth-Century Dominical Sermon Cycle, 2 vols.* (Oxford: Oxford University Press, 2012), 1: xxi-liii.

[17] Kelly, *Middle English Bible*, 63.

[18] James H. Morey, *Book and Verse: A Guide to Middle English Biblical Literature* (Champaign: University of Illinois Press), 2000.

bíblicos que pudo encontrar en la literatura inglesa medieval, entre los que se incluían relatos de los Evangelios, salterios, resúmenes bíblicos, comentarios, poemas, tratados religiosos e incluso dos traducciones completas del Apocalipsis en inglés medio. Los cristianos de a pie de la Inglaterra bajomedieval no eran ajenos a la Biblia en su propia lengua.

Un semestre, tuve un estudiante al que le costaba mantenerse despierto durante las clases. Me imagino que, si estuviese leyendo este libro, a estas alturas ya estaría dormido. Así que déjame ir al grano: la Biblia existía en inglés antes de la Reforma, a pesar de lo que afirma la placa de San Magnus el Mártir. Ciertamente, la Reforma introdujo un uso más amplio de la Biblia en lengua vernácula a través de su énfasis en la *sola scriptura* y el estímulo de las Biblias impresas. Pero el énfasis de la Reforma en el acceso a la Biblia fue precedido por el acceso que ya tenían los cristianos medievales al texto bíblico.

## La Biblia inglesa en los sermones medievales

Los sermones eran la fuente de acceso más constante a la Biblia para el pueblo medieval. Ya sé lo que estás pensando: ¿la gente medieval escuchaba sermones? La retórica anticatólica, combinada con la glorificación protestante de la Reforma y los malos métodos de medición de la asistencia a la Iglesia medieval por parte de los estudiosos modernos, han deformado nuestra comprensión del cristianismo medieval. A día de hoy, me siguen rechinando los dientes por la historia de la Iglesia que se enseña en la iglesia bautista de Capitol Hill. Pinta un panorama sombrío de una Iglesia medieval sórdida y corrupta en la que pocas personas, salvo un remanente de "monjes y monjas dispersos", encontraron la salvación. Por el bien de mi somnoliento estudiante, reservaré los mitos protestantes sobre el cristianismo medieval para un futuro libro y me limitaré a señalar esta frase del plan de estudios por internet: el cristianismo medieval "nos recuerda lo que ocurre cuando las personas son analfabetas en cuanto a la Biblia: nos alejamos de saber lo que constituye la aceptación con Dios".[19] Este plan de estudios de historia de la iglesia protestante afirma que la gente medieval no conocía la Biblia y, en consecuencia, la mayoría de ellos fueron condenados eternamente (he tenido que parar y respirar profundo después de escribir esa frase).

Los evangélicos deberían saber que los medievales conocían las Escrituras al menos tan bien como nosotros en la actualidad, si no mejor. Frans van Liere nos recuerda que los conocimientos bíblicos no se limitaban al clero. La revolución bíblica que supuso la Reforma entre los cristianos de a pie comenzó con los cristianos de a pie del mundo medieval (y no solo con los tres hombres que figuran en el currículo de la iglesia bautista de Capitol Hill).[20] Como escribe van Liere, la Iglesia medieval tenía una "larga tradición de acceso de los laicos a los textos bíblicos".[21]

Por ejemplo, Margery Kempe, con la ayuda de Lynneth Miller Renberg, he contado unas cincuenta referencias bíblicas, directas e indirectas, en *El libro de Margery Kempe*. La historia de su vida en el siglo XV está llena de referencias a las Escrituras inglesas: de su relato de la visita de María a su prima Elizabeth en el Evangelio de Lucas (cap. 6, libro 1 del libro de Margery) pasando por su grito de que ama a Dios con todo su corazón y con todas sus fuerzas (cap. 13, libro 1, que se hace eco de Deuteronomio 6:5; Mateo 22:37; Marcos 12:30-33; Lucas 10:27), a su reflexión sobre el encuentro entre Jesús y la mujer acusada de adulterio en Juan 8 (cap. 27, libro 1), todo ello demuestra

---

[19] "Class 5: The High Middle Ages", Iglesia Bautista de Capitol Hill, 24 de junio de 2016, https://www.capitolhillbaptist.org/sermon/class-5-the-high-middle-ages.

[20] Véanse también las clases 6 y 7, que se centran en Martín Lutero, Juan Calvino y Huldrych Zwingli, https://www.capitolhillbaptist.org/resources/core-seminars/series/church-history.

[21] Van Liere, *Introduction to the Medieval Bible*, 178.

que Margery Kempe conocía la Biblia. Su vida atestigua que ella, una mujer del siglo XV, tenía acceso al "Libro Sagrado" (como lo conocían los medievales). En lugar de llevar una Biblia en sus manos, llevaba un texto bíblico inscrito en su corazón y pronunciado a través de sus palabras. En lugar de aprender las Escrituras leyéndolas durante su tiempo de silencio diario y memorizando versículos con Awana,[22] las aprendió yendo a la iglesia: hablando con el clero, escuchando cómo leían los textos religiosos, memorizando sus oraciones y, sobre todo, escuchando los sermones.

La gente de la Baja Edad Media escuchaba los sermones. El auge de la producción de manuscritos de sermones y los cambios en el espacio físico de las iglesias dan fe de la popularidad de la predicación bajomedieval. La historiadora Larissa Taylor describe los sermones como el "medio de comunicación de masas" de la Edad Media, y Beverly Kienzle los califica de "género literario central" para los cristianos medievales.[23] Margery Kempe describe cómo la gente corría a escuchar a los predicadores populares, y los registros de algunas ciudades medievales revelan que miles de personas acudían a escucharlos. Las multitudes de este tipo eran a menudo demasiado grandes para caber en las iglesias locales, por lo que los predicadores medievales ya dominaban el escenario al aire libre mucho antes del Gran Despertar y de los avivamientos bautistas.[24]

La Escritura fluye a través de los sermones medievales, con el texto latino traducido para que los cristianos de a pie entiendan la Palabra de Dios. A nuestros efectos, es notable el hecho de que este texto bíblico

---

[22] NdT: Awana es una ONG cristiana que se dedica al discipulado de niños y jóvenes, y que tiene varios programas de aprendizaje.

[23] Larissa Taylor, *Soldiers of Christ: Preaching in Late Medieval and Reformation France* (Nueva York: Oxford University Press, 1992), 4; Beverly Kienzle, *The Sermon* (Turnhout, Bélgica: Brepols, 2000), 143.

[24] Beth Allison Barr, "Medieval Sermons and Audience Appeal after the Black Death", History Compass 16, n° 9 (2018): 2-3, https://doi.org/10.1111/hic3.12478.

incluye a menudo un lenguaje inclusivo de género. Mucho antes de la TNIV o de la ESV (o incluso de la versión King James —KJV, por sus siglas en inglés—), los sacerdotes de la Inglaterra medieval tardía ya borraban "los detalles centrados en los hombres" de las Escrituras cuando predicaban a los hombres y mujeres que abarrotaban las naves de sus iglesias.[25]

## Lenguaje inclusivo de género antes de la TNIV

En la Vulgata latina (la traducción de Jerónimo del siglo IV y la principal Biblia utilizada en todo el mundo medieval), Génesis 1:27 dice: "Et creavit Deus hominem ad imaginem suam ad imaginem Dei creavit illum masculum et feminam creavit eos". O, como se lee en la Biblia de Wycliffe (una traducción al inglés directamente de la Vulgata): "Y Dios hizo de la nada un hombre a su imagen y semejanza, Dios hizo de la nada un hombre a imagen de Dios; sí, Dios los hizo de la nada, varón y mujer". O como lo traduce la KJV: "Así creó Dios al hombre a su imagen, a imagen de Dios lo creó; varón y hembra los creó". O, como lo traduce la moderna NIV: "Dios creó a la humanidad a su imagen, a imagen de Dios los creó; varón y hembra los creó".

En 2012, Vern S. Poythress, del Seminario Teológico de Westminster, expresó su gran preocupación por el hecho de que la TNIV había alterado Génesis 1:27.[26] En lugar de seguir la traducción de la NIV, "Dios creó a la humanidad a su imagen y semejanza", la TNIV cambió "humanidad" por "seres humanos". Como escribió Poythress, "el cambio a plural oscurece la unidad de la raza humana". Para Poythress, "seres humanos" no era un sustituto aceptable de "humanidad".[27]

---

[25] Grudem, "'Gender-Neutral' NIV", 37.

[26] Vern S. Poythress, "Small Changes in Meaning Can Matter: The Unacceptability of the TNIV", Journal of Biblical Manhood and Womanhood 10, no. 2 (otoño de 2005): 28-34.

[27] Poythress, "Small Changes in Meaning Can Matter", 28.

Pero en realidad sí lo es. La palabra hebrea *'adam* es una palabra de género neutro para "humano". De hecho, el texto de Génesis 1:27 nos lo explica: Dios creó al ser humano a su imagen y semejanza, tanto al hombre como a la mujer. La Vulgata recoge la inclusión de género de la palabra hebrea, traduciéndola con una palabra latina que también es de género neutro: *homo* o *hominem*. Aunque la palabra *homo* puede aplicarse a un hombre soltero, no es un término de género específico. En cambio, vir es la palabra utilizada exclusivamente para "hombre". La palabra *homo*, por el contrario, se aplica a la humanidad. Por eso la Vulgata traduce la palabra hebrea *'adam* (humano) como *hominem* (humano).[28]

Muchos sermones ingleses de finales de la Edad Media hacen lo mismo. Hay una colección de sermones del siglo XV encontrados en los archivos de la catedral de Salisbury cuyo autor incluye una traducción al inglés más sucinta de Génesis 1:27. En un pasaje en el que se compara cómo el rostro de una persona refleja el brillante sol de la mañana con cómo un alma limpia refleja la semejanza de Dios, el autor subraya que la humanidad fue creada con este propósito: reflejar la imagen de Dios. El sermón cita Génesis 1:27 para enfatizar este punto: "Porque Dios hizo *al hombre y a la mujer* a su semejanza".[29]

Para asegurarse de que el público medieval entendía que todas las personas estaban incluidas, el autor del sermón omitió la traducción de la primera parte del versículo y tradujo solo las palabras *masculum* et *feminam*: hombre y mujer. Los que escucharon este sermón no habrían visto ninguna diferencia entre el texto que se leyó en el sermón, "porque Dios hizo *al hombre y a la mujer* a su semejanza", y las palabras de la Biblia de Wycliffe, "Dios los hizo de la nada, *varón*

---

[28] Richard S. Hess, "Splitting the Adam: The Usage of 'adam in Genesis i-v", en *Studies in the Pentateuch*, ed. J. A. Emerton (Leiden: Brill, 1991), 1-15. Beth Allison Barr, "Words That Matter: The Significance of 'Good Men and Women'", en *The Pastoral Care of Women in Late Medieval England* (Woodbridge, Reino Unido: Boydell, 2008), 36-42.

[29] Catedral de Salisbury MS 3, folio 54v.

*y mujer"*. Para los medievales, Génesis 1:27 proclamaba cómo cada hombre y cada mujer estaban hechos a imagen de Dios.

Los sermones del inglés medio traducen con tanta frecuencia el texto bíblico en formas de género específicas que sospecho que, para muchos medievales, el lenguaje inclusivo de género era algo común en la Biblia. Podemos ver otro ejemplo en Juan 6:44. El Nuevo Testamento de Wycliffe lo traduce así: "Ningún hombre puede venir a mí, a no ser que el padre que me envió lo traiga". Pero un sermón del siglo XV de los archivos de la Biblioteca Bodleiana de Oxford añade la frase "ni mujer" al principio del versículo, es decir: "ningún hombre ni mujer viene a mí, a no ser que mi Padre, que me envió, lo traiga".[30] Esto es significativamente más inclusivo en cuanto al género que la traducción de la KJV ("ningún hombre puede venir"), y va incluso un paso más allá que las traducciones modernas que tienen en cuenta el género, como la NVI, que lo traduce como "nadie puede venir" (curiosamente, también lo traduce así la ESV).

Otro sermón del siglo XV, procedente de una recopilación dominicana, también incluye a las mujeres en el texto bíblico. El sermón menciona Lucas 14:11: "Porque todo hombre que se enaltece, será humillado, y el que se humilla, será enaltecido".

A continuación, el sermón aborda los "detalles centrados en los hombres" del texto y reescribe el versículo: "Porque todo hombre o mujer que se enaltece en este pecado de soberbia, será humillado".[31] Piper y Grudem acusaron a los traductores de la TNIV de "oscurecer" intencionadamente el texto bíblico para hacerlo más inclusivo en cuanto al género, los autores de los sermones en inglés medio

---

[30] Biblioteca Bodleiana MS Greaves 54, folio 35v. Para un análisis más detallado y ejemplos, véase Beth Allison Barr, "'He Is Bothyn Modyr, Broþyr & Syster vn-to Me': Women and the Bible in Late Medieval and Early Modern English Sermons", Church History and Religious Culture 94, no. 3 (verano de 2014), 306.

[31] Morrison, *Late Fifteenth-Century Dominical Sermon Cycle*, 1:348-54. Barr, "'He Is Bothyn Modyr, Broþyr & Syster vn-to Me'", 306-7.

aparentemente pensaron que incluir a las mujeres en el texto bíblico hacía que la traducción fuera más precisa.

Estos cambios se hicieron en los manuscritos medievales tardíos, concretamente. La inclusión de "mujer" y "todo hombre y mujer" no tiene nada que ver con lo políticamente correcto ni con una agenda feminista. Los predicadores querían que todos los miembros de la iglesia tomaran buena cuenta de las enseñanzas de las Escrituras, por lo que cambiaban y a veces incluso "oscurecían" los "detalles centrados en los hombres" en beneficio de las mujeres. De ese modo, tanto los hombres como las mujeres podrían escuchar mejor la Palabra de Dios. Y en el caso de las mujeres medievales, oían que las Escrituras les hablaban directamente.

Ciertamente, no todos los predicadores lo hicieron, pero sí era una práctica lo suficientemente común como para que sea fácil encontrar ejemplos. Descubrí la interpretación de Génesis 1:27 durante una clase improvisada con uno de mis estudiantes de posgrado. Había comprado una copia digital del manuscrito de la catedral de Salisbury y lo estaba mirando por primera vez. Utilicé el sermón en cuestión como ejemplo de cómo era un sermón medieval y para enseñarle cómo entender la paginación medieval. Mi atención se dirigió casi inmediatamente a la interpretación de Génesis 1:27 con lenguaje inclusivo de género.

Por un lado, se trata de otro ejemplo más de cómo los sermones del inglés medio traducían el texto bíblico de forma inclusiva en cuanto al género. Por otro lado, es un ejemplo sorprendente de lo moderno que es el concepto de mujer bíblica. El mundo medieval estaba lejos de promover la igualdad de las mujeres en la vida cotidiana. Sin embargo, el clero inglés medieval, encargado de comunicar la Biblia a los cristianos de a pie, parecía más preocupado por incluir a las mujeres en el texto bíblico que por enfatizar la autoridad masculina.

Los evangélicos modernos denuncian el lenguaje inclusivo de género como un peligroso producto del feminismo.

El clero medieval utilizaba lenguaje inclusivo de género para atender mejor a sus feligreses.

## Dejar de lado a las mujeres

Entonces, ¿qué pasó? ¿Por qué las interpretaciones inclusivas de género utilizadas por algunos clérigos medievales no se mantuvieron en las traducciones completas de la Biblia?

La respuesta es fácil: porque el mundo que produjo la Biblia inglesa no era el mismo que el que produjo los sermones del inglés medio. La Biblia inglesa es un artefacto histórico en la misma medida en que es Palabra de Dios. La Biblia cuenta la historia intemporal y divinamente inspirada del plan de Dios para rescatar a la humanidad, y lo hace a través de las manos de los traductores humanos, limitadas por el tiempo. Grudem puede quejarse de que la TNIV capitula ante la cultura no cristiana (el feminismo), pero la ESV también capitula ante la cultura no cristiana (el patriarcado). Las personas son producto del mundo en el que viven, y los traductores no son una excepción. Los traductores o intérpretes aportan cosas a la Biblia que influyen en la forma de entenderla.

Como historiadora que estudia la transmisión de manuscritos, el milagro de la Biblia es la coherencia de su mensaje (y de su texto) a lo largo de la historia. Incluso Bart Ehrman, agnóstico y crítico severo del Nuevo Testamento, reconoce que la mayoría de las variaciones textuales en los primeros manuscritos cristianos del Nuevo Testamento "no tienen nada que ver con la teología o la ideología". Como él mismo explica: "La mayoría de cambios son resultado de errores, puros y simples deslices de la pluma, omisiones accidentales, adiciones inadvertidas, palabras mal escritas, errores de un tipo u otro".[32] Siempre me sorprende lo poco que los traductores humanos han afectado a la historia de la salvación de Dios, a pesar de los siglos que hemos estado trasteando con ella. Aunque no estoy de acuerdo con Ehrman en otros puntos, sí lo estoy con su valoración de los cambios textuales.

---

[32] Bart Ehrman, *Whose Word Is It? The Story behind Who Changed the New Testament and Why* (Nueva York: Continuum), 55.

Cuando se cambian las palabras del texto bíblico, ya sea por accidente o por decisiones de traducción, cambia la forma en que entendemos ese texto. Aunque estos cambios no afecten a la gran historia del cristianismo (como afirma Ehrman), sí afectan a las pequeñas historias, como por ejemplo si Junia es un apóstol destacado en la Iglesia primitiva o simplemente es una mujer digna de mención.

La Biblia inglesa de principios de la Edad Moderna se tradujo en un contexto político, legal, económico y social que oscurecía a las mujeres tras la identidad de sus maridos y padres. En el mundo de la Inglaterra moderna temprana, las mujeres eran dependientes de los hombres, y esta actitud cultural se trasladó a la Biblia inglesa.

Déjame explicar lo que quiero decir.

Las traducciones de la Biblia inglesa se multiplicaron durante los siglos XVI y XVII: algunos ejemplos son las versiones de Tyndale y Coverdale, la Gran Biblia de 1539, la Biblia de Ginebra (completada en 1560), la Biblia de los Obispos de 1568 o la KJV de 1611. Las versiones más influyentes fueron la Biblia de Ginebra (que tiene tres ediciones principales) y la KJV.

De hecho, la KJV fue una respuesta directa a la Biblia de Ginebra, del mismo modo que la ESV fue una respuesta directa a la TNIV. El rey Jacobo, sucesor de Isabel I, declaró en 1604 que había llegado la hora de que hubiera una nueva versión autorizada de la Biblia inglesa. Estaba enfadado con la Biblia de Ginebra, que era entonces la traducción más popular en la Inglaterra isabelina. Se veía de forma muy clara en las notas de estudio la influencia de los traductores puritanos radicales (como Juan Calvino y Juan Knox) y sus puntos de vista extremos, especialmente en lo que respecta a la naturaleza de la iglesia y el papel del gobierno. Por ejemplo, la tercera edición de la Biblia de Ginebra (1608), que es la más extrema de todas, contiene una nota explicativa de Romanos 13:5. Este versículo insta a los cristianos a someterse a la autoridad por motivos de conciencia. Las notas de estudio, sin embargo, rebaten que esto es cierto siempre que las autoridades sean legales, de lo contrario, "debemos responder como nos enseña Pedro:

Es mejor obedecer a Dios que a los hombres".[33] Igual que la Biblia de Estudio Scofield del siglo XX normalizó una oscura teoría sobre el fin de los tiempos (dispensacionalismo), la Biblia de Ginebra normalizó a los disidentes que criticaban la autoridad real y la teología anglicana.

Y el rey Jacobo se había cansado de ello, incluso antes de la extrema edición de 1608.[34]

Dijo que la Biblia de Ginebra era "parcial, falsa, sediciosa y que favorecía demasiado ciertas concepciones peligrosas y traicioneras".[35] Así que encargó a cincuenta y cuatro sabios de toda Inglaterra que crearan una nueva traducción. Las reglas eran sencillas: hacer una traducción exacta al inglés utilizando un lenguaje accesible para la gente corriente y sin notas marginales. Así fue como nació la KJV. No solo superó en popularidad a la Biblia de Ginebra, sino que se convirtió en la traducción bíblica más popular de todos los tiempos.

A medida que aumentaba la popularidad tanto de la Biblia de Ginebra como de la KJV, los ingleses de la Edad Moderna temprana aplicaron el lenguaje bíblico a la vida cotidiana, hablando y escribiendo con frases de las Escrituras.[36] Desde la "mosca en el perfume" hasta "la sal de la tierra", pasando por la "tierra de Nod" e incluso

---

[33] Linda Woodbridge cita esta glosa en su obra *English Revenge Drama: Money, Resistance, Equality* (Cambridge: Cambridge University Press, 2010), 149.

[34] Maurice S. Betteridge, "The Bitter Notes: The Geneva Bible and Its Annotations", The Sixteenth Century Journal 14, n° 1 (primavera de 1983): 41-62.

[35] Femke Molekamp, "Genevan Legacies: The Making of the English Geneva Bible", en *The Oxford Handbook of the Bible in Early Modern England*, 1350-1700, ed., Kevin Killeen, Helen Smith y Rachel Willie. Kevin Killeen, Helen Smith y Rachel Willie (Oxford: Oxford University Press, 2015), 52.

[36] Para más información sobre este tema, véase mi bibliografía comentada sobre la erudición de la KJV: Beth Allison Barr, "The Word That Endureth Forever: A Century of Scholarship on the King James Version", en *The King*

"entregar el espíritu", la KJV contribuyó a crear el lenguaje que se utilizó en la Edad Moderna temprana (e incluso en la propia Edad Moderna). Como señala el lingüista David Crystal, la KJV popularizó al menos 257 frases que aún se utilizan hoy en día.[37] La forma en que se tradujo la Biblia al inglés en la Inglaterra de principios de la Edad Moderna cambió el idioma inglés, y esos cambios han llegado hasta la actualidad.

Y esto tuvo repercusiones para las mujeres. Uno de los objetivos de los traductores de la KJV era utilizar un lenguaje cotidiano que hiciera la Biblia más legible. Cualquiera que haya leído a Shakespeare en inglés sabe que el inglés cotidiano de la Inglaterra moderna temprana rebosaba de lenguaje genérico masculino. Hilda Smith lo llama "falso lenguaje universal". El inglés moderno temprano *pretendía incluir a las mujeres* mediante palabras genéricas masculinas (como el "hombre" universal), pero *excluía a las mujeres* porque solo incluía ejemplos, metáforas y experiencias de género masculino. Dorothy L. Sayers lo explica así: "*Vir* es masculino y *Femina* es femenino, pero *Homo* es masculino y femenino". El problema es que "*Homo* y *Vir* se utilizan indistintamente para hombre, pero para mujer solo se utiliza *Femina*".[38]

Es un falso lenguaje universal. Pretende incluir a las mujeres, pero en realidad no lo hace.[39] Las palabras que hacían referencia a los hombres se utilizaban indistintamente para referirse a reyes, políticos,

*James Bible and the World It Made*, ed. David Lyle Jeffrey (Waco: Baylor University Press, 2011), 149-76.

[37] David Crystal, *Begat: The King James Bible and the English Language* (Oxford: Oxford University Press, 2010), 110-11, 237, 32, 86, 258 (los números de página se refieren a cada cita, respectivamente).

[38] Dorothy L. Sayers, *Are Women Human? Penetrating, Sensible and Witty Essays on the Role of Women in Society* (1971; repr., Grand Rapids: Eerdmans, 2005), 53-54.

[39] Hilda L. Smith, *All Men and Both Sexes: Gender, Politics and the False Universal in England, 1640-1832* (University Park: Pennsylvania State University Press, 2002), 198-200.

predicadores, jefes de familia, filósofos e incluso para representar a toda la "humanidad", mientras que las palabras que hacían referencia específica a las mujeres se utilizaban exclusivamente para ellas y sobre todo en relación con el ámbito doméstico. En el inglés de principios de la Edad Moderna, "hombre" podía representar a la humanidad, pero los seres humanos que describía eran ciudadanos políticos, personas con capacidad de decisión, líderes, jefes de familia, teólogos, predicadores, propietarios de fábricas, miembros del Parlamento, etc. En otras palabras, "hombre" podía incluir tanto a los hombres como a las mujeres, pero en la mayoría de los casos no lo hacía. La mayoría de las veces solo incluía a los hombres. Permíteme darte un ejemplo del falso lenguaje universal en acción.

William Gouge, predicador del siglo XVII, hizo enfadar a las mujeres de su iglesia con una nueva serie de sermones llamada "deberes domésticos". A las mujeres les molestó especialmente que se les acusara de robar el dinero de sus maridos cuando hacían ofrendas sin pedir permiso antes, así que Gouge les aclaró lo que quería decir. Gouge también consideró importante aclarar por qué excluía a las mujeres en algunas de sus expresiones. En una sección dirigida a los "señores y señoras de la casa", se refirió solo a los señores de la casa. "Según la frase de las Escrituras, 'señores' se refiere tanto a 'señores' como a 'señoras'", escribió.[40] Gouge santificó su falso lenguaje universal citando Efesios 6. Afirmó que "señores" (lenguaje masculino) se refería también a las mujeres. Para Gouge estaba bien utilizar un lenguaje que excluía a las mujeres porque los traductores de la Biblia también lo hacían.[41] Este es un ejemplo relativamente inocuo. Puede que les molestara a las mujeres de la congregación de Gouge, pero las

---

[40] William Gouge, "VIII. Duties of Masters", en *Of Domesticall Duties: Eight Treatises* (1622; repr., Ann Arbor: Text Creation Partnership, 2011), A2r–A5r, http://name.umdl.umich.edu/A68107.0001.001. Explica su elección al final de la introducción. Hablo de Gouge en mi artículo "'He Is Bothyn Modyr, Broþyr, & Syster vn-to Me'", 307-8.

[41] Gouge, *Of Domesticall Duties*, A2r–A5r.

ramificaciones fueron pequeñas. Déjame darte otro ejemplo más significativo de cómo sigue influyendo en la actualidad el falso lenguaje universal de la Inglaterra moderna temprana en las traducciones de la Biblia al inglés.

Hace unos meses, volví a ver el documental de Steve Lipscomb "Battle for the Minds" (La guerra por las mentes), que habla de cómo los conservadores se hicieron con el poder de la CBS. Me llamó la atención el énfasis que hicieron los líderes de la CBS en 1 Timoteo 3:2, en que los supervisores deben ser maridos de una sola mujer. Lo utilizaron como prueba irrefutable de que los pastores principales debían ser hombres. Sin embargo, Lucy Peppiatt nos muestra cómo la traducción al inglés de 1 Timoteo 3 (el capítulo citado con tanta frecuencia por los líderes masculinos del resurgimiento conservador como expresión de por qué solo los hombres pueden predicar) está modificada para que parezca más masculina de lo que realmente es.[42] Entendemos que 1 Timoteo 3:1-13 se refiere a los hombres en funciones de liderazgo (supervisor/obispo y diácono), pero ¿se debe esto a la forma en que nuestras Biblias inglesas traducen el texto? El texto griego utiliza las palabras "quienquiera" y "cualquiera", y solo hay una referencia específica al *hombre* en el versículo 12 (una traducción literal de la frase en griego es "hombre de una mujer", hace referencia al estado civil de los diáconos). Sin embargo, en las Biblias modernas en inglés se han introducido entre ocho y diez pronombres masculinos en esos versículos. Ninguno de los pronombres masculinos que aparecen en nuestras Biblias inglesas está en el texto griego. Peppiatt concluye que, en realidad, la raíz del problema con el liderazgo femenino no se encuentra en el texto bíblico, sino en la "implacable y dominante narrativa del sesgo masculino" en las traducciones.[43]

---

[42] Lucy Peppiatt, *Rediscovering Scripture's Vision for Women: Fresh Perspectives on Disputed Texts* (Downers Grove, IL: IVP Academic, 2019), 132-34.

[43] Peppiatt, *Rediscovering Scripture's Vision for Women*, 139.

Puede que la KJV no tuviera las notas de estudio que despreciaba el rey Jacobo, pero eso no significaba que tuviera menos influencias culturales que la Biblia de Ginebra. Como nos recuerda Rodney Stark, la razón principal por la que hemos olvidado que las mujeres servían como diáconos en la Iglesia primitiva es que "los traductores de la versión King James eligieron referirse a Febe como una simple 'sirvienta' de la iglesia, no como diácono, y convertir las palabras de Pablo en 1 Timoteo en un comentario dirigido a las *esposas* de los diáconos".[44] El contexto en el que surgieron todas las Biblias inglesas de la Edad Moderna temprana defendía un lenguaje que excluía a las mujeres. El énfasis en el lenguaje masculino continuó en todas las Biblias inglesas hasta el intento de Zondervan de restaurar el lenguaje inclusivo de género en el texto. Desde esta perspectiva, el lenguaje inclusivo de género no distorsiona la Escritura. El lenguaje inclusivo de género está *recuperando* la Escritura de la influencia de ciertas traducciones de la Biblia en inglés.

## La traducción del matrimonio en la Biblia

Dejar a las mujeres fuera del texto bíblico no fue la única forma en que las traducciones de la Biblia inglesa afectaron a las mujeres. También las afectaron al cambiar la forma de entender el matrimonio en la Biblia. La cultura que creó la KJV defendía el matrimonio como el estado ideal decretado por Dios. El hogar sagrado (encabezado por un hombre) constituía el centro de la sociedad inglesa, desde el hogar del comerciante urbano hasta las fincas señoriales de los miembros del Parlamento. Los códigos legales favorecían a los maridos y a los herederos masculinos excluyendo a las mujeres de la herencia, reduciendo a las mujeres casadas al mismo estatus legal que los hijos y elevando

---

[44] Rodney Stark, "Reconstructing the Rise of Christianity: The Role of Women", Sociology of Religion 56, no. 3 (1995): 238, citado en Peppiatt, *Rediscovering Scripture's Vision for Women*, 134.

el matrimonio como clave para asegurar el rango social y la autoridad de los hombres.

Sin embargo, los primeros eruditos bíblicos modernos descubrieron que el matrimonio estaba sorprendentemente ausente del Antiguo Testamento (la Biblia hebrea), sobre todo teniendo en cuenta que era una institución que se creía defendida por Dios. La historiadora Naomi Tadmor explica que la palabra principal para designar a una *mujer* en el Antiguo Testamento era compleja, y se aplicaba tanto a una mujer adulta como a una mujer "perteneciente" a un hombre (esposa, concubina, esposa dentro de una relación polígama e incluso esclava). Aunque ciertamente conscientes de estas complejidades, los traductores de la Biblia inglesa simplificaron las cosas reduciendo la palabra hebrea a dos palabras inglesas: *mujer* (utilizada 259 veces en la KJV) y *esposa* (utilizada 312 veces en la KJV). De ahí que Rebeca se convirtiera en la "esposa" de Isaac, y las hijas de Labán, Raquel y Lea, en las "esposas" de Jacob. Es más, la mujer violada en el Deuteronomio 21 también se convirtió en "esposa".[45] Tadmor escribe: "El universo social polígamo de la Biblia hebrea se tradujo en términos de un discurso matrimonial inglés monógamo".[46] Las mujeres se convirtieron en esposas en la Biblia inglesa de la Edad Moderna temprana, reflejando los acuerdos matrimoniales de la sociedad inglesa de principios de la modernidad.

¿Qué significa esto?

Significa que las primeras traducciones de la Biblia en inglés no reflejaban con exactitud las palabras o la relación hebrea, sino que reflejaban las sensibilidades inglesas de la Edad Moderna temprana. Las mujeres se convirtieron en "esposas" en las traducciones bíblicas inglesas, incluso aunque no se las hubiera considerado esposas en el mundo bíblico. La palabra matrimonio no aparece nunca en el texto

---

[45] Naomi Tadmor, *The Social Universe of the English Bible: Scripture, Society and Culture in Early Modern England* (Cambridge: Cambridge University Press, 2010), 58-67. También hablo de esto en mi artículo de 2014: "'He Is Bothyn Modyr, Broþyr & Syster vn-to Me'", 304, 313.

[46] Tadmor, *Social Universe of the English Bible*, 67.

hebreo, pero aparece cincuenta veces en la Biblia de Ginebra y diecinueve en la KJV.[47] Según Tadmor, Génesis 2:22-24 es quizá el ejemplo más sorprendente de cómo la Biblia inglesa tradujo la cultura hebrea con un sesgo contemporáneo. La KJV traduce así esos versículos: "Y de la costilla, que el Señor Dios había tomado del hombre, hizo una mujer, y la trajo al hombre. Y Adán dijo: esto es ahora hueso de mis huesos y carne de mi carne, se llamará *Mujer*, porque del Hombre fue tomada. Por eso el hombre dejará a su padre y a su madre, y se unirá a su *esposa*, y serán una sola carne".

La palabra que se traduce como "esposa" en el versículo 24 es la misma palabra que se traduce como "mujer" en los versículos 22 y 23. La razón por la que la palabra se traduce como "esposa" en el versículo 24, argumenta Tadmor, es para enfatizar el "estatus de la mujer dentro del marco social del matrimonio".[48] La KJV de 1611 incluso pone estos versículos bajo el subtítulo "Institución del matrimonio". La Biblia inglesa deja claro que Génesis 2:22-24 santifica el matrimonio. Sin embargo, ni la palabra *matrimonio* ni la palabra *esposa* aparecen en el texto hebreo. La KJV no fue la primera traducción que infirió el matrimonio de los versículos 22-24, pero la normalidad de estas palabras para los lectores de la Edad Moderna temprana hizo que el matrimonio del mundo del Antiguo Testamento pareciera muy similar al matrimonio de la Inglaterra del siglo XVII.

La Biblia inglesa tradujo algo más que el texto hebreo, también añadió al texto bíblico las ideas inglesas de la Edad Moderna temprana sobre el matrimonio, así como un "lenguaje falsamente universal" que excluía a las mujeres. Los traductores de las Biblias inglesas de la Edad Moderna temprana añadieron así una capa más a la creciente idea de la mujer bíblica. Debido a que las mujeres fueron excluidas de las primeras Biblias inglesas, los evangélicos modernos han excluido con facilidad a las mujeres del liderazgo de la iglesia.

---

[47] Tadmor, *Social Universe of the English Bible*, 67-68.
[48] Tadmor, *Social Universe of the English Bible*, 58-59.

## "UN MOMENTO DRA. BARR, ¿QUÉ ACABA DE DECIR?".

Ese día estaba en un seminario con estudiantes de doctorado. La mayoría estaba estudiando Historia Americana, pero estaban en mi clase "Mujeres y Religión en el Mundo del Atlántico Norte entre 1300-1700". Estábamos a principios del semestre, sería la primera o segunda semana, y estábamos hablando de las percepciones medievales de las mujeres. Mencioné de pasada un sermón medieval sobre una mujer que asesinó a su cuñado porque (ella) era incapaz de controlar sus deseos sexuales (ya he dicho que la historia medieval está lejos de ser aburrida).

La historia es tal que así: el sexo se consideraba impuro, por lo que se animaba a los cristianos medievales a abstenerse de mantener relaciones sexuales en las fechas sagradas (y había muchas en el calendario medieval). Una mujer quería tener sexo con su marido en la mañana de Pascua. Él dijo que no. El deseo la invadió tanto que intentó seducir a su cuñado, que también se negó. Enloquecida por la lujuria, agarró una espada y le cortó la cabeza. Cuando su marido la encontró, de pie con la espada chorreando sangre, ella declaró: "¡He aquí que todo esto que he hecho, tú me lo has hecho hacer!".[1]

Y, según el sermón medieval, tenía razón. La moraleja de la historia era que sí, que había que abstenerse de tener sexo en las fechas sagradas, pero los casados también debían pagar la deuda conyugal (el sexo), y el marido no tendría que habérsela negado a su mujer. La deuda conyugal era más importante que las normas de pureza. Debido a la debilidad natural del cuerpo femenino, se consideraba que las mujeres medievales eran más

---

[1] *Speculum Sacerdotale: Edited from British Museum MS. Additional 36791*, ed. E. H. Weatherly (Londres: Oxford University Press, 1936), 128.

propensas al pecado, especialmente al sexual. En la tradición medieval, si alguien intentaba tentar a otra persona, era más probable que el tentador fuese una mujer o un demonio que un hombre. Por lo tanto, para el marido era más importante satisfacer las necesidades de su esposa que obedecer la prohibición de relaciones sexuales durante las fechas sagradas.[2] En este caso, si el marido lo hubiera hecho, habría evitado el asesinato de su hermano.

Los alumnos estaban confundidos, porque esta mujer era totalmente contraria a lo que ellos sabían de las mujeres en la historia de Estados Unidos. En la Edad Moderna temprana (al menos en la historia europea y americana), se le había dado la vuelta a la percepción de que las mujeres eran más lascivas sexualmente que los hombres. Ahora se consideraba que los hombres eran menos capaces de controlar sus deseos. Había que proteger a las mujeres de los depredadores, y las mujeres tenían que aprender a dejar de tentar los insaciables apetitos sexuales de los hombres (por ejemplo, vistiendo con más modestia). La historiadora Marilyn Westerkamp explica que, en el siglo XIX, "ya no se temía a la mujer como potencial seductora, era más probable que fuera seducida, ya que ahora se consideraba que los hombres eran más propensos a entregarse al pecado sexual".[3] La inocencia, en cambio, caracterizaba ahora a las mujeres.

Como historiadora medieval, que se representara a las mujeres como tentadoras sexuales era algo tan normal para mí que había olvidado lo extraño que sería para los estudiantes de historia americana. Había olvidado hasta qué punto nuestra comprensión actual de la mujer está condicionada por lo que ocurrió después de la Reforma.

De hecho, la construcción de la feminidad bíblica moderna para las mujeres protestantes le debe mucho más a los desarrollos posteriores al

---

[2] James Brundage, *Law, Sex and Christian Society in Medieval Europe* (1987; repr., Chicago: University of Chicago Press, 2009), 198, 241-42.
[3] Marilyn J. Westerkamp, *Women and Religion in Early America, 1600–1850: The Puritan and Evangelical Traditions* (Nueva York: Routledge, 1999), 131-33.

siglo XVI que a todos los siglos anteriores. Como hemos comentado, la "piedra angular ideológica de santidad" cambió durante la época de la Reforma. Las mujeres pasaron de encontrar la santidad en la virginidad a encontrarla en el lecho matrimonial. Los recipientes más sagrados ya no eran los valientes hombres y mujeres que se elevaban por encima de su sexo para servir a Dios, la institución más sagrada era ahora el santo hogar. En las poderosas palabras de Westerkamp, "En lugar del estatus espiritual especial concedido a unos pocos hombres y mujeres en virtud de su celibato y consagración, el mandato del matrimonio satisfacía a todos los hombres. Cada uno se convirtió en patriarca, para seguir las huellas de Abraham". ¿Y las mujeres? "Destinadas a casarse, a trabajar en el hogar y a someterse al gobierno de sus maridos".[4]

Mis alumnos me escuchaban atentamente. Al mirarlos, me di cuenta de que acababa de enseñarles algo nuevo. El patriarcado definió la vida tanto de las mujeres medievales como de las mujeres de la Edad Moderna temprana. Pero en algún momento de ese amplio periodo de tiempo, el patriarcado cambió de forma.

Las mujeres medievales se acercaban a la igualdad con los hombres cuanto más se alejaban del estado matrimonial. Las vírgenes son las que más puntos reciben en la economía espiritual medieval, seguidas de las viudas y, por último, las esposas, que ocupan el último lugar. Después de la Reforma, la economía espiritual se invirtió: las esposas pasaron a recibir los mayores honores, seguidas por las viudas. Esta vez, las vírgenes (ahora degradadas a solteronas en vez de ser celebradas como santas) pasaron a ocupar el último lugar. Como escribe la historiadora Merry Wiesner-Hanks, "Las denominaciones protestantes (luterana, anglicana, calvinista y, más tarde, metodista, bautista y muchas otras) diferían en muchos puntos doctrinales, pero estaban de acuerdo en que los clérigos debían ser jefes de familia casados y que la vida monástica no tenía valor. (...) Así pues, no había una vocación religiosa separada

---

[4] Westerkamp, *Women and Religion in Early America*, 4-5.

disponible para las mujeres, a las que se instaba a expresar su devoción en el seno de la familia como 'ayudantes' de su marido y guías de sus hijos".[5] A las mujeres, en lugar de animarlas a renunciar a sus cuerpos femeninos como la más alta vocación espiritual, se las instaba ahora a abrazar su carácter femenino como la mejor forma de servir a Dios.

A medida que se redefinía la feminidad y se santificaba el papel de esposa y madre en el mundo posterior a la Reforma, también se santificaba la subordinación de la mujer. Históricamente, las mujeres siempre han estado subordinadas a los hombres, pero ahora esa subordinación formaba parte del ADN de la fe evangélica. Ser una mujer cristiana significaba estar bajo la autoridad de los hombres.

## Modestia santificadora

Era verano, a finales de los noventa. Éramos líderes de un pequeño grupo de jóvenes (cinco chicas y cuatro chicos) en Carolina del Norte, y los llevamos a un campamento de jóvenes en un estado vecino. Hacía un calor pegajoso, la ropa se nos pegaba al cuerpo mientras llevábamos las maletas y los sacos de dormir a nuestras literas. Las chicas corrieron a las duchas con intención de refrescarse antes de la cena y la alabanza nocturna. Treinta minutos después nos sentíamos limpios, frescos y alegres y fuimos hacia el comedor. Una mujer joven se acercó a mí y me preguntó:

"¿Eres la líder de estas chicas? Necesitan cambiarse de ropa".

Paré y me giré para mirarla.

"Los tirantes de sus camisetas son demasiado finos. Se les verán los tirantes del sujetador. Tienen que taparlos".

Yo tenía poco más de veinte años y todavía no había aprendido a endulzar mis palabras. "Hemos leído el código de vestimenta y pone que pueden ir sin mangas", respondí.

No le gustó mucho mi respuesta, pero nos dejó continuar.

---

[5] Merry E. Wiesner-Hanks, *Gender in History: Global Perspectives*, 2ª ed. (Malden, MA: Wiley-Blackwell, 2011), 123.

Esa conversación fue el comienzo de una batalla con los líderes del campamento relacionada con la modestia que duró una semana. Después del tiempo de alabanza, uno de los directores del campamento se acercó a mí para decirme que las chicas debían cumplir con el código de vestimenta, recientemente modificado. Las camisetas de tirantes no estaban permitidas. Le desafié. El código decía que podían ir sin mangas. Las chicas habían traído un número limitado de prendas de vestir. Me quedé impasible.

Al parecer, los líderes del campamento tampoco se inmutaron. Esa noche se presentaron en mi puerta con una caja de camisetas extragrandes para que las chicas se las pusieran. Creo que me quedé con la boca abierta. Me enfadé mucho y devolví la caja.

A la mañana siguiente, nos convocaron a las chicas y a mí a una reunión especial. Uno de los jóvenes que trabajaba en el campamento vino a hablar con nosotros. Nos dijo que era muy importante que las jóvenes guapas fueran cuidadosas en su forma de vestir. A los chicos les cuesta controlar su imaginación, y si ven un tirante de sujetador, eso puede hacerles pecar. La modestia honra a Dios, ¿acaso no querían honrar a Dios las chicas?

Una vez más, nos dieron una caja de camisetas. Esta vez el mensaje fue claro: cúbrete o te pediremos que te vayas.

Nunca volvimos a ese campamento.

Al año siguiente, cuando estaba estudiando para un complicado examen de historia de la mujer, descubrí que las raíces de la batalla de la modestia de aquel campamento eran más profundas de lo que creía. No cabe duda de que la cultura de la pureza cobró vida propia en los años 90, tiempo en el que surgieron los anillos de pureza, rituales inquietantes como el de las adolescentes que bailan vestidas de novia con sus padres, y un extraño miedo a que se vieran los tirantes del sujetador. Pero no era la primera vez que los cristianos se obsesionaban con la pureza sexual de las mujeres. Durante el siglo XIX surgió una fijación similar con la pureza femenina, derivada de una nueva ideología sobre la mujer, el trabajo y la vida familiar que los historiadores denominan el "culto a la domesticidad".

171

El culto a la domesticidad surgió como un fenómeno inherente a la cultura de la clase media en Europa Occidental. Enfatizaba la piedad, la domesticidad, la sumisión y la pureza como características de la mujer cristiana ideal. Traspasó las fronteras de clase y nación, afectando tanto a las campesinas como a las reinas. Se desarrolló junto con las narrativas del imperialismo y la opresión racial. La historiadora Lynn Abrams dice: "En todas partes, las chicas aprendían a ser buenas esposas y madres, buenas administradoras del hogar, trabajadoras dispuestas, compañeras castas para sus maridos y madres obedientes para sus hijos". A la mujer europea del siglo XIX se la juzgaba principalmente por su papel y su comportamiento en su hogar".[6] La razón por la que las adolescentes de nuestro grupo de jóvenes se veían obligadas a ponerse camisetas holgadas no era porque a Jesús le importaran los tirantes del sujetador. Era porque los líderes de ese campamento habían confundido las ideas del siglo XIX sobre la pureza de las mujeres (por no hablar de la culpabilidad masculina) con lo que significaba ser una mujer cristiana. Los evangélicos conservadores creían que la clave para reducir la tentación sexual de los hombres era enfatizar la pureza de las mujeres. En su libro *Fundamentalismo y género*, Margaret Bendroth cita una opinión similar sacada de una publicación fundamentalista de los años 20: "Todo hombre tiene dentro de sí una cantidad concreta de dinamita, o de algo equivalente. Como norma general, las cerillas siempre han estado en manos de las mujeres".[7] Aparentemente, ver los tirantes del sujetador de las chicas habría encendido la dinamita de los chicos del campamento.

Los responsables del campamento prohibieron las camisetas de tirantes y los pantalones cortos para salvaguardar la pureza sexual. El siglo XIX, a su vez, demonizó a las prostitutas, a las trabajadoras y a los salones de baile, elevando el hogar como el espacio más seguro

---

[6] Lynn Abrams, *The Making of Modern Woman: Europe, 1789-1918* (Nueva York: Longman, 2002), 43.

[7] Margaret Bendroth, *Fundamentalism and Gender, 1875 to the Present* (New Haven: Yale University Press, 1993), 69.

para las mujeres respetables. Para darles una lección sobre modestia y recordarles su deber cristiano de proteger a los hombres de la lujuria de sus cuerpos, a las chicas de mi grupo de jóvenes les dieron camisetas, las lecciones de pureza para las mujeres de la clase trabajadora del siglo XIX eran más duras. Las personas sospechosas de inmoralidad sexual, o incluso aquellas que se pensaba que estaban muy cerca de cometer un acto sexualmente inmoral, podían ser llevadas a rehabilitación en los Asilos de la Magdalena. Allí, escribe Abrams, "se les enseñaba a ser modestas, silenciosas, trabajadoras y serviles mediante el adoctrinamiento religioso y el entrenamiento en las tareas domésticas". Lavar la ropa se convirtió en una de las ocupaciones favoritas entre las que se les enseñaba a estas mujeres: "Además de servir de entrenamiento para el servicio doméstico, simbolizaba la limpieza de la vergüenza de las niñas, así como la suciedad del entorno urbano, y era un potente recordatorio de la caída en desgracia de las niñas".[8] La cultura de la pureza avergonzaba a las mujeres del siglo XIX del mismo modo en que lo sigue haciendo hoy.

Comprender que las obsesiones por la pureza no eran nada nuevo en la historia cristiana no disminuyó mi frustración con el campamento de jóvenes, pero sí me ayudó a ver cómo el llamamiento de Pablo a los cristianos para que se esfuercen por la moralidad sexual se mezcló con los cambios históricos provocados por la Revolución Industrial, así como con las antiguas preocupaciones patriarcales sobre el control del cuerpo femenino. Al igual que pasó con *El Código DaVinci* de Dan Brown (cuando muchos cristianos se dejaron engañar por un poco de verdad histórica mezclada con una historia de ficción llena de acción), los cristianos habían vuelto a dejarse engañar por un poco de verdad bíblica mezclada con un montón de esfuerzo humano dedicado a mantener el equilibrio patriarcal de la historia.

Cuando pienso en la batalla que libré con aquellos líderes del campamento demasiado fervientes, no puedo evitar preguntarme qué

---

[8] Abrams, *Making of Modern Woman*, 157.

pensaría Jesús de esa situación. En lugar de condenar a sus discípulos cuando infringieron una ley bastante estricta en Mateo 12 (arrancaron espigas en sábado porque tenían hambre), Jesús los defendió de los fariseos. En lugar de condenar a la mujer con flujo de sangre de Lucas 8, que se acercó a él para recibir sanación sin su permiso, Jesús le dijo que se fuera en paz: su fe la había sanado. Este Jesús, que dejó que María aprendiera a sus pies como un discípulo varón, que reprendió a los discípulos por no entender su mensaje una y otra vez mientras reconocía una y otra vez la fuerte fe de las mujeres, ¿se habría unido a los líderes del campamento para avergonzar a las adolescentes por un tirante del sujetador que se les resbalaba sobre el hombro? Una vez más, el mundo en el que vivimos oprime a las mujeres y lucha por controlar sus cuerpos desde su caída "natural". Una vez más, el Dios al que servimos siempre ha hecho lo contrario.

Jesús siempre ha liberado a las mujeres.

## Santificar la domesticidad

Mi respuesta fue: ¡por supuesto! Me habían enviado un correo electrónico en el que me pedían impartir un taller sobre mentorado en un retiro de mujeres que iba a tener lugar dentro de poco. Hacía tiempo que no iba a un retiro de mujeres, pero el comité del retiro había cambiado el formato. En lugar de recurrir a ponentes externos, ahora se organizan talleres impartidos por personas de nuestra comunidad. Me entusiasmó la idea de hablar sobre la importancia del mentorado y la posibilidad de animar a algunas voluntarias a ayudar con el mentorado de las adolescentes.

En ese momento vi el horario.

El taller de mentorado se había programado al mismo tiempo que un taller de elaboración de galletas navideñas. El mentorado no tenía ninguna opción frente a las galletas.

No estaba enfadada, solo resignada. Un puñado de mujeres acudió a la sesión de mentorado, pero hornear galletas fue mucho más popular. Una mujer se disculpó por no acudir a la sesión de mentorado, y su explicación reforzó lo que yo temía sobre las prioridades de muchas mujeres en mi mundo evangélico. Me dijo que servir como mentora a otras mujeres era importante (Tito 2, ¿verdad?), pero que no lo veía como una prioridad. Su primer trabajo era ser mentora de sus hijos, no de personas ajenas a su familia. Su familia era lo primero, y hacer galletas era una forma estupenda de relacionarse con sus hijos. Además, estábamos en un retiro y hacer galletas con otras mujeres era divertido.

No hay problema, le dije, a mí también me gustan las galletas.

De verdad que me gustan las galletas. También me gusta hornear. Los adolescentes a los que he dado de comer durante años, mis propios hijos, los alumnos que tengo cada semestre y los estudiantes universitarios con los que ahora convivo como profesora residente pueden dar fe de ello. La repostería ocupa un lugar destacado en la lista de cosas que me gustan. No veo ningún conflicto entre mi identidad feminista y mis habilidades culinarias. No tengo ningún problema con que las mujeres, o los hombres, se enorgullezcan de sus proezas domésticas.

Lo que sí me molesta es que sigamos enseñando el culto a la domesticidad a las mujeres cristianas modernas. Pablo nos recuerda la importancia del pecado sexual para los cristianos, ya que nuestros cuerpos son el templo de Dios, pero no dice nada sobre la cocina o la limpieza como algo de importancia única para las mujeres. Nos encanta poner a Marta y a la mujer de Proverbios 31 como ejemplos del valor espiritual del trabajo doméstico. Pero, históricamente, esas comparaciones son malas. Aunque el trabajo doméstico siempre ha sido importante para las mujeres a lo largo de la historia de la Iglesia (como las mujeres medievales que cocinaban el pan de la Eucaristía y lavaban los manteles del altar), no fue hasta principios del mundo moderno que el trabajo doméstico se vinculó con la vocación espiritual de las mujeres. En vez de ser algo que las mujeres solían hacer, la destreza doméstica en el hogar (centrada en la familia) pasó a ser algo que las buenas mujeres cristianas *debían hacer*, porque es para lo que estamos diseñadas. Es nuestra principal vocación en este mundo.

La domesticidad, para las mujeres evangélicas, está santificada.

Para explicar cómo sucedió esto (cómo se integró la domesticidad en la identidad de las mujeres cristianas), tenemos que retroceder unos cuantos siglos hasta las consecuencias de la Reforma. Si os acordáis, la Reforma elevó el estatus de las esposas y las madres, dotándolas de dignidad espiritual e incluso de cierta autoridad. El avance de la ciencia médica, combinado con la creencia de que el cuerpo de la mujer está hecho a imagen y semejanza de Dios, hizo que la mujer superara finalmente a Aristóteles. Ya no se consideraba a las mujeres como hombres deformes, ahora se creía que habían sido creadas particularmente por Dios para complementar a los hombres. Como escribe la historiadora Catherine Brekus, "En lugar de ver a las mujeres como versiones inferiores de los hombres (hombres incompletos cuyos órganos sexuales estaban al revés), los clérigos y los científicos retrataron a los sexos como esencialmente diferentes tanto en su biología como en su temperamento".[9] Es prácticamente el comienzo de *Los hombres son de Marte, las mujeres son de Venus*. No solo es que las mujeres y los hombres son diferentes, es que son muy diferentes.

Pero como les digo a mis alumnos: al menos las mujeres ya no son monstruosas y deformes, ¿no?

Sin embargo, para los primeros pensadores modernos, ser "diferente" de los hombres abarcaba mucho más que los órganos sexuales. En el capítulo "Aprendiendo a ser mujer", Lynn Abrams ofrece varios ejemplos de fuentes contemporáneas sobre lo que pasó a significar "diferente" para las mujeres. Por ejemplo, el Vizconde de Bonald, escritor político francés, escribió en su tratado sobre la educación de 1802 que "las mujeres pertenecen a la familia y no a la sociedad política, y la naturaleza las creó para los cuidados domésticos y no para las funciones públicas". Continuó diciendo: "En cuanto a la instrucción [de las niñas], todo debe estar dirigido hacia la utilidad doméstica, y en la educación de los niños todo debe estar dirigido hacia la utilidad pública". Cuando doy clase hago una pausa antes de leer su

---

[9] Catherine A. Brekus, *Strangers and Pilgrims: Female Preaching in America, 1740-1845* (Chapel Hill: University of North Carolina Press, 2000), 153.

siguiente afirmación, que siempre provoca un animado debate entre los alumnos: "Es una falsa educación", escribió Bonald, "la que da a las inclinaciones una dirección contraria a la naturaleza, la que hace que los sexos quieran intercambiar sus ocupaciones como si se tratara de ropa".[10] La ciencia declaró que las diferencias entre mujeres y hombres eran tantas que afectaban a todos los aspectos de sus vidas, incluyendo la educación y la ocupación.

¿No se parece eso a lo que oyen muchas mujeres evangélicas hoy en día? Que las mujeres están diseñadas para quedarse en casa, y que el trabajo remunerado fuera del hogar es temporal, es decir, solo cuando es necesario.

Abrams proporciona un ejemplo de un predicador irlandés de 1856. El reverendo John Gregg predicaba que las mujeres están diseñadas para ser diferentes de los hombres, y en esa diferencia se incluían las ocupaciones. Los hombres trabajan fuera de casa en los "negocios de la vida, que son grandes y pesados", las mujeres trabajan dentro de casa porque no están "capacitadas" para el trabajo de los hombres. Como él mismo dijo:

> *Nosotros* tenemos características únicas como hombres, y también tenemos capacidades y responsabilidades únicas. Los negocios de la vida, que son *grandes* y *pesados*, recaen sobre los hombres (...), pero una parte importantísima de los deberes de la vida, especialmente de la vida privada, corresponde a la mujer. Dios ha adaptado nuestro sexo a los deberes particulares a los que estamos especialmente llamados, y para los que vosotras no estáis tan bien dotadas. La sociedad funciona mejor cuando cada sexo desempeña las funciones para las que está especialmente ordenado.[11]

---

[10] Abrams, *Making of Modern Woman*, 48.

[11] Abrams, *Making of Modern Woman*, 48.

Para las mujeres, ser diferente significaba estar ordenadas para la esfera privada: la vida familiar. Significaba mantenerse al margen del liderazgo y de las funciones económicas y políticas. Significaba literalmente hacer lo que le dijo John MacArthur a Beth Moore: "Vete a casa".[12]

## Las raíces históricas de la subordinación santificada

¿De dónde vienen estas ideas?

En primer lugar, proceden de la Ilustración. Las historiadoras Katherine French y Allyson Poska lo explican muy bien en *Mujer y género en el pasado occidental*. Hacen énfasis sobre cómo la Ilustración, al igual que la Reforma, podría haber creado una mayor igualdad para las mujeres, puesto que ya no se las consideraba hombres deformes sino humanas y, al igual que los hombres, capaces de pensar racionalmente. Lamentablemente, estas "visiones radicales de la igualdad humana" se vieron atenuadas por la emergente teoría de la complementariedad.[13] El patriarcado, en otras palabras, volvió a cambiar de forma. Surgió una nueva teoría para mantener a las mujeres bajo el poder de los hombres. ¿No es interesante que se llame complementariedad? French y Poska explican: "La complementariedad proporcionó la base para la idea de que las mujeres estaban hechas para la domesticidad y la crianza de los hijos, y los hombres para el gobierno, la racionalidad y las tareas públicas. Esta comprensión de las diferencias entre los sexos justificaba las diferentes educaciones y derechos políticos que recibían los hombres y las mujeres".[14] El

---

[12] John MacArthur le dijo esto a Beth Moore en una conferencia de Truth Matters en 2019. El podcast en el que se destaca el intercambio puede encontrarse aquí: "John MacArthur's Truth Matters Conference: SBC Meltdown", 20 de octubre de 2019, en el podcast The Reformed Rant, Stitcher, 51:08, https://www.stitcher.com/podcast/the-reformed-rant/e/64717094?autoplay=true.

[13] Katherine L. French y Allyson M. Poska, *Women and Gender in the Western Past* (Boston: Houghton Mifflin, 2007), 2:262.

[14] French y Poska, *Women and Gender in the Western Past*, 2:263.

más famoso de los primeros defensores de la complementariedad fue quizás el filósofo Jean-Jacques Rousseau. En su famoso texto *Emile* expuso su filosofía de la educación para las mujeres, argumentando que "la búsqueda de verdades abstractas y especulativas, de principios y axiomas en la ciencia, de todo lo que tiende a una amplia generalización, está fuera del alcance de una mujer, sus estudios deben ser completamente prácticos".[15] Según Rousseau, las mujeres no son tan inteligentes como los hombres y, por lo tanto, no deben tomarse la molestia de emprender un aprendizaje más avanzado. Son más adecuadas para el trabajo doméstico.

En segundo lugar, la ciencia moderna temprana reforzó la idea de que las mujeres son tan diferentes de los hombres que están predestinadas a la domesticidad. Los exámenes físicos de las mujeres sugerían que eran más pequeñas y débiles que los hombres, incluso que tenían cabezas más pequeñas, lo que en aquella época significaba cerebros más pequeños y débiles. Se consideraba que las mujeres eran biológicamente más parecidas a los niños que a los hombres, posiblemente porque las mujeres estaban menos evolucionadas que sus homólogos masculinos. En su obra *El origen del hombre*, de 1871, Charles Darwin explicaba que los rasgos evolutivos deseables se "transmitían más plenamente al varón que a la descendencia femenina (...). Así, el hombre ha acabado siendo superior a la mujer".[16] Por no hablar de que, en este nuevo y valiente mundo científico, dado que el cuerpo de la mujer está diseñado para el parto y la maternidad, el parto y la maternidad deberían ser la principal ocupación de la mujer.

Por último, debemos comprender los efectos de la Revolución Industrial. Las creencias de la Ilustración sobre las diferencias físicas de las mujeres iban de la mano de un mundo cambiado por las máquinas. Los siglos XVIII y XIX fueron testigos de la transformación del

---

[15] Jean-Jacques Rousseau, *Emile* (Londres: Dent, 1948), 349. Véase también Abrams, *Making of Modern Woman*, 45-46.

[16] Citado en French y Poska, *Women and Gender in the Western Past*, 2:314. Véase también 262-63.

trabajo en Occidente. Las máquinas y las fábricas aceleraron todo, desde la creación de bienes hasta la producción de alimentos. Las innovaciones tecnológicas cambiaron no solo el tiempo que se tardaba en realizar el trabajo (las cosas se hacían mucho más rápido), sino también el espacio en el que se realizaba el trabajo, trasladándolo de la esfera doméstica a la pública, separando el espacio doméstico del laboral.

El impacto en las mujeres fue significativo.

Por un lado, la Revolución Industrial proporcionó a las mujeres más opciones de trabajo y les permitió ganarse la vida de forma independiente. En las fábricas, las mujeres solían trabajar juntas en puestos similares, lo que les permitía forjar nuevas comunidades femeninas como sindicatos. French y Poska señalan que en 1830 "tres mil trabajadoras de una fábrica de tabaco de Madrid se amotinaron durante cinco días contra un recorte salarial y malas condiciones de trabajo".[17] Por otro lado, la Revolución Industrial endureció las restricciones de género. Si bien es cierto que la Revolución Industrial creó un aumento en el número de puestos de trabajo, e incluso precipitó la contratación de una alta proporción de mujeres durante las primeras etapas, no mejoró los salarios de las mujeres. De hecho, parecía avivar el debate de que las mujeres merecían recibir salarios más bajos que los hombres simplemente por ser mujeres. Como declaró James Mitchell, comisionado de la fábrica británica en 1833:

Algunas personas sienten mucho pesar al ver que los salarios de las mujeres son tan bajos (...), pero tal vez esas personas se equivocan, y la naturaleza cumple sus propios propósitos más sabiamente y más eficazmente de lo que podría hacer el más sabio de los hombres. El bajo precio del trabajo femenino hace que la ocupación más rentable y agradable para una mujer sea la de supervisar su propio establecimiento doméstico, y sus bajos

---

[17] French y Poska, *Women and Gender in the Western Past*, 2:297.

salarios no la tientan a abandonar el cuidado de sus propios hijos. Por ello, la naturaleza dispone que sus designios no sean defraudados.[18]

Las mujeres deberían cobrar menos, argumentaba Mitchell, porque eso las disuadiría de trabajar demasiado fuera de casa, que es donde deben hacerlo.

La creencia de que las mujeres no son aptas para el trabajo en las fábricas debido a su debilidad y que su trabajo principal debe ser el hogar dio lugar a la aprobación de leyes en toda Europa que reducían las horas de trabajo de las mujeres, las obligaban a tomar un permiso de maternidad no remunerado e incluso les prohibían trabajar en algunos lugares. La activista francesa Paule Mink defendió a las mujeres, afirmando que "al negar a las mujeres el derecho al trabajo, se las degrada, se las somete al yugo del hombre y se las entrega al placer del hombre. Al dejar de hacerla trabajadora, la privas de su libertad y, por tanto, de su responsabilidad, (...) de modo que ya no será una criatura libre e inteligente, sino que se limitará a ser un reflejo, una pequeña parte de su marido".[19]

Siempre hago una pausa en este punto cuando lo comento en clase. Mink argumentó que, al obligar a las mujeres a permanecer en el hogar, al negarles el derecho a trabajar si así lo deseaban, las mujeres perderían no solo su libertad sino su identidad.

## Santificar el culto a la domesticidad

Esto nos lleva a cerrar el círculo del culto a la domesticidad.

A principios del siglo XIX, la separación entre el trabajo y el hogar, las afirmaciones científicas sobre el carácter distintivo y la debilidad

---

[18] Citado en Joyce Burnette, *Gender, Work and Wages in Industrial Revolution Britain* (Cambridge: Cambridge University Press, 2008), 134.

[19] Citado en French y Poska, *Women and Gender in the Western Past*, 2:309-10.

de la mujer, y las enseñanzas cristianas que enfatizaban el papel de la esposa y la piedad natural de la mujer se fundieron. Nació el culto a la domesticidad. Es difícil saber la fecha exacta de su nacimiento, pero sin duda ya había surgido a principios del siglo XIX. De nuevo, los cuatro componentes principales del culto a la domesticidad, articulados por primera vez por la historiadora Barbara Welter y resumidos aquí, son los siguientes:

1. *Piedad.* Las mujeres son naturalmente más religiosas que los hombres y están más atentas a las cuestiones espirituales. Esto significa que están mejor preparadas que los hombres para guiar la educación espiritual de los niños. También significa que la educación de las mujeres debe centrarse en cultivar este rasgo.
2. *Pureza.* Las mujeres no son criaturas sexuales por naturaleza. Sus mentes y corazones son más puros que los de los hombres, y la sexualidad es importante solo porque permite a las mujeres ser madres. Las mujeres tienen que estar cubiertas y protegidas del peligro de los depredadores sexuales.
3. *Sumisión.* Las mujeres no están diseñadas para liderar. No tienen la capacidad mental ni el temperamento emocional para liderar en el ámbito político o económico. Anhelan seguir el liderazgo de hombres fuertes.
4. *Domesticidad.* Las mujeres no están diseñadas para trabajar fuera de casa. La Revolución Industrial sacó el trabajo remunerado del espacio doméstico. Las mujeres debían quedarse en casa y ocuparse del hogar, mientras que los hombres salían del hogar y se ganaban el pan de cada día. Esto significa también que la educación de las mujeres debe centrarse en la mejora de las habilidades domésticas (el origen de los cursos de economía doméstica).[20]

---

[20] Citado en Barbara Welter, "The Cult of True Womanhood", American Quarterly 18, n° 2 (1966): 151-74.

¿No te suenan estas características? ¿No parece que el culto a la domesticidad está en el núcleo del evangelismo moderno? De hecho, ¿no parece la feminidad bíblica una versión actualizada del culto a la domesticidad? En lugar de provenir de la Biblia, la feminidad bíblica se deriva de una jerarquía de género desarrollada a raíz de la Revolución Industrial para hacer frente a los cambios sociales y económicos provocados por el desplazamiento del trabajo fuera del hogar. Como afirman inequívocamente French y Poska, "la industrialización creó el culto a la domesticidad".[21] Cuando estudié el culto a la domesticidad por primera vez, no pude evitar pensar en James Dobson. Su libro *Amor para toda la vida* me impresionó mucho. Recuerdo claramente haber leído que las mujeres estaban diseñadas para ser más pasivas que los hombres, que las mujeres eran físicamente más débiles y propensas a la inestabilidad emocional, que las mujeres preferían la seguridad del hogar y de un marido que les mantuviera en lugar del duro mundo laboral de la América corporativa. De repente, su actitud tenía sentido. Lo que Dobson enseñaba sobre la naturaleza de las mujeres no era bíblico. Tenía sus raíces en el culto a la domesticidad y en las antiguas ideas sobre la inferioridad biológica de la mujer. Dobson no hacía más que predicar el culto decimonónico a la domesticidad, con la única diferencia de que ahora lo había santificado.

Si hablamos de la resiliencia del culto a la domesticidad en el mundo evangélico (la idea de que las mujeres han sido creadas para el hogar mientras que los hombres han sido creados para el trabajo público y el liderazgo), parece que debería modificar la observación de Judith Bennett. Escribe lo siguiente: "El patriarcado puede estar en todas partes, pero no es igual en todas partes".[22] Esto suele ser cierto, pero el culto a la domesticidad parece ser una excepción. El patriarcado está en todas partes y, a veces (como en el caso del culto decimonónico

---

[21] French y Poska, *Women and Gender in the Western Past*, 2:313-14.

[22] Judith Bennett, *History Matters: Patriarchy and the Challenge of Feminism* (Philadelphia: University of Pennsylvania Press, 2006), 54.

a la domesticidad resucitado como feminidad bíblica moderna), el patriarcado es el mismo.

## Cómo se adaptaron las mujeres

Tuve el privilegio de escuchar a la historiadora Kate Bowler en dos ocasiones antes de que se hiciera famosa. La primera vez fue en 2015, en una reunión de la Asociación Histórica Americana. Yo iba a ser la presidenta del programa de la Conferencia sobre Historia y Fe de 2016, y escuché a Bowler presentar su recién publicado libro *Bendecida: una historia del evangelio de la prosperidad en Estados Unidos*. Inmediatamente le pedía que fuera una de las conferenciantes plenarias de 2016.

Debido a un extraño giro de los acontecimientos durante la conferencia (un espontáneo mitin de Donald Trump en el campus universitario cristiano que acogía nuestro evento), la segunda vez que escuché hablar a Bowler fue incluso más memorable que la primera. Nos habían echado de los edificios originalmente asignados para la conferencia porque estaban demasiado cerca del mitin de Trump y nos reasignaron a la capilla del campus. Esto significa que Bowler dio su presentación en el púlpito de Pat Robertson en la Universidad Regent en Virginia Beach. Me alegra informar que yo también hablé desde ese mismo púlpito al presentarla. Yo no tuve valor suficiente para levantar los brazos en el aire, como el Jesús de las vidrieras detrás del púlpito, pero Kate Bowler sí.

La segunda razón por la que fue memorable la presentación de Bowler fue por su tema: cómo las mujeres evangélicas conservadoras se han forjado una autoridad religiosa en tradiciones que prohíben el liderazgo femenino. Su investigación se publicó posteriormente como *La mujer del predicador: el precario poder de las mujeres evangélicas famosas*. En una sección bastante divertida de su charla, nos contó que tenía una hoja de cálculo en la que guardaba los perfiles de Twitter de algunas mujeres evangélicas. Según mis notas, algunas de las palabras favoritas eran "café", "leggings" y "absoluto desastre", pero "esposa" y "madre" eran identidades que se expresaban comúnmente.

En su libro, Bowler ofrece los ejemplos de Ann Voskamp, "esposa de granjero, mamá de 7", y Lauren Chandler, "esposa de Matt, madre de Audrey, Reid + Norah". Ambas enfatizan su papel de esposa primero y de madre después.[23] Ser esposa y madre da credibilidad a las mujeres evangélicas. Como escribe Bowler en la introducción de *La mujer del predicador*: "Una mujer famosa del mega ministerio (...) obtuvo la fama del papel familiar que desempeñó como madre, hermana, hija o, más a menudo, esposa de un hombre piadoso importante. (...) La mayoría de las mujeres construyeron sobre la base del matrimonio y la familia".[24]

Gracias al trabajo de Bowler, a menudo pienso en cuáles serían los perfiles de Twitter de las mujeres medievales que estudio y que predican y enseñan. Serían bastante diferentes de las mujeres evangélicas de Bowler, creo. La de Margery Kempe incluiría, sin duda, la palabra criatura. Tal vez "Criatura de Dios, pregonera profesional, peregrina, virgen secundaria, devota". Dudo que Kempe incluya alguna referencia a su familia o a su marido. La de Juliana de Norwich sería más fácil de adivinar: "Monja de clausura, sierva de Dios, visionaria, consejera espiritual, vive sola". Sin embargo, creo que mi favorita sería la de Margarita de Antioquía: "Virgen desafiante, inmutable ante la tortura, asesina de dragones, evangelista, hacedora de milagros, amiga de Dios". Ni el matrimonio ni la maternidad figurarían de forma significativa en los perfiles de Twitter de estas mujeres medievales, tampoco se molestarían en destacar sus habilidades domésticas.

En los siglos XVIII y XIX, los perfiles de Twitter de las mujeres predicadoras se parecerían mucho más a los ejemplos que menciona Bowler. Los estatus de "esposa y madre" probablemente se ampliarían a "esposa virtuosa" y "madre cariñosa". Probablemente destacarían su destreza doméstica como "administradora del hogar" o "lectora

---

[23] Kate Bowler, *The Preacher's Wife: The Precarious Power of Evangelical Women Celebrities* (Princeton: Princeton University Press, 2019), 172-73.
[24] Bowler, *Preacher's Wife*, 14.

familiar de la Biblia", y sin duda harían referencia a su carácter femenino, describiéndose como "hermana amable", "madre sufrida",
"hija profética", "espíritu tranquilo", y quizás, incluso, como el "sexo
débil". Las mujeres se adaptan a las reglas siempre cambiantes del
patriarcado. El equilibrio patriarcal perdura, pero está definido por la
cultura que nos rodea. Las reglas del patriarcado cambian a medida
que cambia la historia (¡aunque la resiliencia del culto a la domesticidad podría ser una excepción!). Rechazar el carácter femenino auto-
rizaba las voces de las mujeres en la Europa medieval, pero eso ya no
funcionaba en el mundo posterior a la Reforma. Abrazar el carácter
distintivo femenino se convirtió en el mejor camino para las mujeres
llamadas a predicar. "En lugar de justificar el derecho de las mujeres
a predicar sobre la base de que habían trascendido su género, que no
eran ni hombres ni mujeres", escribe la historiadora Catherine Brekus,
surgió "una nueva ideología de la virtud femenina", que fundamen-
taba la autoridad de las mujeres en su carácter femenino.[25]

Podemos animarnos.

A pesar de que el patriarcado cambia las reglas constantemente,
las mujeres siempre han encontrado una manera de predicar y enseñar la Palabra de Dios. En uno de los apéndices de un texto académico más alentadores que he leído nunca, Brekus hace una lista de
todas las mujeres que pudo encontrar en los registros que predicaron y exhortaron en las iglesias estadounidenses entre 1740 y 1845.
Ciento veintitrés nombres. Ciento veintitrés mujeres que sintieron la
llamada de Dios en sus vidas y respondieron. Ciento veintitrés mujeres de aproximadamente veinte denominaciones protestantes: Almira
Prescott Bullock, que fundó un nuevo grupo bautista con su marido,
Jeremiah, en 1821; Zilpah Elaw, que predicó en una iglesia metodista
africana en 1827; Ellen Harmon White, que fundó los Adventistas del
Séptimo Día en 1844. Mujeres blancas y negras que predicaron en
todo el panorama cristiano estadounidense. La imponente conclusión

---

[25] Brekus, *Strangers and Pilgrims*, 152.

de Berkus es la siguiente: "Al preservar su fe en un mundo que parecía despreciarlas, al confiar en la bondad de Dios, esperaban inspirar a las futuras generaciones de mujeres evangélicas para que reclamaran el púlpito como propio".[26] Y como mujer bautista, me encanta que treinta de las mujeres predicadoras que aparecen en el apéndice de Brekus sean bautistas.

Pero esta información también puede hacer que nos desanimemos.

Para poder predicar, esas mujeres tuvieron que ajustarse a las expectativas. Dándole la vuelta al culto a la domesticidad, las mujeres afirmaban que su piedad superior y las funciones de crianza que les había otorgado Dios las facultaban para predicar: "El trabajo pastoral está adaptado a las mujeres, porque es un trabajo maternal", explicó la predicadora metodista Anna Oliver. "Igual que una madre pone en la mesa alimentos adecuados a las necesidades individuales de su familia, así alimenta el pastor el rebaño".[27] Esto ciertamente habla de la persistencia de estas mujeres en el cumplimiento del llamado de Dios. Pero también muestra cómo las reglas volvieron a cambiar para las mujeres. La llamada de Dios a servir a las mujeres nunca parece justificación suficiente para que estas prediquen, tienen que justificar su derecho basándose en su contexto histórico de patriarcado. Para las mujeres del siglo XIX, esto significaba utilizar su carácter femenino para autorizar su voz.

El culto a la domesticidad se infiltró en América desde sus raíces británicas y se filtró en lo que se convirtió en la cultura evangélica moderna. Desde la popularidad en la década de 1850 de revistas como *Godey's Lady's Book* (el manual para las damas de Godey), que instruía a las mujeres sobre cómo convertir una casa en un hogar, pasando por el libro de Marabel Morgan de 1973 *The Total Woman* (La mujer completa), que argumentaba que la clave para un matrimonio perfecto era que la mujer se sometiera abyectamente a su marido,

---

[26] Brekus, *Strangers and Pilgrims*, 341.

[27] Brekus, *Strangers and Pilgrims*, 340.

hasta la moderna conferencia *True Woman* (Mujer verdadera), dirigida por Nancy DeMoss Wolgemuth, la mujer evangélica ideal era aquella que protegía su pureza sexual, se quedaba en casa, alimentaba la espiritualidad de su familia y se sometía a su marido. El historiador Randall Balmer explica que los evangélicos no se han dado cuenta de que el "concepto tradicional de feminidad" que creemos que proviene de la Biblia no es más que "una construcción del siglo XIX".[28]

Solo tenemos que leer una selección de *Felices para siempre*, un libro de devocionales sobre el matrimonio de John Piper, Francis Chan y Nancy DeMoss Wolgemuth, entre otros. "Él se sacrifica, ella se somete. Él guía, ella sigue. Él inicia, ella afirma. Él refleja a Jesús, ella refleja a Jesús".[29] Para mis oídos, versados en historia femenina, estas palabras podrían haber salido directamente de los escritos de la Ilustración de Rousseau: "El hombre debe ser fuerte y activo, la mujer debe ser débil y pasiva, el uno debe tener tanto el poder como la voluntad, es suficiente que el otro ofrezca poca resistencia".[30] La mujer es la compañera pasiva, que se somete, sigue, afirma y cede a la fuerza del marido. La única diferencia entre Rousseau y el devocional matrimonial *Felices para siempre* es que ahora Jesús santifica estas diferencias.

No hay más que leer cualquier post del blog *The Transformed Wife* (La mujer transformada) para ver que, en algunos lugares, el culto a la domesticidad está en plena ebullición. Por ejemplo, el diagrama de flujo elaborado por Lori Alexander (la mujer que está detrás de *The Transformed Wife*) que compara a las madres que se quedan en casa con las que trabajan. El gráfico, titulado "¿Deberían tener carreras profesionales las madres?", se hizo viral en 2018. Su respuesta,

---

[28] Randall Balmer, "American Fundamentalism: The Ideal of Femininity", en *Fundamentalism and Gender*, ed. John Stratton Hawley (Nueva York: Oxford University Press, 1994), 55.

[29] P. J. Tibayan, "Seeing Jesus on the Stage of Marriage", en *Happily Ever After: Finding Grace in the Messes of Marriage* (Minneapolis: Cruciforme, 2016), 5.

[30] Citado en Abrams, *Making of Modern Woman*, 29.

claramente, fue que no. En opinión de Alexander, una madre que se queda en casa tiene una "vida plena" y "su marido y sus hijos se levantan y la llaman bendita", mientras que una madre que trabaja tiene una vida que "se desmorona". Alexander dice que cuando trabajaba como profesora "no se sentía como (...) una buena esposa o madre",[31] y extrapola su experiencia para afirmar que todas las mujeres se sienten así, o deberían sentirse así.

Solo hay que mirar la encuesta de Barna de la que hablamos en los capítulos 1 y 2. Las cifras de las encuestas muestran la resistencia de los evangélicos al liderazgo de las mujeres. Como dice el Grupo Barna sobre los resultados de su encuesta de 2017, "Dentro de la Iglesia (especialmente entre los evangélicos), el apoyo a las mujeres en el liderazgo y el reconocimiento de los desafíos que pueden enfrentar las mujeres está muy rezagado".[32]

La historia importa, y para las mujeres evangélicas modernas, la historia del siglo XIX ha importado mucho más de lo que debería.

---

[31] Shari Puterman, "Meet the Transformed Wife, Whose 'Working Mom' Chart Rocked the World", Daily Advertiser, 23 de diciembre de 2018, https://www.theadvertiser.com/story/life/allthemoms/2018/12/17/story-behind-transformed-wifes-working-moms-chart/2317019002. Véase también el blog The Transformed Wife en https://thetransformedwife.com.

[32] "What Americans Think about Women in Power", Barna Group, 8 de marzo de 2017, https://www.barna.com/research/americans-think-women-power.

LA **PELÍCULA DE 1995** *Sospechosos habituales,* escrita por Christopher McQuarrie, dirigida por Bryan Singer y protagonizada por Kevin Spacey (mucho antes de que el movimiento #MeToo desvelara las acusaciones de agresión sexual contra él), es una brillante historia sobre cinco delincuentes que se encuentran en una rueda de reconocimiento policial y planean un atraco juntos. El suspense aumenta a medida que las pruebas apuntan a un legendario genio criminal, Keyser Söze. El sorprendente giro final de la trama es digno de un guion de M. Night Shyamalan. El personaje de Spacey pronuncia una frase que nunca he olvidado: "El mayor engaño del diablo fue convencer al mundo de que no existía".

No he olvidado la frase, porque no estoy de acuerdo con ella. El mayor engaño del diablo fue convencer a los cristianos de que la opresión es piadosa. Que Dios estableció que algunas personas, simplemente por su sexo o color de piel (o ambos), estaban bajo el poder de otras personas. Que la subordinación de la mujer es una parte central del evangelio de Cristo. Todavía me sorprende un artículo que escribió Russell Moore en 2006 y que se titula "Después del patriarcado, ¿qué?". Espero que ya no crea lo que escribió, porque en el artículo argumenta que la subordinación de la mujer pertenece al evangelio: "Debemos (...) relacionar la jefatura masculina con el conjunto del evangelio", escribe.[1] Resumiendo el estudio de varios sociólogos, Moore lamenta que los hogares evangélicos sean funcionalmente feministas, y que las decisiones se tomen "a través de un proceso de negociación, sumisión mutua y

---

[1] Russell D. Moore, "After Patriarchy, What? Why Egalitarians Are Winning the Gender Debate", Journal of the Evangelical Theological Society 49, no. 3 (septiembre de 2006): 572, https://www.etsjets.org/files/JETS-PDFs/49/49-3/JETS_49-3_569-576_Moore.pdf.

consenso".[2] Moore sostiene que aunque los evangélicos defienden de boquilla el liderazgo masculino, la mayoría no lo practica. Como el feminismo impregna la cultura moderna, colándose a través de las experiencias cotidianas de la vida, ha llegado a infiltrarse en la familia evangélica. Ver a Beth Moore predicar tan a menudo ha hecho que los evangélicos sean más receptivos a la predicación de las mujeres y, por tanto (parece insinuar), más receptivos al igualitarismo. Concluye que ha llegado el momento de lanzar una nueva visión del cristianismo que "proporcione una alternativa bíblica y teológicamente convincente" al igualitarismo, una "que resuma la carga de la jefatura masculina bajo la rúbrica cósmica del evangelio de Cristo y la restauración de todas las cosas en él".[3] En otras palabras, ha llegado el momento de anclar la sumisión femenina al corazón del cristianismo.

Cuando Russell Moore escribió este artículo en 2006, ya se habían sentado las bases de su visión. El diablo ya había engañado a los cristianos evangélicos. Permíteme que te cuente cómo ocurrió, tal y como hizo el agente especial David Kujan al final de *Sospechosos habituales*. Déjame explicarte por qué los evangélicos creen que la mujer bíblica es una verdad del evangelio. Tal vez a ti, como a Kujan, también se te caiga la taza de café.

## Olvidar nuestro pasado

En junio de 1934, los diáconos se reunieron en la Primera Iglesia Bautista Elm Mott, una antigua congregación Bautista del Sur cerca de Waco, Texas. Votaron unánimemente para invitar a la señora de Lewis Ball, de Houston, a venir como predicadora para un avivamiento de su iglesia. Los diáconos recomendaron que la "señora de Lewis Ball de Houston viniera a ayudarnos una semana durante el

---

[2] Moore, "After Patriarchy, What?", 571.
[3] Moore, "After Patriarchy, What?", 569, 576.

próximo avivamiento, ya que es una gran inspiración para los jóvenes. La señora Ball ha tenido un éxito excepcional ganando almas".[4]

El 3 de julio de 1934, la señora Ball predicó durante el servicio matutino. Los registros eclesiásticos escritos a mano dicen que Jack Wiley y B. H. Varner "profesaron a Cristo como su Salvador personal". Cuando la señora Ball predicó en el servicio vespertino para la reunión de oración de los jóvenes, la señorita Mary Brustrum hizo profesión de fe. La señora de Lewis Ball predicó durante toda la semana, incluido un mensaje titulado "¿Está bien tu alma?" el 5 de julio, durante el cual seis personas hicieron profesión de fe. El avivamiento de 1934 fue testigo de la mayor cantidad de nuevos creyentes que se haya registrado en la Primera Iglesia Bautista Elm Mott (139 personas), y la asistencia a la escuela dominical esa semana rompió todos sus récords (176 personas). En total se produjeron dieciséis bautismos. Ball resultó ser tan popular que se le pidió que volviera en 1935 y 1938.

En 1934, nadie en esta iglesia Bautista del Sur tenía problemas con la predicación de la señora de Lewis Ball. La recomendación de los diáconos no tenía nada que ver con el género y sí con la capacidad de predicación. Ball era una "gran inspiración" y "había tenido un éxito excepcional ganando almas", así que la invitaron.[5] La actitud hacia Ball es una muestra de las actitudes más liberales que tenía la CBS en ese momento. En 1963, la denominación Bautista del Sur ordenó a

---

[4] La colección de la Primera Iglesia Bautista de Elm Mott aún no ha sido procesada, pero los documentos se pueden encontrar en los archivos de la Colección de Texas en la Universidad de Baylor. Algunas de las notas históricas de la iglesia se han conservado en "A History of First Baptist Church of Elm Mott, Elm Mott, Texas, 1879-1979" de Hay Battaile, 1979, Registros de la Primera Iglesia Bautista de Elm Mott, Colección de Texas, Universidad de Baylor. Los registros correspondientes a la Sra. Lewis Ball se encuentran en las páginas 10 y 11, aunque las notas manuscritas del secretario contienen muchos más detalles. Las siguientes citas proceden de estos registros.

[5] Registros de la Primera Iglesia Bautista de Elm Mott, Colección de Texas, Universidad de Baylor.

Addie Davis, y en 1974 patrocinó una conferencia en la que se afirmaba el papel de la mujer en el ministerio. El resultado fue una colección editada por Broadman Press: *Libertad cristiana para las mujeres y otros seres humanos*.[6] El historiador bautista Charles Deweese señala cómo la CBS utilizó en su día pasajes del Nuevo Testamento para apoyar a las mujeres en el ministerio público (en lugar de utilizar estos pasajes para expulsar a las mujeres del ministerio, como hacen hoy).[7] Por ejemplo, el *Comentario Bíblico Broadman*, un comentario que comenzó en 1969, menciona a Febe como diaconisa en Romanos 16.[8] El erudito en religión Timothy Larsen escribió un ensayo en 2017 que muestra la larga historia del liderazgo femenino en la tradición evangélica, incluyendo la tradición bautista. Llegó a calificar la participación de las mujeres en el ministerio público como un "distintivo histórico del evangelismo".[9]

Tengo que hacer una pausa aquí para hablar de la primera vez que leí el artículo de Larsen.

Lo pasé mal el primer año después del despido de mi marido. A veces me costaba respirar cuando estaba en el despacho de la facultad, así que salía, cruzaba la calle y me sentaba en los bancos de piedra tallada que hay frente a la biblioteca Carroll en el campus de Baylor. Todos los días, las superficies claras de esos bancos absorben el caluroso sol de

---

[6] Carol Ann Vaughn, "Baptist Women: Ordination within the Historical SBC", God, Faith, Media, 12 de septiembre de 2000, https://goodfaithmedia.org/baptist-women-ordination-within-the-historical-sbc-cms-414; Harry N. Hollis Jr., *Christian Freedom for Women and Other Human Beings* (Nashville: Broadman, 1974).

[7] Charles Deweese, *Women Deacons and Deaconesses: 400 Years of Baptist Service* (Macon, GA: Mercer University Press, 2005), 11.

[8] *The Broadman Bible Commentary, vol. 10, Acts-1 Corinthians* (Londres: Marshall, Morgan y Scott, 1971). Véase la exposición de Romanos 16.

[9] Timothy Larsen, "Evangelicalism's Strong History of Women in Ministry", Reformed Journal 5, no. 32 (septiembre/octubre 2017), https://reformedjournal.com/evangelicalisms-strong-history-women-ministry.

Texas. Descubrí que podía respirar allí, sentada en el espacio abierto con la cálida piedra a mi espalda. A menudo llevaba trabajos de los estudiantes o un libro para parecer ocupada, como si estuviera preparando la clase o poniendo notas. Así podía sentarme sola y respirar. Un día olvidé la lectura de camuflaje. Había sido una mañana dura, a principios del otoño de 2017. Gran parte de nuestro futuro seguía siendo incierto. Las heridas causadas por la abrupta salida de la que había sido nuestra familia eclesiástica durante quince años parecían aún más frescas con el comienzo de un nuevo año escolar. Atrás quedaba la pauta habitual de las actividades de vuelta con los jóvenes, atrás quedaban los programas infantiles que tantas ganas tenían de empezar nuestros hijos con sus amigos de la iglesia, atrás quedaba la pareja con la que habíamos pasado tanto tiempo y la amistad con ellos que aún no habíamos reemplazado, atrás quedaba la respuesta de nuestro hijo cuando sus amigos del colegio le preguntaban a qué se dedicaba su padre. Estaba tan envuelta en el vacío de nuestras vidas que no fue hasta que un amigo bien intencionado se sentó a mi lado en aquel cálido banco de piedra y entabló conversación conmigo que me di cuenta de mi error.

En cuanto se fue, abrí el teléfono y pinché en el enlace de un artículo que me había enviado un compañero. Solo era lectura de camuflaje, para que pareciera que estaba ocupada. En ese momento, mis ojos se fijaron en el título: "La sólida historia del evangelismo y las mujeres en el ministerio". ¡Qué regalo en ese día tan duro! La pregunta que había provocado nuestro trauma familiar era si nuestra iglesia evangélica permitiría que una mujer enseñara en la escuela dominical para jóvenes, y aquí estaba un respetado erudito evangélico esbozando cómo las mujeres han sido maestras, líderes e incluso predicadoras a lo largo de la historia evangélica.

Escucha lo que argumenta Larsen: "Las mujeres en el ministerio cristiano público son un distintivo histórico del evangelismo. Es histórico porque las mujeres evangélicas han estado cumpliendo con su llamado en el ministerio público desde la generación fundadora del evangelismo hasta el día de hoy y en todos los períodos intermedios".

Define el ministerio público como "el servicio a los creyentes adultos" e incluye la predicación, la enseñanza, el pastoreo y otras formas de atención espiritual. John Wesley, fundador del metodismo, pasó de prohibir a las mujeres como predicadoras a aceptarlas. Larsen señala que Wesley ratificó a la predicadora Sarah Crosby (entre otras), escribiendo que tenía un "llamado extraordinario". Esto convenció a Wesley de aceptarla como predicadora, al igual que aceptó a los predicadores laicos masculinos. "Es fascinante", escribe Larsen, "que [Wesley] ratificara los ministerios de estas mujeres en un lenguaje explícitamente igualitario como del mismo orden que el de los hombres que no habían recibido la ordenación anglicana cuyos ministerios públicos también estaba ratificando".[10]

A pesar de la postura complementarista de línea dura de John Piper, incluso los evangélicos calvinistas del pasado han ratificado el llamado de las mujeres por Dios como ministros públicos. Larsen explica que la primera denominación calvinista americana, que surgió del renacimiento evangélico del siglo XVIII, fue fundada por una mujer, Selina, condesa de Huntingdon. La denominación sigue existiendo, es miembro de la Alianza Evangélica, y sigue llevando su nombre: "Conexión de la Condesa de Huntingdon".[11]

Muchos evangélicos creen que apoyar a las mujeres en el ministerio es una pendiente resbaladiza que conduce al liberalismo y al agnosticismo.

Wayne Grudem sostiene que las líderes femeninas en la iglesia (especialmente las pastoras) desobedecen la Palabra de Dios, abriéndose a "la retirada de la mano protectora y la bendición de Dios".[12] Según Grudem, el liderazgo femenino erosiona la ortodoxia en las iglesias, lo que conduce a una mala interpretación de las Escrituras y a la falta

---

[10] Larsen, "Evangelicalism's Strong History".

[11] Larsen, "Evangelicalism's Strong History".

[12] Wayne Grudem, "Women Pastors: Not the 'Path to Blessing'", entrevista de Laura Sheahen, Beliefnet, octubre de 2006, https://www.belief net.com/faiths/christianity/2006/10/women-pastors-not-the-path-to-blessing.aspx.

de confianza en la Biblia. El liderazgo femenino también erosiona los roles familiares adecuados, socavando la autoridad masculina y creando confusión de identidad de género entre los niños. Grudem incluso proporciona un ejemplo específico de una predicadora que perdió la protección de Dios en su vida: una pastora llamada Judy Brown. Grudem se apresura a señalar que Brown contribuyó con un capítulo a un libro editado por Gordon Fee: *Descubrir la igualdad bíblica: complementariedad sin jerarquía* (el libro se publicó en 2004, en 2012 salió otra edición en la que se había eliminado el artículo de Brown). Sin embargo, Brown acabó en la cárcel por intentar asesinar al marido de su amante. Cuando el entrevistador le preguntó si Grudem pensaba que el trágico destino de Judy Brown estaba "relacionado con sus opiniones sobre la predicación de las mujeres", su respuesta fue clara: "En este caso, me parece que hay un área de desobediencia al mandato de las Escrituras con respecto al liderazgo masculino y la enseñanza en la iglesia".[13] Permitir el liderazgo femenino es sintomático de una transigencia cultural, implica Grudem, ya que la presión para que las mujeres sean predicadoras y ancianas viene de fuera del cristianismo. El liderazgo femenino no forma parte del evangelismo creyente en la Biblia. Es pecado y, como demuestra la trayectoria de la vida de Judy Brown, lleva a la destrucción.

El ensayo de Timothy Larsen demuestra que Wayne Grudem está equivocado.

Históricamente, las mujeres han florecido como líderes, maestras y predicadoras, incluso en el mundo evangélico. En lugar de oponerse a las mujeres como predicadoras y maestras, muchos evangélicos de los siglos XVIII y XIX hicieron lo contrario: apoyaron a las mujeres en el ministerio público. Mi parte favorita del ensayo de Larsen es cómo invierte nuestra comprensión de por qué los evangélicos apoyan a las mujeres en el ministerio. Para Grudem y Piper, las mujeres en el ministerio público son una prueba de cómo los evangélicos han cedido

---

[13] Grudem, "Women Pastors".

a la cultura contemporánea, sucumbiendo a la presión del feminismo moderno en lugar de permanecer fieles a la norma intemporal de la Palabra de Dios. De hecho, su libro *Redescubriendo la hombría y la feminidad bíblicas* se subtitula "Una respuesta al feminismo evangélico". Larsen invierte su argumento: "Cuando los evangélicos se han preocupado más por la Biblia y el evangelio que por que la sociedad en general les considerase respetables, estos compromisos les han llevado a menudo a afirmar a las mujeres en el ministerio público".[14] Cuando los evangélicos apoyan a las mujeres en el ministerio público están más alineados con el evangelio de Jesús. Cuando los evangélicos sucumben a la presión de la cultura contemporánea es cuando se vuelven contra las mujeres en el ministerio público.

¡Vaya forma de replantear nuestra perspectiva!

Larsen no es el único que sostiene que en la historia evangélica hay una sólida presencia de mujeres en el ministerio público. La historiadora Bettye Collier-Thomas ha encontrado mujeres que predican y lideran activamente en denominaciones como la Iglesia Metodista Episcopal Africana (AME), la Iglesia AME Zion, la Iglesia Bautista, la Iglesia Metodista Episcopal de Color y en los movimientos de Santidad. Publicó una colección de treinta y ocho sermones de catorce predicadoras negras que trabajaron en EE. UU. entre 1850 y 1979, mostrando, de nuevo, un hilo continuo de mujeres que servían como líderes, maestras y predicadoras mucho antes del surgimiento del feminismo evangélico.[15]

El título del libro de Collier-Thomas es brillante: *Hijas del trueno: predicadoras negras y sus sermones, 1850-1979*. Habla de mujeres que allanaron el camino, como Mary J. Small (ordenada anciana en 1898 en la Iglesia AME Zion), así como de predicadoras del siglo XX, como la bautista tejana Ella Eugene Whitfield, que se convirtió en

---

[14] Larsen, "Evangelicalism's Strong History".

[15] Bettye Collier-Thomas, *Daughters of Thunder: Black Women Preachers and Their Sermons, 1850-1979* (San Francisco: Jossey-Bass, 1998).

misionera de la Convención Nacional Bautista Auxiliar de la Mujer y predicó casi quinientos sermones y visitó más de mil hogares e iglesias en 1911 (la naturaleza pública y la amplia visibilidad del ministerio de Whitfield a principios del siglo XX me parece un precursor del ministerio público de Beth Moore, también bautista de Texas). Las voces de las mujeres negras tronaban desde los púlpitos, al igual que las voces de sus hermanos en Cristo.[16] El ministro bautista Samuel W. Bacote elogió la presencia pública de Whitfield como "una mujer de celo incansable y apariencia imponente". "Puede mantener el interés de una audiencia indefinidamente", escribió, "por la intensidad de su seriedad y la claridad y adecuación de sus palabras bien elegidas. La utilidad de sus temas y la excelencia de su discurso la han hecho extremadamente popular como oradora pública".[17]

Cuando la señora de Lewis Ball predicó en la Primera Iglesia Bautista Elm Mott en los años 30, no lo hizo porque la iglesia estuviera sucumbiendo a las presiones feministas. Predicaba porque la iglesia la consideraba una gran predicadora que ganaba almas y porque (como Ella Eugene Whitfield y tantas otras mujeres de su tiempo) su vocación estaba ratificada por la comunidad cristiana que la rodeaba.

El problema es que los evangélicos no conocen esta historia.

En lugar de leer el poderoso sermón de 1941 "Si yo fuera blanca" de la ministra ordenada Florence Spearing Randolph, o de aprender sobre las dieciséis personas que se bautizaron tras el servicio de avivamiento dirigido por la señora de Lewis Ball en 1934, los evangélicos acuden a la página web "Desiring God" (Deseando a Dios) de John Piper (ha tenido seis millones de visitantes durante los últimos seis meses), donde escuchan entrevistas en el podcast "Ask Pastor John" (Pregúntale al pastor John) del estilo de "¿Puede predicar una mujer si los ancianos lo ratifican?" o leen artículos como "Mujeres que enseñan a hombres: cuándo se llega demasiado lejos", de Mary A.

---

[16] Collier-Thomas, *Daughters of Thunder*, 91.

[17] Collier-Thomas, *Daughters of Thunder*, 153-54.

Kassian. En lugar de leer el artículo de Larsen "La sólida historia del evangelismo y las mujeres en el ministerio" y el libro *Hijas del trueno* de Collier-Thomas, estamos escuchando a John Piper afirmar inequívocamente que no está bien y nunca ha estado bien que las mujeres enseñen a los hombres.[18] Puesto que carecemos de un contexto histórico para evaluar las afirmaciones de Piper, los evangélicos aceptamos sus enseñanzas.

Al olvidar nuestro pasado, especialmente el de las mujeres que no encajan en la narrativa que cuentan algunos evangélicos, hemos facilitado la aceptación de la "verdad" de la mujer bíblica. No recordamos nada diferente.

## Redefinir la santidad

Las mujeres evangélicas predicaban a las multitudes en público igual que lo hacían las mujeres en la Europa medieval. Sin embargo, las predicadoras evangélicas tienen un aspecto bastante diferente al de la gran nube de testigos femeninos de Margery Kempe. Veamos más de cerca a la señora de Lewis Ball. En realidad, no sabemos su nombre: los registros la identifican simplemente por el nombre de su marido. No se le pagó por sus servicios. Los registros señalan que no se le pagaría, aunque las mujeres de Elm Mott organizaron una recolecta de regalos para mostrar su agradecimiento.

Cabe destacar que durante la década de 1930 la Primera Iglesia Bautista Elm Mott invitó a una mujer a predicar más de una vez desde el púlpito. También es notable que esta mujer predicara sin desafiar

---

[18] Florence Spearing Randolph, "If I Were White", en Collier-Thomas, *Daughters of Thunder,* 128-29; John Piper, "Can a Woman Preach if Elders Affirm it?", 6 de febrero de 2015, en "Ask Pastor John", podcast, Desiring God, https://www.desiringgod.org/interviews/can-a-woman-preach-if-elders-affirm-it; Mary A. Kassian, "Women Teaching Men-How Far Is Too Far?", Desiring God, 21 de mayo de 2016, https://www.desiringgod.org/articles/women-teaching-men-how-far-is-too-far.

la autoridad masculina. Se identificó con el nombre de su marido, Lewis Ball, subrayando que predicaba con su permiso. En lugar de aceptar dinero para predicar (como si fuera su trabajo), devolvió el dinero a la iglesia, donando 25 dólares al Fondo Misionero Lottie Moon. La señora de Lewis Ball se ganó la reputación de gran evangelista que ganaba almas, al tiempo que mantenía su reputación de esposa convencional. Incluso se las arregló para transmitir el mensaje de que la predicación era su trabajo secundario. Como mujer casada, por supuesto, su trabajo principal sería el cuidado de su familia.

Si rebobinamos casi tres siglos, hasta los primeros años de la historia bautista, podemos ver cómo se pone un énfasis similar en otra predicadora bautista. En 1655, Katherine Sutton pidió a Dios que "derramara de su bendito Espíritu" sobre ella, y comenzó a predicar y profetizar a través del canto.[19] El pastor bautista de Sutton, Hanserd Knollys, escribió el prefacio de su autobiografía espiritual. El propósito de Knollys era defender el ministerio público de Sutton, pero lo hizo basando su vocación espiritual en su carácter femenino. Al igual que la señora de Lewis Ball no desafió directamente la autoridad masculina, Knollys se aseguró de que Sutton tampoco lo hiciera. Utilizando Juan 6:12 como marco, Knollys describe cómo Dios derramó su Espíritu primero sobre sus siervos fieles (hombres), y luego las mujeres (siervas) vinieron detrás y recogieron las "migajas de ese pan espiritual".[20] Los hombres recibieron el Espíritu de Cristo directamente, las mujeres fueron después y recogieron las sobras. Knollys justifica el derecho de

---

[19] Citado en Curtis Freeman, *A Company of Women Preachers: Baptist Prophetesses in Seventeenth-Century England* (Waco: Baylor University Press, 2011), 608, 610.

[20] Hanserd Knollys, introducción a *A Christian Woman's Experiences of the Glorious Working of God's Free Grace*, de Katherine Sutton (Rotterdam: Henry Goddæus, 1663; Rochester, NY: American Baptist Historical Society, 1981), citado en Freeman, *Company of Women Preachers*, 592. También hablo de Sutton en mi artículo "Women in Early Baptist Sermons: A Late Medieval Perspective", Perspectives in Religious Studies 41, n° 1 (2014): 13-29.

Sutton a profetizar y, al mismo tiempo, subraya su estatus secundario. No era una amenaza para la autoridad masculina. Sutton era una profeta que predicaba (bueno, en realidad, que cantaba), pero también era una mujer piadosa dedicada a la familia. Knollys justifica lo extraordinario de su don espiritual subrayando su carácter ordinario como mujer: era cariñosa, amable, sabia, virtuosa, maternal y dedicada a la familia.

Lo que he observado sobre el liderazgo de la señora de Lewis Ball en los años 30 es similar a la caracterización que hace Knollys del liderazgo de Sutton unos trescientos años antes. Ambas mujeres tenían derecho a predicar y profetizar, siempre que mantuvieran sus roles femeninos tradicionales y no usurparan la autoridad masculina.

Como historiadora medieval, me sorprendió mucho esta similitud. ¿Te acuerdas de la gran nube de testigos femeninos de Margery Kempe? El liderazgo de las mujeres medievales también era cualificado, pero, en lugar de tener que mantener su carácter femenino, debían elevarse por encima de su sexo. "Las mujeres y los hombres santos que se acercaban, también se alejaban de los extremos del temperamento sexuado y se asemejaban más en cuerpo y alma", explica Jacqueline Murray.[21] Las mujeres medievales ganaron autoridad espiritual al desprenderse de sus roles femeninos y actuar más como hombres.

Así que el mundo medieval contaba historias sobre mujeres como Santa Cecilia. Compara el estilo de liderazgo de Cecilia con los de la señora de Lewis Ball y Katherine Sutton. Podemos encontrar una interpretación de la historia de Santa Cecilia en una colección de sermones del siglo XIV titulada "El espejo". El sermón concluye con una historia sobre un hombre llamado Esteban. Esteban es un romano rico que vivió una vida bastante ordinaria, ni completamente santo ni completamente pecador. Por ejemplo, cuando decide ampliar su lujosa villa, roba el terreno a su vecino de al lado, una iglesia dedicada a la

[21] Jacqueline Murray, "One Flesh, Two Sexes, Three Genders?", en *Gender and Christianity in Medieval Europe: New Perspectives*, ed. Lisa M. Bitel y Felice Lifshitz (Philadelphia: University of Pennsylvania Press, 2013), 49.

virgen mártir Santa Cecilia. Se niega a devolver la tierra o a disculparse por sus acciones. Esteban muere antes de que su sacerdote pueda convencerlo de que se arrepienta, y va al juicio eterno cargando con este pecado.

Pero algo interesante sucede mientras Esteban se encamina hacia el juicio: "Entonces llegó Santa Cecilia junto a Esteban, y al pasar junto a él, lo tomó del brazo y lo pellizcó. Y le dolió tanto que, de estar vivo, le habría matado. Entonces fue llamado ante el juez y condenado por su pecado contra Cecilia".[22] Esteban finalmente tiene una segunda oportunidad. El juez cede: Esteban resucita y restaura inmediatamente la iglesia de Cecilia. Sin embargo, el dolor causado por el pellizco de Cecilia nunca se cura. Durante el resto de su vida le sirve como recordatorio constante de su pecado anterior. Kathleen Blumreich, editora de la edición de 2004 de "El espejo", señala que a Cecilia se la representa como una atormentadora que prefiere "la venganza a la misericordia" y se comporta "más como una mujer estereotípicamente despreciada que como una de las benditas".[23]

Sin embargo, no se condena el comportamiento de Cecilia. De hecho, la moraleja de la historia es que hay que pensárselo dos veces antes de atentar contra los santos. La personalidad agresiva de Cecilia coincide con su carácter medieval rebelde e insubordinado (basta con leer la versión de su historia que escribió Chaucer en el siglo XIV).[24] Su duro castigo a Esteban puede no coincidir con las nociones modernas de la feminidad bíblica, pero no habría molestado a los oyentes

---

[22] Kathleen Blumreich, ed., *The Middle English "Mirror": An Edition Based on Bodleian Library MS Holkham Misc. 40* (Tempe, AZ: Arizona Center for Medieval and Renaissance Studies, 2002), 86 (véase también 82-87). He modernizado el inglés medieval en esta cita y en las siguientes.

[23] Kathleen Blumreich, "'I Ne Sey Noght Is in Despyt of Women'": Antifeminism in Robert de Gretham's Mirror," *Medieval Feminist Forum: A Journal of Gender and Sexuality 38,* nº 1 (2004): 42.

[24] Geoffrey Chaucer, *The Riverside Chaucer*, ed. Larry D. Benson, 3ª ed. (Boston: Houghton Mifflin, 1987), 262-69.

medievales, como nos recuerda Karen Winstead.[25] El sermón de "El espejo" concluye alabando a Cecilia por su comportamiento: "Que Dios nos conceda tales santos para servir y mantener la Santa Iglesia, para que podamos llegar a la dicha del cielo y morar con los santos sin fin".[26]

La historia de Cecilia muestra claramente que la piedra angular de la santidad femenina cambió después de la Reforma. Para las mujeres del mundo antiguo y medieval, elevarse por encima de su sexo y comportarse de formas que hoy consideraríamos impropias de las mujeres reforzaba su autoridad religiosa. Chaucer, por ejemplo, elogió a Cecilia por su "buena y prudente conducta" incluso cuando la describió gritando groseros insultos a sus jueces romanos y predicando durante tres días con la sangre brotando de su garganta, tumbada en un charco de su propia sangre tras una decapitación chapucera.[27] No puedo evitar preguntarme qué pensaría de Cecilia Marabel Morgan, que en su libro *La mujer total* aconsejaba a las mujeres ser "femeninas, suaves y tocables".[28] En la época de la Reforma, el tipo de feminidad bíblica de Cecilia estaba desapareciendo y siendo reemplazado por un énfasis en la distinción femenina que incluía una sumisión más pasiva.

En una fascinante conclusión de su libro *Mujeres y religión en la América temprana, 1600-1850*, Marilyn Westerkamp sostiene que, desde 1600 hasta 1850, las palabras que utilizaban las mujeres para

---

[25] Karen Winstead, *Chaste Passions: Medieval English Virgin Martyr Legends* (Ithaca, NY: Cornell University Press, 2000). Como escribe, "algunos lectores pueden sentirse ofendidos por el tono simplista y el lenguaje grosero característico de muchos de los textos, pocos esperarán que los santos (especialmente las santas) digan tantas palabrotas. Una de las principales lecciones que pueden aprender de estos relatos aquellos que consideran dicotómicos lo sagrado y lo profano es lo integral que era lo profano en la cultura sagrada medieval" (5).

[26] Blumreich, *Middle English* "Mirror", 87.

[27] Winstead, *Chaste Passions*, 53-54.

[28] Winstead, *Chaste Passions*, 49-60.

describir sus vocaciones espirituales se volvieron más pasivas, mientras que las palabras que utilizaban los hombres se volvieron más activas. Escribe que "aunque los hombres y las mujeres utilizaban muchas de las mismas descripciones, etiquetas y fórmulas en sus testimonios, sus autobiografías espirituales no contaban la misma historia".[29] Las mujeres eran controladas por Dios y hablaban solo cuando Dios hablaba a través de ellas, los hombres tomaban decisiones audaces como líderes de Dios y hablaban con su propia voz, empoderados por Dios. Las mujeres eran pasivas, los hombres, activos. Los hombres eran los pies ligeros de Jesús que llevaban la buena noticia, y las mujeres eran vasos inmóviles que rebosaban de lo que Dios vertía en ellas. La piedra angular de santidad había cambiado tanto para las mujeres que los llamados espirituales de las mujeres incluían ahora estar calladas y quietas, lo que supone un gran contraste con Cecilia, que gritaba vulgares amenazas a los funcionarios romanos.

Las mujeres, desde Katherine Sutton hasta la señora de Lewis Ball, aún podían predicar, enseñar y profetizar. Pero tenían que basar su ministerio en el distintivo carácter femenino. De hecho, a medida que la santidad de las mujeres se arraigaba cada vez más en la sumisión, la pasividad y sus funciones como esposas y madres, las mujeres necesitaban demostrar cada vez más que sus llamados no desafiaban la autoridad de los hombres.

La feminidad bíblica enseña que las mujeres están diseñadas por Dios para ser diferentes de los hombres y sumisas a la autoridad masculina (al menos la de su marido). Al olvidar la larga historia de mujeres evangélicas en el ministerio público y al redefinir la santidad de las mujeres como algo arraigado tanto en el carácter distintivo de la mujer como en la sumisión femenina (el núcleo de la feminidad bíblica), los evangélicos están más cerca de hacer de la feminidad bíblica una verdad evangélica.

---

[29] Marilyn J. Westerkamp, *Women and Religion in Early America, 1600–1850: The Puritan and Evangelical Traditions* (Nueva York: Routledge, 1999), 180.

## Redefinir la ortodoxia

Como he argumentado a lo largo de este libro, es imposible excluir el liderazgo de las mujeres de la historia cristiana. Podemos olvidarlo y podemos ignorarlo, pero no podemos deshacernos de la realidad histórica. También es imposible mantener argumentos coherentes a favor de la subordinación de la mujer porque, en lugar de provenir de los mandatos de Dios, estos argumentos provienen de las circunstancias cambiantes de la historia. Hay que encontrar nuevas razones para justificar que las mujeres se queden fuera del liderazgo. Jemar Tisby escribe con precisión: "El racismo no desaparece nunca, se adapta".[30] Ocurre lo mismo con el patriarcado. Igual que el racismo, el patriarcado cambia de forma y se adapta a cada nueva era, pareciendo que siempre ha pertenecido a ella. Los siglos XVIII y XIX enfatizaron el carácter distintivo de las mujeres con respecto a los hombres y utilizaron este carácter distintivo para justificar la subordinación de las mujeres. La retórica piadosa describía a la mujer como el "ángel de la casa" y sentimentalizaba su papel de diosa doméstica.[31] Al asignar a las mujeres principalmente al hogar, su trabajo fuera de él tenía menos valor. De este modo, los empresarios podían justificar el pago de salarios más bajos a las mujeres que a los hombres, y así las mujeres tenían menos posibilidades de competir con los hombres en el mercado laboral. También se podía mantener a las mujeres fuera del ámbito político, permitiendo a los hombres gobernar sin la interferencia de las mujeres. Una vez más, el patriarcado cristiano se extendió al resto del mundo, limitando aún más las oportunidades de las mujeres.

---

[30] Jemar Tisby, *The Color of Compromise: The Truth about the American Church's Complicity in Racism* (Grand Rapids: Zondervan Reflective, 2019), 19.

[31] Coventry Patmore, *The Angel in the House* (Londres: Cassell & Company, 1887). La frase "ángel en la casa" describe a la mujer victoriana ideal: una esposa y madre cariñosa (y sumisa) dedicada a su hogar.

A principios del siglo XX, los defensores de la mujer sostenían que esta no debía ser categorizada por sus diferencias biológicas con respecto al hombre, sino que debía ser entendida por su igualdad como ser humano. Dorothy L. Sayers escribe esto en su ensayo de 1938: "¿Son humanas las mujeres?". "Una mujer es un ser humano tan normal como un hombre, con las mismas preferencias individuales, y con el mismo derecho a los gustos y preferencias de un individuo. Lo que repugna a todo ser humano es ser considerado siempre como miembro de una clase y no como persona individual". Cuando diferenciamos a las mujeres por su sexo, las cosificamos y les negamos su humanidad.[32]

A pesar de la fuerza ganada por ideas como las de Sayers, el patriarcado dentro del cristianismo se reafirmó con fuerza durante el siglo XX. En la teología evangélica se produjeron dos cambios significativos (aunque relacionados) que contribuyeron a sellar la feminidad bíblica como verdad evangélica: la defensa de la inerrancia y el resurgimiento del arrianismo.

## La defensa de la inerrancia bíblica

Todavía puedo verla de pie ante la pizarra, gesticulando con su Biblia. Esa mañana, había una mujer enseñando en la clase de escuela dominical para jóvenes a la que yo iba. Era una de las mujeres que lideraban los estudios bíblicos de mujeres en nuestra iglesia, y fue mentora de muchas mujeres más jóvenes. No recuerdo exactamente la edad que tenía yo, estaría en el primer o segundo año de instituto. Sin embargo, todavía recuerdo sus palabras, se quedaron grabadas en mi mente: "Si no aceptas el Génesis literalmente, la creación y el diluvio, ¿por qué no deshacerte también del resto de la Biblia?".

---

[32] Dorothy L. Sayers, "Are Women Human?", en *Are Women Human? Penetrating, Sensible and Witty Essays on the Role of Women in Society* (1971; repr., Grand Rapids: Eerdmans, 2005), 49.

No supe hasta años más tarde que sus palabras, más que provenir de la Biblia, provenían de uno de los bandos de una batalla teológica que envolvió al mundo protestante en la América de principios del siglo XX: la controversia fundamentalista-modernista. Una vez, después de una sesión de una conferencia, prácticamente obligué a Andrea Turpin (compañera mía en Baylor) a explicarme la controversia. Mi vida evangélica tuvo más sentido después de eso.[33]

La controversia fundamentalista-modernista de principios del siglo XX dividió a los protestantes en liberales y conservadores, sentando las bases de las modernas guerras culturales. Los liberales buscaban un enfoque más ecuménico de las misiones y la libertad de modernizar las creencias tradicionales, los conservadores buscaban proteger las creencias tradicionales contra las presiones culturales invasoras. Margaret Bendroth va al grano: "El drama central de la controversia fundamentalista-modernista fue un conflicto sobre la naturaleza de la verdad bíblica. Para los fundamentalistas, todos los demás debates sobre la evolución, la dirección de las misiones extranjeras o el próximo milenio se reducían a un único principio: su insistencia en la fiabilidad absoluta de la palabra de Dios".[34] La controversia fundamentalista-modernista ayudó a los evangélicos a poner de relieve la importancia de la inerrancia bíblica; es decir, la creencia de que la Biblia no tiene ningún error, ni siquiera en las áreas de la ciencia y la historia.

Para muchos, la inerrancia significaba no solo que la Biblia no tenía errores, sino que no podía tenerlos para ser verdadera.[35] Al igual que

---

[33] Véase Margaret Bendroth, *Fundamentalism and Gender, 1875 to the Present* (New Haven: Yale University Press, 1993), y George Marsden, *Fundamentalism and American Culture*, 2ª ed. (Nueva York: Oxford University Press, 2006).

[34] Bendroth, *Fundamentalism and Gender*, 33.

[35] La inerrancia no es tan sencilla. Hay diferentes tipos de inerrantistas, como explica Barry Hankins en *Uneasy in Babylon: Southern Baptist Conservatives and American Culture* (Tuscaloosa: University of Alabama Press, 2002), 4-5.

mi profesora de la escuela dominical para jóvenes, los líderes evangélicos conservadores emplearon una mentalidad resbaladiza para convertir la inerrancia en un arma. Argumentaron que, si no podemos
confiar en el relato bíblico de la creación, ¿cómo podemos confiar en
la historia bíblica de Jesús? O creemos en la Biblia, literalmente y en su
totalidad, o no lo hacemos. Cuando se les presentaron estas opciones
y se vieron "obligados a elegir", como escribe Hankins, no es sorprendente que tantos evangélicos del siglo XX eligieran la inerrancia.[36]

Crecí como Bautista del Sur durante los años 80 y 90, y sinceramente pensaba que la inerrancia era una idea bautista. ¡Qué sorpresa
me llevé al enterarme de que en realidad los teólogos calvinistas del
Seminario Teológico de Princeton eran los que lideraban la carga de
la inerrancia! Esta conexión entre el calvinismo y la inerrancia me
ayudó a entender mejor la conexión entre el calvinismo y el complementarismo. Bendroth explica que debido a su creencia "de que la
subordinación de la mujer era inherente al orden creado, los calvinistas eran cautelosamente optimistas sobre las posibilidades de mejora
social de la condición de la mujer". Dios eligió a las mujeres para ser
subordinadas y domésticas y eligió a los hombres para ser intelectuales
y públicos. Las mujeres predicadoras eran simplemente "una vergüenza".[37] De hecho, el énfasis de principios del siglo XX en la inerrancia
iba de la mano de un amplio intento de aumentar la autoridad de
los predicadores masculinos a expensas de las mujeres. Como hemos
visto, las mujeres predicadoras salpicaron el paisaje de la América de
finales del siglo XIX y principios del XX: inundaron el campo misionero como evangelistas y líderes, y alcanzaron la aclamación popular
como predicadoras entre las denominaciones pentecostales e incluso

---

Pero en el mundo bautista del sur en el que yo crecí, la inerrancia era un juego
de suma cero. Hankins escribe: "Utilizado de manera populista, como se hizo
durante la controversia de la CBS, significa simplemente que la Biblia no tiene
errores en todos los asuntos que toca, incluidas la ciencia y la historia" (4).

[36] Hankins, *Uneasy in Babylon*, 5.

[37] Bendroth, *Fundamentalism and Gender*, 36.

fundamentalistas. A medida que estas mujeres adquirían importancia, también aumentaban las enseñanzas sobre la inerrancia. Y estas enseñanzas reforzaban la autoridad masculina disminuyendo la femenina, convirtiendo la lectura literal de los versículos de Pablo sobre las mujeres en verdad inmutable.[38]

"Puede gustarnos lo que dice Pablo, o puede no gustarnos", proclamó el profesor del Seminario de Princeton B. B. Warfield en 1920, "pero no hay lugar para la duda en lo que dice".[39] El patriarcado, divinamente autorizado y atrincherado en sus palabras, haría sonar la campana de muerte para las mujeres bautistas predicadoras como la señora de Lewis Ball. El concepto de inerrancia hacía cada vez más difícil argumentar en contra de una interpretación "clara y literal" de "las mujeres guarden silencio" y "las mujeres no enseñarán". La línea entre creer en la Biblia y creer en una interpretación "clara y literal" de la Biblia se difuminó. Si Efesios 5 dice que las esposas deben someterse a sus maridos, la interpretación simple y literal exige que las esposas se sometan a sus maridos. Los que no están de acuerdo no son fieles a las Escrituras.

Y así, los evangélicos bautizaron el patriarcado. Las mujeres no podían predicar y tenían que someterse, no porque sus cuerpos fueran demasiado defectuosos o sus mentes demasiado débiles, sino porque Dios lo había decretado a través de los escritos inerrantes de Pablo. Los que dudan de estas verdades bíblicas dudan de la verdad de la propia Biblia. La inerrancia introdujo la justificación definitiva del patriarcado: abandonar una interpretación clara y literal de los textos

---

[38] Véase, por ejemplo, John R. Rice, *Bobbed Hair, Bossy Wives and Women Preachers: Significant Questions for Honest Christian Women Settled by the Word of God* (Murfreesboro, TN: Sword of the Lord, 1941), 14-15. Para más información sobre la conexión entre inerrancia y género, véase Bendroth, *Fundamentalism and Gender*, 34-36, y Kristin Kobes Du Mez, *Jesus and John Wayne:* How White Evangelicals Corrupted a Faith and Fractured a Nation (Nueva York: Liveright, 2020), 108-9.

[39] Citado en Bendroth, *Fundamentalism and Gender*, 36.

paulinos sobre las mujeres haría caer a los cristianos por el precipicio de la ortodoxia bíblica.

Desde mi experiencia como alguien que creció en una iglesia Bautista del Sur y que ha sido miembro de iglesias evangélicas conservadoras durante la mayor parte de mi vida adulta, la inerrancia crea una atmósfera de miedo. Cualquier pregunta que se plantee sobre la exactitud bíblica debe ser completamente respondida o completamente rechazada para evitar que el frágil tejido de la fe se deshaga. Por ejemplo, después de que despidieran a mi marido les solicitamos una reunión a los ancianos para compartir nuestros puntos de vista en persona. Eso era algo que no nos habían permitido anteriormente. Tuvimos que exponer nuestras preocupaciones a través de un correo electrónico a un anciano (que luego fue remitido sin nuestro permiso a los demás) y luego se nos dijo que debíamos responder por escrito en un plazo determinado. La única parte que se hizo en persona fue el disparo en sí. Finalmente, mi marido recibió respuesta de uno de los ancianos. No podíamos presentar nuestros puntos de vista en persona porque sencillamente no se tendrían en cuenta. Si los ancianos consideraban permitir que las mujeres enseñaran o ejercieran su autoridad sobre los hombres (es decir, adolescentes en la escuela dominical), se llegaría a la "pendiente resbaladiza" (palabras textuales) de la transigencia cultural.

La lucha evangélica por la inerrancia estuvo inextricablemente ligada al género desde el principio. Kristin Kobes Du Mez explica cómo el desafío directo al liderazgo masculino (causado por el creciente número de predicadoras bautistas) puso a la defensiva a los líderes conservadores de la Convención Bautista del Sur.[40] La inerrancia no era importante en sí misma a finales del siglo XX, se convirtió en algo importante porque proporcionaba una forma de expulsar a las mujeres del púlpito. Ha funcionado muy bien.

---

[40] Du Mez, *Jesus and John Wayne*, 108-9.

Ahora viene la pieza final en el proceso de convertir la feminidad bíblica en verdad evangélica.

Sujeta bien la taza de café.

## El avivamiento del arrianismo

Si ese domingo por la mañana hubiera tenido una en la mano, se me habría caído. De hecho, estuve a punto de caerme de mi asiento (y no habría sido bueno, ya que el pastor me veía perfectamente desde el púlpito). Pero acababa de oírle predicar una herejía. No es una broma, no estoy usando la palabra herejía a la ligera. A lo largo de la historia de la iglesia, lo que acababa de escuchar de boca de nuestro pastor había sido declarado herético una y otra vez. Sin embargo, este pastor evangélico del siglo XXI afirmó audazmente que Jesús está eternamente subordinado a Dios Padre. Era una herejía tan grave que el padre de la iglesia del siglo IV, Atanasio, se negó a reconocer como cristianos a quienes la apoyaban.[41]

Herejía.

Miré a mi alrededor, esperando ver la reacción de los demás. Nadie parecía preocupado. Mi marido aún no había llegado (a menudo ayudaba entre bambalinas durante los cultos). Lo único que podía hacer era seguir escuchando. ¿A lo mejor había oído mal? Deseaba que fuera así, pero no. Ese sermón era una llamada de atención acerca de lo lejos que había llegado el argumento de la subordinación de la mujer, hasta el punto de reescribir la doctrina trinitaria.

Pero antes de hablar de la herejía, hablemos del contexto histórico. Durante la Primera y la Segunda Guerra Mundial, muchas mujeres trabajaron fuera de casa mientras los hombres (y algunas mujeres) luchaban. Sin embargo, cuando las guerras terminaron, las reglas

---

[41] Como escribe Kevin Giles, "Este es el centro del argumento de Atanasio en el capítulo inicial de Cuatro Oraciones contra los Arrianos". Kevin Giles, *The Trinity and Subordinationism: The Doctrine of God and the Contemporary Gender Debate* (Downers Grove, IL: InterVarsity, 2002), 41n37.

cambiaron. Las mujeres fueron expulsadas de sus puestos de trabajo para dar cabida a los soldados que regresaban, y la retórica comenzó a enfatizar una vez más el papel de las mujeres como cuidadoras del hogar. Katherine French y Allyson Poska relatan muy bien cómo las antiguas leyes que subordinaban a las mujeres se reactivaron después de estas guerras. Estas leyes ponían a las mujeres bajo la autoridad doméstica de sus maridos, recompensaban a las mujeres por casarse y tener hijos (igual que en la antigua Roma), e incluso les ponían trabas a las mujeres a la hora de trabajar fuera de casa y solicitar el divorcio. Como escriben French y Poska, "a pesar de la importancia de las mujeres en el lugar de trabajo en tiempos de guerra, el gobierno volvió rápidamente a las políticas promatrimoniales y pronatalistas de antes de la guerra".[42]

Pero a las mujeres no les interesaba volver a las andadas. El movimiento sufragista nació durante los años más asfixiantes del culto a la domesticidad, del mismo modo, el feminismo moderno nació tras la Segunda Guerra Mundial. Las mujeres lucharon por trabajar fuera de casa, por recibir una educación equivalente a la de los hombres, por tener los mismos derechos legales que ellos, e incluso por predicar el evangelio cuando eran llamadas por Dios.

En ese momento, empezó a resurgir en la historia cristiana la herejía que acababa de oír en la predicación. El propio C. S. Lewis le dio vueltas a una versión de esa herejía.[43] Esta herejía es la subordinación eterna del Hijo al Padre, y a finales del siglo XX le dieron un nuevo giro: como Jesús está eternamente subordinado a Dios Padre, las esposas están eternamente subordinadas a sus maridos.[44]

Mira cómo describe Bruce Ware la relación entre el Padre y el Hijo en su libro de teología para niños *Grandes verdades para pequeños*

---

[42] Katherine L. French y Allyson M. Poska, *Women and Gender in the Western Past* (Boston: Houghton Mifflin, 2007), 2:519.

[43] Mary Stewart Van Leeuwen, *A Sword between the Sexes? C. S. Lewis and the Gender Debates* (Grand Rapids: Brazos, 2010), 70-87.

[44] Giles, *Trinity and Subordinationism*, 21-28.

*corazones*: "Como Hijo del Padre, Jesús vive siempre bajo la autoridad de su Padre (en todos los tiempos pasados y ahora en todos los tiempos futuros) (...), el Hijo siempre está bajo su Padre y hace la voluntad del Padre. Jesús se goza en hacer exactamente lo que el Padre quiere que haga. El Hijo no se enfada por ello, no desea ser el que manda".[45] La Trinidad, según Ware, es jerárquica. Aunque el Hijo es igual al Padre en gloria y poder, es desigual en su papel.

Esta enseñanza, llamada "la subordinación eterna del Hijo", se ha infiltrado en el mundo evangélico. Aimee Byrd describe un documento del Consejo sobre la Hombría y la Femineidad Bíblica de 2001 que enseña que "el Hijo, la segunda persona de la Trinidad, está subordinado al Padre, no solo en la economía de la salvación, sino en su esencia".[46] También cuenta que Owen Strachan le envió un ejemplar de su libro recientemente publicado que fundamenta la "comprensión de la complementariedad de hombres y mujeres en una relación de autoridad y sumisión en la naturaleza de la Trinidad".[47]

Mi temor es que muchos evangélicos se han convertido sin darse cuenta de que la subordinación eterna del Hijo es una enseñanza fuera de los límites de la ortodoxia cristiana. Los complementaristas pueden afirmar que la predicación femenina viola la ortodoxia cristiana, pero la subordinación eterna del Hijo viola la ortodoxia cristiana de verdad. Como escribe el profesor de filosofía Phillip Cary, el "desacuerdo de los igualitarios con la tradición ortodoxa oriental y la tradición católica romana sobre asuntos como la ordenación de las mujeres es menor (...) comparado con el abandono de la Gran Tradición de la Trinidad

---

[45] Bruce Ware, *Big Truths for Young Hearts: Teaching and Learning the Greatness of God* (Wheaton, IL: Crossway, 2009), 55-56.

[46] Aimee Byrd, *Recovering from Biblical Manhood and Womanhood: How the Church Needs to Rediscover Her Purpose* (Grand Rapids: Zondervan Reflective, 2020), 100.

[47] Byrd, *Recovering from Biblical Manhood and Womanhood*, 101.

por parte de los evangélicos conservadores".[48] Las enseñanzas trinitarias son fundamentales para el cristianismo ortodoxo, y los complementaristas, en su ciega búsqueda por mantener el control sobre las
mujeres, han cambiado la verdad de Dios por una jerarquía de género
de origen humano.

Como historiadora de la Iglesia, reconocí inmediatamente la subordinación eterna del Hijo como arrianismo. En el siglo IV, un sacerdote
de Alejandría (Egipto) comenzó a predicar que el Hijo era de una sustancia diferente a la de Dios Padre, lo que significaba que el Hijo tenía
un papel subordinado a Dios Padre. Dios Padre daba las instrucciones
y Dios Hijo las obedecía. El resto del mundo cristiano reaccionó con
horror cuando se enteró de lo que estaba enseñando Arrio. Si Jesús no
es de la misma sustancia que Dios Padre, entonces su muerte en la cruz
no podría cubrir el pecado. Solo Dios podía salvar, y si Jesús no era
plenamente Dios, ¿qué significaba eso para su muerte y resurrección?
Como escribe Kevin Giles: "Al argumentar que el Hijo es diferente en
ser del Padre, [los arrianos] impugnaron la plena divinidad del Hijo de
Dios, la veracidad de la revelación de Dios en Cristo y la posibilidad
de salvación para hombres y mujeres".[49] La salvación misma estaba
en juego.

Así que los primeros cristianos convocaron el Concilio de Nicea
en el año 325 para enfrentarse a las enseñanzas de Arrio. Rechazaron
unilateralmente el arrianismo como herejía. Declararon, como pro-
clamaría el Credo de Nicea, que Jesús es de la misma sustancia que
Dios Padre: "luz de luz". La Trinidad es Tres en Uno, no Uno seguido
de Dos y Tres. De hecho, las implicaciones del arrianismo eran tan
horribles que el Concilio de Nicea "excluyó intencionadamente toda

---

[48] Phillip Cary, "The New Evangelical Subordinationism: Reading Inequality
into the Trinity", en *The New Evangelical Subordinationism? Perspectives
on the Equality of God the Father and God the Son*, ed. Dennis W. Jowers y
H. Wayne House (Eugene, OR: Pickwick, 2012), 1, citado en Van Leeuwen,
*Sword between the Sexes?* 80.

[49] Giles, *Trinity and Subordinationism*, 41.

expresión de subordinacionismo". Esta afirmación de la ausencia de jerarquía en el seno del Dios Trino fue reafirmada por el Concilio de Constantinopla en el año 381 y reiterada por el Credo Atanasiano en el año 500: "Adoramos a un solo Dios trino, y a la Trinidad en unidad; sin confundir las Personas ni dividir la Sustancia", lo que significa que "ninguno es mayor ni menor que otro, sino que las tres Personas son coiguales y coeternas".[50]

Los primeros cristianos se empeñaban en enseñar que no existía ninguna jerarquía dentro del Dios Trino, y parece que los evangélicos modernos están empeñados en olvidarlo. Giles escribe que los cristianos estaban mucho más en sintonía con la Trinidad y al significado de la doctrina de la Trinidad antes del mundo moderno. Incluso Calvino se opuso a la subordinación del Hijo. La Reforma aceptó y promovió las enseñanzas trinitarias de Atanasio. Desgraciadamente, después de la Reforma, tanto los protestantes como los católicos se relajaron a la hora de enseñar la importancia de la Trinidad, lo que supuso que a menudo la enseñaran de forma incorrecta. Giles escribe: "En los siglos XIX y XX, los evangélicos conservadores formaban parte del grupo de cristianos que tenían una comprensión muy débil y, a veces, errónea de la doctrina históricamente desarrollada de la Trinidad".[51] No debería sorprendernos que estos evangélicos conservadores (con una comprensión "débil" y "errónea" de la Trinidad) resucitaran el arrianismo una vez más. En lugar de esforzarse por parecerse más a Dios, estos evangélicos lucharon para que Dios se pareciera más a nosotros.[52]

Tampoco debería sorprendernos que los evangélicos resucitaran el arrianismo por la misma razón por la que los evangélicos recurrieron a la inerrancia: si Jesús está eternamente subordinado a Dios Padre, es

---

[50] Giles, *Trinity and Subordinationism*, 43-52.

[51] Giles, *Trinity and Subordinationism*, 15.

[52] Giles, *Trinity and Subordinationism*, 109-12. Giles sostiene que los evangélicos han hecho exactamente lo que Karl Barth argumentó que es la causa más común de error teológico: pasar analógicamente de las "relaciones humanas caídas a las relaciones divinas" en lugar de hacerlo al revés (110).

mucho más fácil justificar la subordinación de la mujer. El arrianismo, al igual que la inerrancia, resultó ser el arma perfecta contra la igualdad de la mujer, el puntal perfecto para el patriarcado cristiano.

Pero sigue siendo una herejía, un arrianismo envuelto con un papel diferente.

Es cierto que las enseñanzas sobre el estatus subordinado de Cristo persistieron (a veces, incluso, florecieron) desde el siglo IV hasta el IX. El arrianismo se había extendido con demasiada prontitud como para poder ser contenido rápidamente. En el año 325, el Concilio de Nicea "anatematizó" a los que rechazaban la coeternidad de Jesús y la enseñanza de que Jesús era de la misma Sustancia que el Padre. Pero dado que el rey visigodo Recaredo (que gobernaba en un reino medieval temprano de Iberia) no se convirtió del arrianismo hasta el año 587, está claro que el camino hacia una amplia aceptación del cristianismo niceno fue lento.[53]

Sin embargo, también es cierto que el arrianismo siempre se ha considerado herético. Como escribe R. P. C. Hanson en *La búsqueda por la doctrina cristiana de Dios: la controversia arriana, 318-381*, el arrianismo enseñaba "dos dioses desiguales, un Dios superior incapaz de vivir experiencias humanas, y un Dios inferior que, por así decirlo, hacía el trabajo sucio por él".[54] Fue condenado por los primeros cristianos de la misma manera que ha seguido siendo condenado por muchos evangélicos modernos hoy en día. Byrd cuenta la historia de cómo ayudó a llamar la atención sobre el resurgimiento herético del arrianismo entre los líderes complementaristas. El resultado fue una conferencia en 2016 que defendió el cristianismo niceno y condenó la subordinación eterna del Hijo.[55] Sin embargo, me temo que el daño ya está hecho. Los líderes evangélicos conservadores, anhelando

---

[53] Judith M. Bennett y Sandy Bardsley, *Medieval Europe: A Short History*, 12ª ed. (Nueva York: Oxford University Press, 2020), 47.

[54] R. P. C. Hanson, *The Search for the Christian Doctrine of God: The Arian Controversy, 318-381* (Londres: T&T Clark, 2005), 122.

[55] Byrd, *Recovering from Biblical Manhood and Womanhood*, 101.

mantener los valores familiares tradicionales y rechazar el feminismo, recurrieron a una vieja herejía. Los mismos evangélicos que ya creen que la inerrancia está ligada a la sumisión femenina vertieron sus ideas sobre la sumisión y la autoridad, integradas en la propia naturaleza de Dios, en las enseñanzas con las que se alimentan sus congregaciones. Los evangélicos creemos que la feminidad bíblica es la única opción porque se nos ha enseñado que está ligada a nuestra confianza en la fiabilidad de la Palabra de Dios e integrada en la propia Divinidad: las mujeres están subordinadas porque Jesús está subordinado. Una verdad evangélica, desde luego.

## El problema de la feminidad bíblica

La suave luz con colores azules y verdes se movía por las paredes casi desnudas. Todavía me acuerdo de cómo se reflejaba en el rostro de la conferenciante, enmarcando su cuerpo con los colores de una vidriera. Se la veía muy pequeña en el centro de ese gran escenario. Su voz también era pequeña, tentativa, mientras leía su libro *Las chicas buenas no cambian el mundo*. Esa mujer era Lynne Hybels. Estábamos en el año 2007 y su marido, el pastor fundador de la Iglesia Comunitaria Willow Creek, gozaba de una gran popularidad.

Sin embargo, aquel día de noviembre, casi nadie la escuchaba. Era casi la hora del almuerzo en la Convención Nacional de Trabajadores Juveniles, que se reunía ese año en San Luis. Todo el mundo tenía hambre. Todos los ocupantes de la fila que estaba delante de mí se levantaron (sin preocuparse de no hacer ruido) y se fueron. Casi todos los ocupantes de la sección de al lado hicieron lo mismo. Poco tiempo después, la mayoría de la gente se marchó, haciendo gala de su falta de educación ante el canto de sirena de los especiales para el almuerzo.

Yo no me moví.

Lynne Hybels me tenía absolutamente fascinada. Como historiadora, las palabras que pronunciaba me recordaban muchísimo a Betty Friedan. Pero en lugar de describir un problema de las amas de casa estadounidenses que no tenía nombre, como hizo Friedan en su famosa obra de 1963 *La mística femenina*, Hybels estaba describiendo un problema de las mujeres cristianas que tenía nombre: el problema de la feminidad bíblica.

Mientras leía extractos de su libro, Lynne Hybels (esposa de uno de los pastores más poderosos y admirados del cristianismo estadounidense) confesó ser un fraude. Como mujer evangélica estadounidense, Hybels lo había hecho todo bien. Profesó las creencias correctas, tomó las decisiones correctas, incluso se casó con un pastor y se convirtió en una buena esposa y madre cristiana. Sin embargo, a los treinta y nueve años estaba sumida en una profunda depresión. Compartió estas palabras con la persona que le estaba apoyando en ese proceso de depresión: "He trabajado mucho para que todo el mundo sea feliz, pero me siento tan triste que me quiero morir".[56]

A los casi cuarenta años, Hybels se dio cuenta de que había estado viviendo de acuerdo a un guion que marcaba cómo debían ser las chicas cristianas, en lugar de convertirse en la mujer que Dios la había llamado a ser. El guion enseñaba que la más alta vocación de la mujer era mejorar la vida de su marido y de sus hijos. El guion enseñaba que las mujeres debían practicar la abnegación y la obediencia. El guion enseñaba que las mujeres deben reprimir sus deseos y sueños personales por el bien de sus familias. Hybels había seguido ese guion y se había convertido en la encarnación de lo que se ve en las redes sociales: una perfección exterior que escondía un desorden interior.

Mientras escuchaba clavada en mi asiento, algunas piezas de mi vida empezaron a encajar. Como historiadora, sabía que la feminidad bíblica se parecía mucho al resto de la historia de la humanidad: las mujeres eran inferiores a los hombres, estaban oprimidas y maltratadas. Pero también seguía creyendo que las mujeres y los hombres estaban llamados a desempeñar roles de género divinamente ordenados. Así que pensaba que el problema era mío, que radicaba en mi propio y

---

[56] Lynne Hybels, *Nice Girls Don't Change the World* (Grand Rapids: Zondervan, 2005), 24.

orgulloso rechazo a someterme. Al menos eso era lo que pensaba antes de escuchar a Lynne Hybels.

Resulta que Lynne Hybels tenía el mismo problema que yo. Ambas habíamos crecido a finales del siglo XX, ambas sabíamos poco sobre la larga historia de mujeres cristianas que habían sido líderes, maestras y predicadoras, creíamos que ser esposas y madres era parte de nuestra vocación cristiana, y vivíamos las secuelas de la aparición tanto de la inerrancia como de la enseñanza renovada sobre la subordinación eterna del Hijo. Por todo ello, creíamos que la feminidad bíblica era bíblica. Incluso una mujer como Lynne Hybels, que asistía a una iglesia que apoyaba a las mujeres en el ministerio, todavía parecía atrapada por las enseñanzas evangélicas sobre la feminidad bíblica. Al escucharla, me di cuenta de que la feminidad bíblica se había convertido en algo más que una cláusula de la "Fe y Mensaje Bautista del año 2000".[57] Se había convertido en algo más que un retorno a los valores familiares tradicionales. Se había convertido en una cuestión evangélica, relacionada con la propia naturaleza de Dios. Se había convertido en la verdad intemporal de Dios, defendida por los más fieles.

Por ejemplo, la Coalición por el Evangelio. ¿Sabías que incluye la feminidad bíblica en su declaración de fe? "Dios ordena que [las mujeres y los hombres] asuman roles distintivos que reflejen la relación de amor entre Cristo y la iglesia. El esposo debe ejercer la jefatura de una manera que muestre el amor solícito y expiatorio de Cristo, y la esposa debe someterse a su esposo de forma que imite el amor de la iglesia por su Señor".[58] Si bien John Piper y Tim Keller están de acuerdo en que el complementarismo no es necesario para la salvación, argumentan que es un aspecto muy importante del evangelio y es necesario para

---

[57] "Baptist Faith and Message 2000", Convención Bautista del Sur, 14 de junio de 2000, http://www.sbc.net/bfm2000/bfm2000.asp, bajo el título "XVIII. The Family".

[58] "Foundational Documents: Confessional Statement", The Gospel Coalition, https://www.thegospelcoalition.org/about/foundation-documents/#confessional-statement.

proteger una comprensión adecuada del mismo. Como dice Keller: "Afecta indirectamente a la forma en que entendemos la Escritura, que a su vez afecta a la forma en que entendemos el evangelio. Para dar cabida a una posición igualitaria, hay mucha gente que tiene que modificar la forma en que leemos las Escrituras. Eso reduce nuestra compresión de la Escritura".[59] Keller sugiere que los únicos que tienen una comprensión correcta del evangelio son aquellos que están de acuerdo con la feminidad bíblica.

Así fue como terminó de formarse la feminidad bíblica tal como la conocemos hoy: no solo la historia muestra que la mujer siempre ha estado subordinada al hombre (patriarcado), no solo el Nuevo Testamento confirma que la mujer debe estar subordinada al hombre (Pablo), no solo la Reforma restauró la importancia y la dignidad del papel de esposa y madre, sino que ahora podemos afirmar con seguridad que la subordinación femenina es una verdad evangélica. Las mujeres son creadas como algo distinto a los hombres y, por el diseño de nuestros cuerpos femeninos, destinadas a la domesticidad y la subordinación. La subordinación de la mujer refleja incluso el diseño de la propia divinidad. Así como Jesús está subordinado a Dios Padre, las esposas deben estar subordinadas a sus maridos. La Biblia predica claramente la sumisión femenina, y si no creemos lo que dice la Biblia en cuanto a este tema, entonces ponemos en duda toda la veracidad de la Biblia.

La definición de herejía había cambiado.

Los herejes eran ahora los que se resistían a la verdad evangélica de la subordinación de la mujer al hombre. Los herejes éramos mi marido y yo, ya que nos atrevimos a pedir permiso para que una mujer enseñara en una clase de escuela dominical de adolescentes. Nos habíamos convertido en la pendiente resbaladiza. No es de extrañar que nos despidieran. Éramos peligrosos para el evangelio de Cristo.

---

[59] Denny Burk, "How Complementarianism Is a Gospel Issue", Denny Burk (blog), 16 de agosto de 2012, https://www.dennyburk.com/why-complementarianism-is-a-gospel-issue.

**EL 15 DE OCTUBRE DE 2017** estaba en mi cocina. Le había abierto la puerta trasera a mi perra, que se estaba paseando por nuestro jardín con toda la calma del mundo, así que cogí mi teléfono mientras esperaba a que terminara de pasear y abrí Twitter. Vi el tuit inmediatamente. Era de Alyssa Milano, retuiteado por uno de mis amigos. Esto es lo que decía: "Si te han acosado o agredido sexualmente escribe 'yo también' como respuesta a este tuit".[1]

Lo miré fijamente durante un minuto largo. Quise responder "yo también"; y lo hice, cuatro días después. Pero enterré mi respuesta en un tuit sobre una publicación de Kristin Kobes Du Mez en Anxious Bench titulada "#MeToo. Y por qué es un problema cristiano". Escribí: "#MeToo. "Gracias @kkdumez; SÍ ES un problema cristiano".[2] Seguramente, casi nadie se dio cuenta de que mi #MeToo significaba literalmente yo también. Todavía no era lo suficientemente valiente.

Te he contado la segunda peor historia de todas mis experiencias dentro del complementarismo. Te he contado cómo despidieron a mi marido tras cuestionar el papel de las mujeres en nuestra iglesia. He dejado entrever el dolor y el trauma que esa experiencia causó en mi familia. Te he contado cómo me empujó a dejar de callar, a contar la verdad histórica del complementarismo.

Pero no te he contado mi historia más oscura.

---

[1] Alyssa Milano (@Alyssa_Milano), "Si has sido acosada o agredida sexualmente", Twitter, 15 de octubre de 2017, 16:21h, https://twitter.com/Alyssa_Milano/status/919659438700670976.

[2] Beth Allison Barr (@bethallisonbarr), "#MeToo: Gracias @kkdumez", Twitter, 19 de octubre de 2017, 10:04h, https://twitter.com/bethallisonbarr/status/921014090197291008.

No te he contado que una vez me invitaron a una serie de seminarios nocturnos dirigidos por un popular conferenciante conservador llamado Bill Gothard. Acepté la invitación. No sabía que el Instituto Gothard, de Basic Life Principles, estaba salpicado de escándalos y acusaciones de abuso. No me planteé que las enseñanzas de Gothard (que el diseño perfecto de Dios se expresaba mejor "en el gobierno autoritario de los hombres") podrían resultar peligrosas.[3] Fui a las conferencias invitada por un chico, no me planteé cómo podría haber interiorizado él las enseñanzas de Gothard sobre la sumisión total de la esposa a su marido, o cómo podría aplicarlas a nuestra relación de pareja. Según Gothard, no estábamos saliendo, nos estábamos cortejando, lo que significaba que nuestro futuro era casarnos. No me planteé que al escuchar las enseñanzas de Gothard sobre la "cadena de mando" ordenada por Dios, este chico podría convertirse en un maltratador.

Como mujer joven cuya vida se había desarrollado en la Iglesia Bautista del Sur, interioricé muchas enseñanzas sobre la feminidad bíblica. "En mi experiencia", escribe Kate Bowler, "las chicas evangélicas aprenden sobre los límites de su propia autoridad espiritual como una suma de pequeños detalles, pequeños momentos de ánimo o desánimo que las empujan hacia un sentido de ser aceptables".[4] Esta fue también mi experiencia. Yo era una joven impresionable que creía en la perspectiva de James Dobson en *Amor para toda la vida*: que las mujeres son débiles, mientras que los hombres son fuertes. Así que seguí con mi novio, con la esperanza de que la ira que yo tenía madurara y se convirtiera en fuerza, y que todo se arreglara en mi mundo.

No fue así. Acabé rota, agotada y cansada de Dios. Ya no me importaba tanto la iglesia. Las palabras del predicador de la iglesia

---

[3] Kristin Kobes Du Mez, *Jesus and John Wayne*: How White Evangelicals Corrupted a Faith and Fractured a Nation (Nueva York: Liveright, 2020), 76. Du Mez explica el ascenso de Bill Gothard, incluyendo los primeros escándalos de su ministerio, en las páginas 74-78.

[4] Kate Bowler, *The Preacher's Wife: The Precarious Power of Evangelical Women Celebrities* (Princeton: Princeton University Press, 2019), ix.

conservadora a la que asistía sonaban con lo que yo creía que era la autoridad de la Palabra de Dios. Esas palabras escribían un futuro para mí que ya no quería, pero del que sentía que no podía escapar. Se suponía que debía ser como Sara, una mujer elogiada en el Antiguo Testamento por reconocer a su marido como señor y abrazar su papel de esposa y madre. Pero me sentía más como Agar, rechazada y con miedo. Años más tarde, cuando Rachael Denhollander habló en la Convención Bautista del Sur de 2019, sus palabras resumieron mi experiencia. Estas fueron sus palabras: "Creo que es muy revelador que haya escuchado literalmente cientos de sermones acerca de la actitud tranquila y sumisa que debe tener la mujer. No he escuchado ninguno que hable de cómo valorar la voz de una mujer. No he escuchado ninguno que toque el tema de la agresión sexual".[5] Durante esos años no escuché ni una sola vez a ningún predicador hablar en contra de las relaciones abusivas, ningún pastor habló ni siquiera una vez sobre los peligros inherentes a las jerarquías de poder patriarcales. Lo que sí oí fue lo mismo que escuchó Rachael Denhollander: las mujeres están llamadas a ser esposas y madres, sumisas y silenciosas.

Toda mi energía mental se centró en evitar que mi vida se desmoronara. Todavía recuerdo una noche en la que intenté ver "Durmiendo con su enemigo" con una amiga. La película de 1991 está protagonizada por Julia Roberts, que representa el papel de una esposa maltratada físicamente. Tuve que salir de la habitación. Me parecía demasiado familiar. Me resultaba muy fácil hacer una disociación mental y fingir que lo que me estaba pasando no me estaba pasando de verdad. Pero ver al personaje de ficción de Julia Roberts colocar las latas de comida en el armario de la cocina intentando controlar el temperamento violento de su marido me hizo ver la dura realidad de mi propia relación.

---

[5] Matt Mencarini, "The sacrifice", Courier Journal, 4 de septiembre de 2019, https://www.courier-journal.com/in-depth/news/2019/09/04/rachael-denhollander-sacrifice-continues-after-accusing-usa-gymnastics-larry-nassar/1919109001.

Una noche, tras un encuentro que me resultó especialmente aterrador, me escapé a la seguridad de mi casa. Las manos me temblaban tanto que era incapaz de abrir la puerta de mi habitación, así que me dejé caer en el suelo del pasillo. Sabía que la relación estaba mal. Horriblemente mal. Lo sabía desde hace mucho tiempo. Lo sabía por el ejemplo radicalmente diferente que me había dado mi propia familia. Lo sabía por el ejemplo radicalmente diferente que veía en la Biblia. Sabía cómo trataba Jesús a las mujeres. Sabía que Dios siempre luchaba por los oprimidos, por los que no podían luchar por sí mismos. Sabía que lo que Dios decía sobre las mujeres era muy diferente de lo que predicaban hombres como Bill Gothard.

Finalmente, mis manos dejaron de temblar y me puse de pie. Abrí la puerta y me detuve un momento en el espacio liminar del marco de la puerta, ensombrecido por la luz del pasillo. "Ayúdame", fue mi oración. "Ayúdame a salir".

Al día siguiente, ocurrió un milagro. No me llamó. No vino. No apareció durante más de dos semanas. A día de hoy, no sé por qué. Lo único que sé es que el tiempo y la distancia me dieron fuerzas. Sin su voz, pude volver a escuchar a Dios. Leí 1 Corintios una y otra vez, maravillándome de cómo decía mucho más que "las mujeres deben guardar silencio" (1Co 14:34-35). Tanto más, de hecho, que esos dos versículos (que antes me abrumaban) quedaron empequeñecidos. Me di cuenta de la naturaleza dialógica de la carta y de la petición general de Pablo a los congregantes de que le siguieran como él siguió a Cristo (10:31–11:1). El capítulo 13 se convirtió en mi consuelo mientras Pablo mostraba a los corintios un camino más excelente que la división y la lucha: el amor infinito de Cristo. Al final de esas dos semanas, me di cuenta de lo poco que había estado viendo la llamada de Dios en mi vida. Envalentonada por la Palabra de Dios y el cuidado de mis amigos y familia, me alejé. Nunca miré atrás.

Esta es mi historia #MeToo. Mi historia #ChurchToo.

Esta experiencia, junto con el despido de mi marido, enmarca mi forma de pensar sobre el complementarismo hoy en día.

Estas dos experiencias traumáticas, una mucho más reciente y otra que se desvanece cada vez más en el pasado, me han dejado cicatrices. Esas cicatrices siempre estarán conmigo. He experimentado lo peor de lo que ofrece el complementarismo. Pero no fue hasta que empecé a tirar de los hilos históricos que entretejen el complementarismo que realmente empecé a dudar de él. Había caído en la mayor mentira de todas: que adherirse al complementarismo es la única opción para quienes creen que la Biblia es la Palabra autorizada de Dios.

Después de todo, Pablo dice claramente que el hombre es la cabeza y la mujer debe someterse. Pero ahora sé que cuando las palabras de Pablo se contextualizan tanto teológica como históricamente, se leen de manera bastante diferente. Así que, aunque mi experiencia influye en mi perspectiva de las enseñanzas complementaristas, la evidencia de mi investigación como académica, mi formación como profesora universitaria y el estudio profesional y personal que he hecho de la Biblia me han llevado a abandonar estas enseñanzas. La evidencia me muestra cómo se ha construido el patriarcado cristiano, piedra a piedra, a lo largo de los siglos. La evidencia me muestra cómo, siglo tras siglo, los argumentos a favor de la subordinación de la mujer reflejan más las circunstancias históricas que el rostro de Dios. La evidencia me demuestra que el hecho de que el complementarismo utilice textos bíblicos no significa que refleje la verdad bíblica. La evidencia me muestra el rastro de pecado y destrucción que dejan las enseñanzas que colocan a las mujeres bajo el poder de los hombres. La evidencia le muestra a las mujeres que, a lo largo de la historia, siempre han conocido la verdad sobre el patriarcado y siempre han creído que Jesús libera a las mujeres. Así que déjame exponer mi argumento final. Porque ¿no es hora de que todos seamos libres?

## Porque es hora de dejarlo

Poco después de ver un borrador del índice de este libro, una amiga me preguntó si iba a incluir una visión nueva del enfoque teológico de las mujeres en la iglesia en el último capítulo. Sus palabras me hicieron entrar en pánico. Soy historiadora, no teóloga; y además soy una historiadora muy práctica. De hecho, lo que pensé inmediatamente después de leer sus palabras dice mucho sobre mí. Pensé en un sketch de comedia de Mad TV en el que Bob Newhart interpreta al psiquiatra Dr. Switzer. El innovador consejo del Dr. Switzer a sus clientes, independientemente de su problema, son dos palabras: "¡Basta ya!".

"Eso es todo", dice el Dr. Switzer. "No querrás ir por la vida con miedo a que te entierren vivo en una caja, ¿verdad? Sí, claro que suena aterrador... ¡Basta ya!".[6]

Para aquellos que todavía creen que la feminidad bíblica está ordenada por Dios, mi consejo es el mismo que el del Dr. Switzer: ¡Basta ya! Nos hemos enredado tanto en discusiones sobre la gramática griega y sobre qué traducción de la Biblia es mejor, que hemos olvidado lo que Jesús nos dijo que era lo más importante: "Ama al Señor tu Dios con todo tu corazón, con toda tu alma y con toda tu mente. (...) [Y] ama a tu prójimo como a ti mismo" (Mt 22:37-39). Hemos olvidado que las palabras más duras que pronuncia Jesús en la Biblia no se dirigen a la gente corriente y a los pecadores que le rodean: los recaudadores de impuestos, las prostitutas, los gentiles y las mujeres, a los que los discípulos intentaban apartar. Las palabras más duras que pronuncia Jesús en la Biblia son para los estrictos líderes religiosos masculinos que actúan como autoproclamados guardianes de la ortodoxia. "¡Ay de vosotros, escribas y fariseos, hipócritas! Porque sois como sepulcros blanqueados, que por fuera parecen hermosos, pero por dentro están llenos de huesos de muertos y de toda impureza" (Mt 23:27). ¿No parece que Jesús les dijo a los fariseos "¡basta ya!" porque lo que hacían conducía a la muerte en lugar de a la vida?

Solo os he dado una pincelada de lo que suponía el movimiento de Bill Gothard, pero puedo decir por experiencia propia que era un

---

[6] Bob Newhart, "Stop It!", Mad TV, temporada 6, episodio 24, emitido el 12 de mayo de 2001, vídeo de YouTube, 6:04 a 3:07, https://www.youtube.com/watch?v=4BjKS1-vjPs.

sepulcro blanqueado. Casi enterró a mi joven yo. Recuerdo que una vez, años más tarde, mientras estaba sentada en mi primer despacho de la facultad, recién estrenado el doctorado, un amigo se pasó por allí. Formaba parte tanto de mi mundo académico como de mi mundo evangélico, y habíamos estado hablando sobre el último escándalo sexual evangélico que acababa de salir en las noticias. "Creo que hay una relación entre el complementarismo y el abuso", le dije. Sacudió la cabeza, frunciendo un poco el ceño. "No hay pruebas de ello", dijo.

Pero sí las hay. Ya no podemos negar la relación entre el complementarismo y el abuso. Ahora existen tantas pruebas que John Piper, Al Mohler y Russell Moore se han puesto a la defensiva, tratando de proclamar que su "patriarcado cristiano" es diferente (véase el primer capítulo).[7] Du Mez desmonta su argumento, proporcionando la prueba que mi amigo no pudo ver: que el modelo eclesiástico conservador de liderazgo autoritario combinado con roles de género rígidos fomenta una cultura de abuso (década tras década, iglesia tras iglesia, líder tras líder). ¿Este modelo es perjudicial para todos? Por supuesto que no. Solo perjudicó a la treintena de mujeres que denunciaron a Bill Gothard.[8] solo perjudicó a las víctimas que presentaron una demanda colectiva contra Sovereign Grace Ministries (Ministerios de la Gracia Soberana) por haber creado un entorno en el que, según afirmaron, floreció el abuso sexual de niños.[9] Solo perjudicó a las setecientas víctimas de abusos sexuales vinculadas a las iglesias Bautistas del Sur durante un período de veinte años.[10]

Solo perjudica a mujeres como yo.

---

[7] Du Mez, *Jesus and John Wayne*, 292-94.

[8] Du Mez, *Jesus and John Wayne*, 282-83.

[9] Du Mez, *Jesus and John Wayne*, 279-80.

[10] Robert Downen, Lise Olsen y John Tedesco, "Abuse of Faith", Houston Chronicle, 10 de febrero de 2019, https://www.houstonchronicle.com/news/investigations/article/Southern-Baptist-sexual-abuse-spreads-as-leaders-13588038.php.

Los evangélicos conservadores predican "una visión de la masculinidad cristiana que se refuerza mutuamente: patriarcado y sumisión, sexo y poder", escribe Du Mez. "Era una visión que prometía protección a las mujeres, pero las dejaba indefensas, que rendía culto al poder y hacía la vista gorda a la justicia, y que transformaba al Jesús de los Evangelios en una imagen de su propia hechura".[11] No solo los casos legales y los informes de los periódicos y las denuncias de las víctimas nos dicen que Du Mez tiene razón, sino que mi propia vida lo atestigua. La jerarquía da lugar al patriarcado, y el patriarcado da lugar al abuso sexual y de poder. Nunca olvidaré las palabras de Gwen Casados, que perdió a su hija Heather por una sobredosis de drogas catorce años (y un intento de suicidio) después de que abusaran sexualmente de ella cuando era adolescente en la sala del coro de su iglesia. "Nunca la recuperé", dijo su madre.[12]

La realidad histórica es que los sistemas sociales que confieren a algunas personas poder sobre la vida de otras personas tienen como resultado la destrucción de las personas. Ed Stetzer observó recientemente que "el diagrama de Venn de reformados, complementaristas y misóginos tiene una superposición bastante significativa".[13] Esto se parece a lo que describió Gerda Lerner en 1986, solo que su diagrama de Venn era la superposición significativa del patriarcado con el militarismo, la jerarquía y el racismo.[14]

¿No es hora de que hagamos caso del consejo del Dr. Switzer? ¿No es hora de que dejemos de "apelar a la Biblia que tiene consecuencias

---

[11] Du Mez, *Jesus and John Wayne*, 294.

[12] Downen, Olsen, y Tedesco, "Abuse of Faith".

[13] Ed Stetzer, "Complementarians in Closed Rooms", The Exchange, Christianity Today, 19 de junio de 2020, https://www.christianitytoday.com/edstetzer/2020/june/complementarians-closed-rooms-aimee-byrd-beth-moore.html.

[14] Gerda Lerner, *The Creation of Patriarchy* (Nueva York: Oxford University Press, 1986), 229.

terribles para millones de mujeres"?[15] ¿No es hora de que los cristianos blancos se den cuenta de que las raíces de la feminidad bíblica nacen en la supremacía blanca? Para que los europeos de la Edad Moderna temprana pudieran justificar bíblicamente su superioridad blanca, tuvieron que defender la sumisión de las mujeres y de los negros. Como explica Katie Cannon, "las ideas y prácticas que favorecían la igualdad de derechos de todas las personas se clasificaban como inválidas y pecaminosas porque entraban en conflicto con la estructura divinamente ordenada que postulaba la desigualdad entre blancos y negros. El marco institucional que exigía que los hombres, las mujeres y los niños negros fueran tratados como bienes muebles, como posesiones y no como seres humanos, se entendía como coherente con el espíritu, el genio y los preceptos de la fe cristiana".[16] El patriarcado va de la mano del racismo, y siempre lo ha hecho. Los mismos pasajes bíblicos que se utilizan para declarar a los negros como desiguales se utilizan también para declarar a las mujeres como no aptas para el liderazgo. El patriarcado y el racismo son "estructuras de opresión interconectadas".[17] ¿No es hora de deshacernos de ambas?

Una vez más, propongo que dejemos de luchar para que el cristianismo se parezca al mundo que nos rodea y empecemos a luchar para que se parezca al mundo que Pablo intentó mostrarnos que era posible, con la inspiración de Dios: "Ya no hay judío ni griego; ya no hay

---

[15] Kevin Giles, "Complementarian Theology in Crisis", en *Eyes to See and Ears to Hear Women: Sexual Assault as a Crisis of Evangelical Theology*, ed. Tim Krueger (Minneapolis: CBE International, 2018), 60, https://www.cbeinternational.org/resource/article/complementarian-theology-crisis.

[16] Katie Geneva Cannon, "Slave Ideology and Biblical Interpretation", en *Katie's Canon: Womanism and the Soul of the Black Community* (Nueva York: Continuum, 1995), 41.

[17] Mitzi J. Smith, "'This Little Light of Mine': The Womanist Biblical Scholar as Prophetess, Iconoclast and Activist", en *I Found God in Me: A Womanist Biblical Hermeneutics Reader*, ed. Mitzi J. Smith (Eugene, OR: Cascade Books, 2015), 111.

esclavo ni libre; ya no hay hombre ni mujer; porque todos vosotros sois uno en Cristo Jesús" (Gá 3:28).

## Porque es hora de luchar

En julio de 1948, una erudita medieval y escritora de novelas policíacas luchó por la ordenación de las mujeres. Ya te la he presentado. Su nombre es Dorothy L. Sayers, y en 1948 escribió una respuesta a su amigo C. S. Lewis. Lewis, el querido autor de los libros de Narnia y de *Sorprendido por la alegría* (mi favorito), estaba preocupado por el movimiento de la Iglesia de Inglaterra en favor de la ordenación de mujeres. Escribió a Sayers, pidiéndole que utilizara su influencia como respetada intelectual cristiana para posicionarse junto a él en contra de la ordenación femenina. "La defensa contra la innovación debe ser realizada, si es posible, por una mujer", escribió. Lewis estaba seguro de que Sayers estaba de acuerdo con él. Después de todo, Lewis apoyaba a las mujeres como maestras y predicadoras. Para él, la línea estaba en el papel sacramental del sacerdote, y le pareció muy útil que fuera la voz de una mujer la que defendiera esa posición.[18]

Sayers dijo que no. "Me temo que encontrarás en mí una aliada bastante incómoda", le escribió. "No encuentro ninguna razón lógica o estrictamente teológica en contra [de la ordenación de mujeres]. En la medida en que el Sacerdote representa a Cristo, es evidentemente más apropiado desde el punto de vista dramático que un hombre sea, por así decirlo, elegido para el papel. Pero si me acorralaran y me preguntaran a bocajarro si Cristo mismo es el representante de la humanidad masculina o de toda la humanidad, me vería obligada a responder 'de toda la humanidad', y a citar la autoridad de San Agustín para decir que la mujer también está hecha a imagen de Dios".[19] Sayers escribió que no existía ninguna razón lógica o teológica para prohibir a las

---

[18] Mary Stewart Van Leeuwen, *A Sword between the Sexes? C. S. Lewis and the Gender Debates* (Grand Rapids: Brazos, 2010), 80-81.

[19] Van Leeuwen, *Sword between the Sexes?* 80-81.

mujeres sacerdotes (y mucho menos predicadoras y maestras), y por eso rechazó la petición de Lewis. Se negó a guardar silencio en cuanto a sus opiniones sobre las mujeres y luchó por la ordenación femenina basada en la *imago Dei*.

Unos cientos de años antes, otra escritora hizo algo similar. También te la he presentado ya. Su nombre es Christine de Pizan, y utilizó su pluma para luchar contra la misoginia durante el siglo XV. Por una desafortunada serie de acontecimientos, Christine de Pizan acabó siendo una viuda joven sin dinero y con una familia que mantener. Era una mujer bien educada, gracias a su padre (las mujeres tenían prohibida la educación universitaria en esa época), y tenía una red de conexiones con la corte real francesa. Pronto empezó a escribir profesionalmente, primero como copista de manuscritos y después como autora. Comenzó con poesía (baladas de amor) y textos religiosos devocionales. En 1404 le llegó su gran oportunidad. Felipe de Borgoña le encargó que escribiera una biografía de su hermano, Carlos V. El resto, como se dice, es historia.

De todo lo que ha escrito, quizá sea más conocida por su defensa de las mujeres. Uno de los superventas en el mundo de Christine era un texto del siglo XIII llamado *El romance de la rosa* (sí, los medievales también leían novelas románticas de dudosa calidad). Era una alegoría sobre un joven que busca un capullo de rosa (el simbolismo debería estar claro). El autor original del texto, Guillaume de Lorris, no era muy hostil hacia las mujeres, pero Jean de Meun, autor de la larga conclusión del texto, las trató de forma muy diferente en su escrito. Christine de Pizan consideraba que el poema (sobre todo la versión revisada por Meun) era burdo, inmoral, calumnioso y misógino. La popularidad del texto lo hizo aún más espantoso (es algo parecido a lo que siento yo por Cincuenta sombras de Gray). En palabras de Christine sobre Jean de Meun: "Se ha atrevido a difamar y culpar sin excepción a todo un sexo".[20]

---

[20] Christine de Pizan, *The Book of the City of Ladies*, trad. Earl Jeffrey Richards (Nueva York: Persea, 1982), 3-5. Véase también Roberta Krueger,

Así que Christine de Pizan se defendió. Escribió una serie de cartas atacando la misoginia de *El romance de la rosa*. Se posicionó explícitamente a favor de la mujer, defendiendo y empoderando el sexo femenino. Acusó a los hombres de difamar y maltratar a las mujeres sin razón alguna. Abogó por que las mujeres ejercieran más autoridad en sus vidas, instruyendo a las mujeres sobre cómo ser fuertes y capaces e incluso cómo trabajar en el mundo de los hombres. También se enfrentó directamente a la misoginia (como en su posterior: *El libro de la ciudad de las damas*), utilizando sus escritos para intentar cambiar las ideas negativas imperantes sobre las mujeres. Aunque los estudiosos no se ponen de acuerdo sobre el grado de progresismo (feminista) de Christine, están de acuerdo en que defendió la educación como el camino para que las mujeres pudieran avanzar. Trabajó no solo para mejorar la educación de las propias mujeres, sino también por una mejor educación sobre el importante y a menudo ignorado papel que han desempeñado las mujeres a lo largo de la historia.[21]

Pero, ¿por qué lo hizo? *El romance de la rosa* no la afectaba directamente. Había construido una carrera productiva y a su familia le iba bien. ¿Por qué se tomó la molestia? Christine de Pizan se dio cuenta de que la batalla contra la misoginia iba más allá del aquí y el ahora. Las actitudes que se transmitían en *El romance de la rosa* afectaban a mujeres reales, mujeres que a lo mejor no podían luchar por sí mismas. Christine lo demostró en una de sus cartas contra *El romance de la rosa*. En esa carta contaba la historia de una mujer que había sufrido directamente a causa del texto misógino. Escribió:

---

"Towards Feminism: Christine de Pizan, Female Advocacy and Women's Textual Communities in the Late Middle Ages and Beyond", en Judith Bennett y Ruth Mazos Karras, *The Oxford Handbook of Women and Gender in Medieval Europe* (Nueva York: Oxford University Press, 2013), 590-606.

[21] Krueger, "Towards Feminism", en Bennett y Karras, *Oxford Handbook of Women and Gender*, 598-601.

Un hombre casado (...) creía en *El romance de la rosa* como en el evangelio. Se trataba de un hombre extremadamente celoso que, cuando estaba en las garras de la pasión, iba a buscar el libro y se lo leía a su mujer; entonces se ponía violento y la golpeaba y le decía cosas tan horribles como: "Esta es la clase de trucos con los que me intentas engañar. Este buen y sabio hombre, el maestro Jean de Meun, sabía bien de lo que son capaces las mujeres". Y cuando lo consideraba apropiado, acompañaba sus palabras de un par de patadas o bofetadas. Así pues, me parece claro que, independientemente de lo que piensen los demás de este libro, esta pobre mujer paga un precio demasiado alto por él.[22]

Las ideas importan. Las ideas que describen a las mujeres como inferiores a los hombres influyen en que los hombres traten a las mujeres como inferiores a los hombres. Las ideas que cosifican a las mujeres dan lugar a que estas sean tratadas como objetos (objetos sexuales, sobre todo). Así que no es ninguna sorpresa que Paige Patterson, que hizo un comentario acerca del cuerpo de una niña de dieciséis años ante una multitud de cristianos (lo que provocó las risas y aplausos del público), comparta la misma comprensión del papel de la mujer que las iglesias bautistas implicadas en el abuso sexual de cientos de mujeres.[23] Christine de Pizan comprendió que las ideas importan. Lo entendió tan bien que conectó las ideas que se encontraban en un libro popular con el abuso de una mujer sin nombre que estaba atrapada en un matrimonio abusivo. Luchó por esta mujer luchando contra las ideas perjudiciales sobre la mujer.

---

[22] Citado en Carolyn Dinshaw, *Chaucer's Sexual Poetics* (Madison: University of Wisconsin Press, 1989), 130.

[23] Du Mez, *Jesus and John Wayne*, 289-90. Véase también Jesse Carey, "Paige Patterson Made Some Really Creepy Comments about a 16-Year-Old Girl When He Was President of the SBC", Relevant Magazine, 2 de mayo de 2018, https://relevantmagazine.com/god/church/paige-patterson-made-really-cre epy-comments-16-year-old-girl-president-sbc.

Como mujer cristiana que creció en el mundo Bautista del Sur, estoy de acuerdo con Christine de Pizan. Se dio cuenta de que la raíz del comportamiento abusivo hacia las mujeres (físico, emocional, psicológico, económico) son las ideas misóginas sobre las mujeres. Se dio cuenta de que la misoginia nos perjudica a todos, lo reconozcamos o no, y perjudica especialmente a quienes ya están marginados por la economía, la educación, la raza e incluso la religión. Christine utilizó lo que tenía para luchar contra esa misoginia; para amar a los que Dios ama; para ayudar a mejorar la vida de las mujeres, incluso la de esa "pobre mujer [que] paga un precio demasiado alto". Christine se dio cuenta de que, para cambiar la vida de las mujeres, primero tenía que cambiar las ideas sobre ellas.

Como esposa de pastor silenciada en iglesias complementaristas durante muchos años, también estoy de acuerdo con Sayers. Aunque su respuesta no fue tan dramática como el ataque de Christine a *El romance de la rosa*, Sayers fue igual de audaz. Se negó a guardar silencio. En su carta a Lewis, se negó a capitular en sus convicciones sobre la mujer como igualmente hecha y dotada a imagen de Dios. Habló activamente en favor de las mujeres, afirmando claramente que no había ninguna razón lógica o teológica para prohibir la ordenación de mujeres. Lo dijo, incluso, cuando significaba desafiar y posiblemente alejar a su amigo. Ojalá hubiera tenido el coraje de Sayers antes en mi vida. Tanto Christine como Sayers ejemplifican una continuidad que he encontrado en mis años de investigación y enseñanza de la historia de la mujer: las mujeres nunca dejan de luchar para hacer lo que creen que Dios las ha llamado a hacer.

## Porque es hora de recordar que no estamos solas

En 1998 compré un libro que no podía pagar con mi beca de estudiante. Pero mi marido acababa de gastarse 50 dólares en un nuevo CD de U2, así que me compré el libro. Editado por Beverly Mayne Kienzle y Pamela J. Walker, se titula *Mujeres predicadoras y profetas en los dos milenios de cristianismo*. Kienzle y Walker sostienen que las mujeres predicadoras a lo largo de la historia cristiana se han visto oscurecidas por una definición limitada de la predicación. Sin embargo, independientemente de que el estamento eclesiástico reconociera su trabajo, las mujeres persistieron en la predicación del evangelio y en el servicio a Dios. "La presencia recurrente de la predicación femenina atestigua tanto la continua lucha dentro del cristianismo por los problemas de autoridad como el espíritu indomable de las voces femeninas", escriben Kienzle y Walker.[24] Desde María Magdalena hasta las valdenses, las monjas ursulinas, las esposas moravas, las hermanas cuáqueras, las predicadoras negras y las activistas sufragistas, la historia nos muestra que las mujeres no esperan la aprobación de los hombres para hacer la obra de Dios. Podemos escuchar las voces de las mujeres en nuestro pasado cristiano y ver que, a pesar de todos los obstáculos en su camino, "están predicando".[25]

Tengo una taza en mi oficina en la que pone "hay que reintroducir a las mujeres en la historia". Mi objetivo no es solo cambiar las historias que enseño en mis clases de historia, sino hacer saber a las mujeres que forman tanta parte de la historia humana como los hombres. Mi objetivo también es cambiar el futuro comprendiendo mejor nuestro pasado. ¿Y si los evangélicos recordaran a mujeres como Christine de Pizan y Dorothy L. Sayers? ¿Y si recordamos que las mujeres siempre han sido líderes, maestras y predicadoras, incluso en la historia evangélica? ¿Y si nuestros seminarios utilizaran libros de texto que incluyeran a las mujeres? ¿Qué pasaría si nuestro plan de estudios de la escuela dominical y de la Biblia reflejara correctamente a Junia como apóstol, a Priscila como colaboradora y a mujeres como Hildegarda de Bingen como predicadoras? ¿Qué pasaría si reconociéramos el liderazgo de las mujeres de la misma manera que lo hizo Pablo a lo largo

---

[24] Beverly Mayne Kienzle y Pamela J. Walker, eds., *Women Preachers and Prophets through Two Millennia of Christianity* (Berkeley: University of California Press, 1998), xiv.

[25] Darleen Pryds, "Proclaiming Sanctity through Proscribed Acts: The Case of Rose of Viterbo," en Kienzle and Walker, *Women Preachers and Prophets*, 166.

de sus cartas, incluso confiando la Carta a los Romanos a la diaconisa Febe? ¿Qué pasaría si escucháramos a las mujeres de nuestras iglesias evangélicas del mismo modo en que Jesús escuchó a las mujeres?

Las mujeres tienen una gran nube de testigos. Siempre la hemos tenido. Ya es hora, hace mucho, de que nos acordemos.

## Porque es hora de que nos mantengamos unidos

Estábamos a finales de julio de 2017. Me coloqué justo detrás del Royal Albert Hall con mi mapa de Londres. Estaba buscando sitios históricos sufragistas a los que pudiera ir caminando ese día cuando de repente me di cuenta de dónde estaba: el Royal Albert Hall es uno de los lugares más importantes del movimiento sufragista en Londres.

Entre 1908 y 1913, el edificio acogió una treintena de actos sufragistas diferentes, incluida la reunión de la Unión Social y Política de Mujeres en la primavera de 1908, encabezada por Emmeline Pankhurst y sus hijas, Christabel, Sylvia y Adela. Sylvia describió así el momento: "Todos los asientos del gran Albert Hall se habían vendido mucho antes del día del evento, y cientos de personas fueron rechazadas en las puertas. El amplio público estaba compuesto casi en su totalidad por mujeres, y había 200 azafatas vestidas de blanco".[26] El Royal Albert Hall pasó a ser conocido como el "Templo de la Libertad" para las mujeres que luchaban por el sufragio en Gran Bretaña. Su objetivo era el sufragio universal: que todas las mujeres tuvieran derecho al voto. Finalmente lograron esta victoria, y (a pesar del imperialismo británico y de las actitudes imperialistas de los líderes del sufragio) el voto para las mujeres en Gran Bretaña incluiría a las mujeres de color y a

---

[26] E. Sylvia Pankhurst, *The Suffragette: The History of the Women's Militant Suffrage Movement, 1905-1910* (Nueva York: Sturgis & Walton, 1911), 209. Véase también Laura E. Nym Mayhall, *The Militant Suffrage Movement: Citizenship and Resistance in Britain, 1860-1930* (Nueva York: Oxford University Press, 2003). Véase también el sitio web del Royal Albert Hall: https://www.royalalberthall.com.

las mujeres de la clase trabajadora.[27] Pero el sufragio llegó lentamente, por etapas. En 1918, solo hubo un grupo limitado de mujeres que recibió el sufragio, e hicieron falta otros diez años de lucha para que las mujeres recibieran el mismo derecho de voto que los hombres.[28]

En 1917, un año antes de la primera victoria (parcial) del sufragio femenino en Inglaterra, las mujeres del coro del Royal Albert Hall ofrecieron un concierto en una reunión que se realizó para celebrar el servicio nacional que habían desempeñado las mujeres. La reunión rindió homenaje a las mujeres que trabajaron en apoyo de la Gran Guerra (conductoras de ambulancias, enfermeras, Ejército de Tierra, etc.), y contó con la presencia de la reina María.[29] El coro cantó una canción que se convertiría en emblema de la perseverancia de las mujeres en su lucha por el voto. De hecho, al año siguiente se cantó por primera vez (pero no la última) en una manifestación sufragista.

La canción era el poema de William Blake "Y esos pies en la antigüedad", musicado por Sir Hubert Parry y renacido como el himno "Jerusalén".[30] Me encontraba en las escaleras del Royal Albert Hall

---

[27] Para más información sobre el sufragio y la raza en Gran Bretaña, véase Ian Christopher Fletcher, Laura E. Nym Mayhall y Philippa Levine, editores, *Women's Suffrage in the British Empire: Citizenship, Nation and Race* (Nueva York: Routledge, 2000).

[28] Timothy Larsen nos recuerda que "las disposiciones del proyecto de ley exigían deliberadamente que las calificaciones para las mujeres fueran más restrictivas que las de los hombres, con el fin de garantizar que las mujeres no se convirtieran en la mayoría de los votantes". Timothy Larsen, Christabel Pankhurst: *Fundamentalism and Feminism in Coalition* (Woodbridge, Reino Unido: Boydell, 2002), 9n20.

[29] "Her Majesty and the Women's National Service Movement", The Illustrated London News, 24 de marzo de 1917, https://babel.hathitrust.org/cgi/pt?id=njp.32101059281764&view=1up&seq=359.

[30] Martin Clayton y Bennett Zon, eds., *Music and Orientalism in the British Empire, 1780s-1940s: Portrayal of the East* (Nueva York: Routledge, 2016), 99-100. "Jerusalén" se sigue cantando la última noche de los Proms en el Royal Albert Hall.

con la brumosa luz de la mañana. Podía imaginar las palabras reso-
nando en el curvo edificio, filtrándose más allá de sus paredes y llegando a las calles de Londres.

No abandonaré la lucha mental,
Ni mi espada dormirá en mi mano;
Hasta que hayamos construido Jerusalén,
En la tierra verde y agradable de Inglaterra.[31]

Levanté la mirada hacia la cúpula redondeada, roja y dorada, que se
alzaba en un cielo todavía gris. Sabía que mi lucha no había terminado. Todavía no sabíamos qué nos deparaba el futuro y el trauma
del pasado nos dolía cada día. Pero mi familia era libre. La atmósfera opresiva en la que habíamos vivido había desaparecido. Yo podía
escribir y enseñar sin miedo a represalias; mi marido podía enseñar y
predicar sin miedo a perder su trabajo; a nuestros hijos ya no se les
enseñaban herejías peligrosas sobre la subordinación eterna de Jesús o
ideas patriarcales perjudiciales sobre las mujeres y los hombres.

Mi hija era libre, pero las hijas de otras mujeres no lo eran.

Al igual que las sufragistas que seguían luchando en 1918 por el
sufragio femenino universal en Inglaterra, yo tampoco podía abandonar mi lucha mental. Ya había decidido dejar de estar en silencio.
Ahora era el momento de hablar lo suficientemente alto como para
que el mundo evangélico lo oyera.

La feminidad bíblica es patriarcado cristiano. La única razón por la
que sigue floreciendo es porque las mujeres y los hombres (como tú y
yo) siguen apoyándola. ¿Qué pasaría si todos dejáramos de apoyarla?
¿Y si, en lugar de dejar que las divisiones confesionales y las creencias
teológicas periféricas sigan separándonos, nos mantuviéramos unidos
como personas de fe que creen que Dios nos ha llamado a cambiar
este mundo? Históricamente, uno de los mayores problemas de las

---

[31] William Blake, "And Did Those Feet in Ancient Time", en *English Romantic
Poetry: An Anthology*, ed. Stanley Appelbaum (Mineola, NY: Dover, 1996), 22.

mujeres es que no recordamos nuestro pasado y no trabajamos juntas para cambiar nuestro futuro. No nos mantenemos unidas. Pero ¿qué pasaría si lo hiciéramos?

¿Qué pasaría si hiciéramos caso a la petición de Beth Moore de analizar los textos completos de cómo se representa a las mujeres en toda la Biblia, en vez de fijarnos solo en algunos textos paulinos seleccionados? "Por encima de todo", escribe Moore, "debemos buscar las actitudes y prácticas del propio Cristo Jesús hacia las mujeres. ÉL es nuestro Señor, y tenía mujeres que le seguían".[32] ¿Y si realmente lo hiciéramos y nos negáramos a dejar que 1 Corintios 14 y 1 Timoteo 2 ahogaran cualquier otra voz bíblica?

¿Qué pasaría si dejáramos de olvidar nuestro pasado y recordáramos que las mujeres (al igual que nosotras) se abrieron camino a través de la predicación en el paisaje de la historia cristiana? ¿Qué pasaría si recordáramos que estamos rodeadas de una nube de testigos femeninos y que nunca estaremos solas?

¿Qué pasaría si escucháramos el argumento de Dorothy L. Sayers de que no hay "ninguna razón lógica o estrictamente teológica en contra [de la ordenación de mujeres]"?[33] ¿Qué pasaría si nos diéramos cuenta de que Dios nunca ha dejado de llamar a las mujeres para que hagan su trabajo como predicadoras, maestras, misioneras, evangelistas y autoras? ¿Y si nos diéramos cuenta de que, cuando miramos al conjunto del mundo global, no tiene ningún sentido definir las ocupaciones por género? Lo que sí tiene sentido es el recordatorio de Pablo de que todo nuestro trabajo es importante y que al hacer lo que estamos llamados a hacer construimos juntos el Cuerpo de Cristo. ¿Qué pasaría si finalmente nos mantuviéramos juntos, unidos por nuestra

---

[32] Beth Moore (@BethMooreLPM), "Is to grapple with the entire text", Twitter, 11 de mayo de 2019, 9:51h, https://twitter.com/bethmoorelpm/status/1127209694500671489; Beth Moore (@bethmoorelpm), "Above all else", Twitter, 11 de mayo de 2019, 9:57 a.m., https://twitter.com/bethmoore lpm/status/1127211070811197440.

[33] Van Leeuwen, *Sword between the Sexes?* 80.

creencia en Jesús en lugar de estar divididos por discusiones sobre el poder y la autoridad?

¿Qué pasaría si siguiéramos el ejemplo de Jesús, que dejó que María de Betania se sentara a sus pies como un discípulo más y que desoyó a sus discípulos para asegurarse de que escuchaba las palabras de la mujer de Canaán? ¿Qué pasaría si nos diéramos cuenta de que, incluso cuando los discípulos varones apartaron a las mujeres, Jesús siempre las escuchó? El complementarismo es patriarcado, y el patriarcado tiene que ver con el poder. Ninguno de ellos ha tenido nunca nada que ver con Jesús.

No recuerdo cuándo empecé, pero desde hace mucho tiempo despido a mis alumnos de la clase con esta frase: ¡Id y sed libres! Creo que también es una forma adecuada de terminar este libro.

Jesús liberó a las mujeres hace mucho tiempo.

¿No ha llegado el momento de que los cristianos evangélicos hagan lo mismo? ¡Id y sed libres!

# Biografía de la autora

**BETH ALLISON BARR** (doctora por la Universidad de Carolina del Norte en Chapel Hill) es profesora asociada de historia y decana asociada de la escuela de posgrado de la Universidad de Baylor. Sus especialidades académicas son las mujeres europeas, la Inglaterra medieval y la Edad Moderna temprana, y la historia de la Iglesia. Anteriormente fue presidenta de la Asociación Medieval de Texas y de la Conferencia sobre Historia y Fe. Está casada con un pastor, es madre de dos hijos y vive en Waco, Texas.

## Libros anteriores de Beth Allison Barr

*El cuidado pastoral de las mujeres en la Inglaterra tardomedieval.*
*Hechos de los Apóstoles: cuatro siglos de interpretación bautista* (coeditora).
*Historia y fe: un devocional* (coeditora).